Sabine Nielsen

EBBE, FLUT
& TOD

Band I: Der erste Fall für die Tanten

Föhr-Roman

ihleo ⟲ verlag

Bibliografische Information der Deutschen Nationalbibliothek

Die Deutsche Nationalbibliothek verzeichnet diese Publikation in der Deutschen Nationalbibliografie; detaillierte bibliografische Daten sind im Internet über http://dnb.d-nb.de abrufbar.

Impressum

Dritte Auflage, 2019

© ihleo verlag, Husum 2019
ihleo verlag – Dr. Oliver Ihle, Schlossgang 10, 25813 Husum
info@ihleo.de, www.ihleo-verlag.de

Umschlagabbildung: Blick übers Watt nach Langeneß
© Ralf Roletschek

ISBN 978-3-940926-90-6

PROLOG

Als die Sonne in einem milchigen Streifen am Horizont hinter den Kirchtürmen versank, versammelten wir uns im Schatten des grauen Denkmals mit der leicht beschädigten Krone. Wir – das waren meine Schwester Willa und ich, drei unserer vier Nichten und die Kinder, in denen die Erinnerung wach bleiben wird.

Willa war als Erste eingetroffen. Leicht vorgebeugt, mit wehender Heckfahne, hatte sie ihr Elektromobil die Chaussee entlanggesteuert. Sie hatte es diskret hinter einer Hecke geparkt. Fritzi war am Morgen mit ihren Kindern aus dem Dorf in der Nähe von Hamburg gekommen. Sie hatten ihre Fahrräder in den Graben gelehnt. Still traten sie zu uns. Ose hatte mich abgeholt. Ihr kleiner roter Lieferwagen wartete in einem Feldweg. Ane, die Jüngste der Nichten, war am Vorabend aus Kiel eingetroffen. Sie war zu Fuß durch die Wälder gelaufen und brachte einen kleinen Strauß blauer Glockenblumen und duftender Kamille. Sie teilte die Blumen mit den Kindern.

Dann gab Fritzi, unsere älteste Nichte, das Zeichen, und wir traten alle näher.

Wir schlossen unsere Hände zu einem Kreis.

Nicht mehr als eine flache Mulde im Gras deutete an, dass hier einmal die Erde gestört worden war. Nichts wies darauf hin, dass hier ein Mensch begraben lag.

Ein Vogelschrei durchbrach die Stille, und ein Windzug bog das trockene Gras.

„Ruth", sagte Fritzi – leise, wie man auch auf dem Friedhof seine Stimme dämpft.

Ich zog das Papier aus der Tasche. Kerrin, die vierte Nichte, die als Einzige fehlte, hatte ein Gedicht geschickt.

„Es ist aus ‚Der Tod eines Vogels' von A. D. Hope, einem australischen Dichter", murmelte ich, und die anderen nickten.

Jedes Vöglein erlebt diesen letzten Flug
Noch einmal wärmt das neigende Jahr sein Herz
Und wenn die Dunkelheit sich aus den Tälern hebt
so empfängt die weite Erde
die winzige Last.

DIE PENSION DER
ALLEINSTEHENDEN DAMEN

Sie waren ausgegangen und hatten ihn, den Kater Herbert, vergessen, das war klar. Er hatte gedöst, während sie kniffelten. Eng an Willas Oberschenkel gekuschelt, war er durch das Rollen der Würfel in einen Hypnosezustand geraten.

Er erwachte in einer angenehmen Dunkelheit, jemand hatte einen Wintermantel über ihn geworfen – Ruths Mantel, der muffige Geruch des Wandschrankes, der selten geöffnet wurde, drang in seine empfindliche Nase. Dumpf vernahm er Türschlagen, erregte Stimmen und hastige Fußschritte und musste wohl wieder eingeschlafen sein, denn als er das nächste Mal erwachte, war es ruhig. Sein Magen meldete ihm die verspätete Stunde – wo war Gudrun? Normalerweise konnte man sich auf Pünktlichkeit, was das Abendessen betraf, verlassen. Gut, dass er beim Kaffeetrinken reichlich Schlagsahne zu sich genommen hatte. Auch die Krümelchen Kuchen, die Willa hatte fallen lassen, hatte er nicht verschmäht. Vorsichtig richtete er sich auf und streckte probeweise seine Glieder. Seine Barthaare zuckten, die Ohren registrierten wie feine Antennen die Laute des Hauses. Ohne Zweifel, sie waren ausgegangen und hatten ihn vergessen. Er stieß einige zaghafte Laute aus, mehr, um Zeit zum Nachdenken zu gewinnen, als auf Hilfe hoffend. Es geschah äußerst selten, dass Gudrun oder Ruth am Abend ausgingen, noch nie hatten sie gleichzeitig das Gebäude verlassen. Er beschloss, die unerwartete Freiheit für einen ausgiebigen Streifzug zu nutzen. Er begann mit Ruths Küche, aber ihr ausgesprochener Ordnungssinn hatte sie verführt, alles, was man hätte probieren können, wegzuschließen. Er strich an den Schränken und dem Abfalleimer entlang, aber sogar der Fußboden war Ödnis.

Immerhin stand die Tür zu Ruths Wandschrank offen, und er kletterte vorsichtig hinein. Eine Weile hörte man ihn rumoren, während er Schuhe, alte Hutschachteln, auch das oberste Regal durchforschte. Als Nächstes spazierte er in Frau Jantzens Schlafzimmer. Ruth benutzte ein Tagesbett, welches sie auf die Veranda gestellt hatte, und so wirkte der Raum abweisend und unbenutzt. Die alte goldbraungestreifte Tapete hatte sich an einigen Stellen von der Wand gelöst. Er kratzte ein wenig, und es gelang ihm, einen langen Streifen zu lösen. Wie eine Luftschlange kringelte er an der Mauer. Für eine Weile machte es Spaß, die Schlange wie das Pendel einer Uhr hin und her zu wippen. Dann wandte er sich ab. Eine Mäusespur, deren Duft aus einer Ecke wehte, erwies sich als längst erkaltet. Herbert war gekommen, nachdem die alte Frau Jantzen auf den Friedhof umgezogen war. Er wusste nicht, dass sie einst ihren Lebensabend in diesem Zimmer verhaucht hatte. Aber jetzt spürte er ihren Geist. Dessen langer Seufzer ließ ihn stockstill verharren. Aus dem ewigen Schlummer gestört, verlangten eisige Sehnsüchte nach seinem warmen Leben. Sein Rücken spannte sich zu einem Buckel. Er erwog kurz, dem unsichtbaren Feind mit einem herzhaften Fauchen zu begegnen, entschloss sich dann doch zum Sprung. Mit gesträubten Nackenhaaren landete er im Flur und schoss wie ein oranger Kugelblitz die erste Hälfte der Treppe hinunter. Erst auf dem Treppenabsatz sammelte er sich, schüttelte seine rötliche Mähne und stieg gefasst die restlichen Stufen herab.

Er war zusammen mit Gudrun eingezogen, als Ruth die Pension nicht mehr ohne Hilfe leiten konnte. Gudrun wohnte im Bungalow hinter dem Haus. Nur ein einziges Mal hatte er die Steinplatten überquert, die vom Bungalow zum Haus führten. Hatte Rasenflächen und Holunderbüsche im Vorbeigehen registriert und sich am Abend geweigert, das fremde Revier zu überwinden. Sehr wohl hatte er die Markierungen von Generationen von Nachbarskatern gerochen. Er wusste zu viel über Blutfehden, um sich auf derartige Rangeleien einzulassen. Gudrun hatte sein Körbchen in die Waschküche getragen. Herbert war kein Liebhaber der freien Natur. Besuche im Garten, zwecks Toilette, unternahm er hastig und unfreudig und begrenzte sein Revier auf das Gebiet in unmittelbarster Nähe der Hintertür. Dort grub er Löcher im Kräutergarten und bespritzte die Petersilie.

Die Tür zur Waschküche war geschlossen. Er rieb sich gegen das Furnier und reckte sich empor, bis seine Krallen fast das Schlüsselloch erreichten. Es hatte keinen Zweck, die Tür gab nicht nach. Falls Gudrun sein Näpfchen gefüllt hatte, bevor sie ihn so schnöde verlassen hatte, so stand es unerreichbar hinter der verschlossenen Tür. Ärgerlich ließ er seine Krallen zwei-, dreimal über den Lack kratzen. Befriedigt stellte er fest, dass die Spuren sichtbar waren, und wandte sich ab. Er schlenderte den Flur entlang. Rechts lag das Zimmer Nummer zwei. Leise Radiomusik und ein Duft von Rosenwasser drangen aus Frau Heinkes angelehnter Tür. Es gelang Herbert, die Tür mit seiner Pfote ein wenig aufzustoßen, und er starrte lange in den Lichtkreis, der Frau Heinkes Lehnstuhl umgab. Sie saß, wie immer in ihrem grauen Rock, ihren braunen Gesundheitsschuhen, mit dem Rücken zur Tür. Das Strickzeug klapperte leise. Frau Heinke strickte unerrmüdlich. Einmal im Monat musste Gudrun ein Paket zur Post tragen, gefüllt mit Pullovern, Socken, Schals für die Enkelkinder im Weserbergland, im Vorpommerschen und in Hohwacht an der Ostsee. Ihre Kinder hatten Frau Heinke nach einer Krebsoperation gebracht. Ein Erholungsurlaub verbunden mit einer Kur sollte ihr nach einem langen Krankenhausaufenthalt den Weg zurück in ihre eigene Wohnung bahnen. Nach drei Monaten unter Gudruns kompetenter Pflege hatte Frau Heinke beschlossen, ihre Wohnung aufzugeben und ihre Tage im „Haus am Meer" zu verbringen.

Sie hatte wohl den Luftzug gespürt, denn nun drehte sie sich um. „Kätzchen, Kätzelein", lockte sie.

Er konnte ihren süßlichen Ton nicht ausstehen. Auch das angebotene Wollknäuel konnte ihn nicht bestechen. Er wandte ihr sein gestreiftes Hinterteil mit erhobenem Schwanz zu und marschierte weiter. Die Doppeltüren zum Aufenthaltsraum standen offen. Da Gudrun es ihm streng verboten hatte, sprang Herbert auf die nächstliegende Couch. Für eine Weile vergnügte er sich, von Couch zu Sessel und zurück zu springen. Dann entdeckte er die Tageszeitung, die unter dem Sofa hervorlugte. Gudrun musste sie beim Aufräumen übersehen haben. Er krallte sie hervor. Weder der Fortschritt der Vogelgrippe noch der Sieg der Bobfahrer in Turin interessierten ihn sonderlich. Er wandte sich zu dem Korb mit Wollknäulen, den Frau Heinke auf einem der Tischchen hatte stehenlassen.

Es fiel ihm nicht schwer, den Korb umzustoßen. Hübsch war es, wie die Knäuel über den Boden rollten, ihre Fäden spannten und verkreuzten, den Teppich mit einem bunten Muster erheiterten.

Die Tische waren schon fürs Frühstück gedeckt, aber eine vorsichtige Fahndung erwies nur, dass noch nichts Essbares herausgestellt war. Er sprang vom Tisch ins Erkerfenster und schlüpfte hinter den Vorhang. Lang plierte er hinaus in die dunkle Nacht. Eine Straßenlaterne schwankte leicht und warf ihr kaltes Licht gleichsam auf die stille Straße und den wallartigen Sommerdeich, hinter dem das Meer rauschte. Auf dem Friesenwall, der den Garten zur Straße hin begrenzte, ragten schwarz und dornig die Strünke der Heckenrosen. Nichts regte sich. Er wartete vergeblich auf das ersehnte Motorengeräusch, das Gudruns Heimkehr ankündigen würde.

Herbert durchquerte den Flur, streifte an der Haustür vorbei, mied das Büro, wo das Auge des Anrufbeantworters rot leuchtete und die Faxmaschine jeden Moment rasselnd ins Leben gerufen werden konnte.

Hinter der geschlossenen Tür von Zimmer Nummer eins herrschte Frau Siegesdorf. Manchmal traf er sie am Morgen, wenn er auf dem Weg nach oben trödelte, und beobachtete sie aus geschlitzten Augen durch das Geländer. Sie war eine markante Frau mit einer mächtigen Stimme. Sie hatte ein Internat geleitet und war somit, wie sie sagte, „ans Institutsleben gewöhnt". Bei einem Inselurlaub auf Föhr hatte sie das Schild entdeckt: *Haus am Meer – Pension für alleinstehende Damen.* Sie hatte das Haus besichtigt und für ausreichend erklärt. Das Inselklima gefiel ihr, „nichts für Schwächlinge", erklärte sie gern, wenn sie sich – durch ein ausgiebiges Frühstück gestärkt – in ihre Wetterkleidung hüllte, um einen ihrer Gewaltmärsche anzutreten. Sie begrüßte das Reizklima der Nordsee als eine Herausforderung, so wie sie früher als „hoffnungslos"erklärte Schüler willkommen geheißen hatte. Pünktlich um zwölf Uhr steuerte sie einen der Mittagstische an, von denen die Dörfer sowohl wie das Städtchen eine Auswahl boten. Dort aß sie gut und reichlich und suchte nachmittags eine der „Kulturstätten" der Insel auf. Willa hatte lange gerätselt, was Frau Siegesdorf als Kulturstätte bezeichnete. Endlich hatte Fräulein Söhnlein – Willas beste Freundin und Verbündete – für Aufklärung gesorgt. Frau Siegesdorf war regelmäßiger Besucher des *Friesischen Instituts,* wo sie eifrig las und sich auch in der friesischen Sprache unterweisen ließ, besuchte sowohl das Friesen-Museum wie die verschiedenen Galerien, streifte durch Sonderausstellungen in den Gemeindehäusern und den Kulturzentren und beriet ungefragt die Biologen und Naturkundler der *Naturstation Wattenmeer.* Sie hatte selbst einmal Biologie studiert. Da sie nichts davon hielt, Geld hinauszuwerfen, verbrachte sie auch manchen Nachmittag mit der Auswahl von geeigneter Lektüre in der Wyker Bibliothek. Abends kehrte sie winddurchweht und gesundheitsstrotzend zum Abendbrottisch zurück. Wenn sie nicht zu einem Konzert, einer Lesung oder einer Vorstellung des plattdeutschen Theaters ging, an einem Diavortrag, Heimatabend oder einer Filmvorstellung teilnahm, blieb sie abends zu Hause. Sie besaß eine umfangreiche Schallplattensammlung – sie zog Schallplatten des natürlicheren Klanges wegen vor – und bereitete sich außerdem durch einen festen Schlaf auf die Anforderungen des folgenden Tages vor. Herbert war es noch nie gelungen, in ihr Zimmer vorzudringen. „Als Internatsleiterin habe ich gelernt, mein Privatleben abzugrenzen", dröhnte sie. Außerdem besaß sie große Füße, denen auszuweichen er schnell gelernt hatte. Es war still hinter Frau Siegesdorfs Tür – die Abwesenheit ihres herzhaften Schnarchens bedeutete, dass auch sie ausgegangen war.

Die dritte alleinstehende Dame, Fräulein Mönkelmann, war vor einem Katzenbesuch gefeit, da sie in einem der beiden Zimmer wohnte, die durch einen gesonderten Flur vom Rest des Hauses getrennt waren. So wusste Herbert nicht, dass Fräulein Mönkelmann auf Zimmer Nummer vier als Einzige im Haus dem Fernsehen frönte, ab und zu auch tagsüber einschaltete, Dokumentarfilme tolerierte, Krimiserien liebte und dem Fußball fanatisch anhing. Erst kürzlich hatte sie einen neuen Fernseher in Empfang genommen, um die Übertragungen der bevorstehenden Fußballweltmeisterschaftsspiele im großen Rahmen zu würdigen. Ebenfalls als Einzige empfing sie Besuch, besuchte selbst. Sie gehörte einem Kartenklub an, und eine Weile hatte Gudrun besorgt den wöchentlichen Abgang von leeren Rum- und Bierflaschen verfolgt. Bis sie feststellte, dass Fräulein Mönkelmann zwar sonntags ein Gläschen Wein zum Mittagessen nicht verschmähte, ansonsten aber dem Alkohol entsagte. Der Rum, das Bier wurde von den männlichen Kartenspielern vertilgt. Die Damen tranken Tee und Kaffee, den Fräulein Mönkelmann auf der Westveranda, die sich ihrem Zimmer anschloss, mit einer Kaffee- bzw. Teemaschine selbst braute. Herbert duldete Fräulein Mönkelmann, weil sie ihm manchmal ein Schüsselchen Sahne an die Hintertür stellte, bequem erreichbar.

Zimmer Nummer drei stand leer. Gudrun hielt gern ein Zimmer für Kururlauber bereit, akzeptierte allerdings keine Gäste, die weniger als einen Monat zu weilen wünschten.

Der Kater beendete seine Runde in der Küche. Und hier wurde er für seine Ausdauer belohnt: Gudrun hatte die Butter, die fürs Frühstück vorgesehen war, aufs Büfett zum Weichwerden gestellt. Sie schmeckte goldgelb und leicht gesalzen.

Mit gefülltem Magen und Bedauern um das zurückgelassene Drittel erklomm er erneut die Stufen. Er landete schwerfällig auf dem Tisch, den Ruth ans Fenster gerückt hatte, und schlüpfte hinter den Vorhang. Seine grüngesprenkelten Augen funkelten in die Nacht. Er entschloss sich zu einer längst überfälligen Katzenwäsche, während er auf die Heimkehr der Abtrünnigen wartete. So eifrig arbeitete er, dass er regelmäßig mit seinem Schwanz gegen den Kristall stieß, den Ose Ruth geschenkt hatte und der dort hing, um die Sonnenstrahlen einzufangen.

Der Kristall schwang mit einem leisen Klirren gegen die Fensterscheibe.

BIIKEN

Der Oktober ist für seine Herbststürme bekannt. Und an diesem Sonntag hatte er seinem Ruf wahrlich Ehre gemacht. Den ganzen Tag hatte der Sturm gewütet und gerast. Immer wieder fuhr er in die dicken Wolkengebilde, die sich über dem Festland gestaut hatten, riss mit mächtiger Hand hinein und trieb dann die Fetzen vor sich hin wie Schafe, die aufgescheucht mal hierhin, mal dorthin rennen. Ich sah sie an meinem Fenster vorbeijagen, während ich wartete. Das Meer wogte und toste, und die Halligen schaukelten seekrank am Horizont. Ob die Frauen dort besorgt hinter den Fensterscheiben standen und das steigende Wasser beobachteten? An Tagen wie diesen dachte ich oft an die Halligleute, die schutzlos auf ihren Warften abwarteten.

Willa machte ihrem Ärger Luft, indem sie mit ihrem Gehstock auf jede Stufe stampfte. Wo sie doch sonst immer den Anschein gab, dass der Gehstock nur als Accessoire an ihrem Arm baumelte. Ich wartete am Fenster und sah Frau Siegesdorf in den Gartenweg einbiegen. Ihre Stimme schallte bis zu mir hoch. Willas Gruß fiel knapp aus. Schon stieg sie auf ihr Elektromobil und steuerte aus dem Gartentor. Sie bog rechts ab, beschleunigte und fuhr schräg über die Straße. Seitdem die Stadt die Rampe angelegt hatte, konnte sie mühelos den Schutzwall bewältigen und die Promenade erreichen. Für einen Moment verschwand sie hinter dem zähen Schneidegras, das trotz des sandigen Untergrunds vortrefflich angewachsen war, dann tauchte sie wieder auf. Etwas zu schnell rollte sie die Schräge hinunter, vorgebeugt fuhr sie in den Wind, der, froh über ein neues Opfer, sofort ihren Umhang aufblähte, dass sie aussah wie aufgepumpt. Meistens drehte sie sich jetzt um und winkte, aber heute unterließ sie es, und ihre Heckfahne wehte mir ihre Empörung zu.

Der Kater, durch Willas plötzlichen Aufbruch von ihrem Schoß vertrieben, beobachtete ihre Abfahrt von der Fensterbank. Aufrecht sitzend, mit zuckender Schwanzspitze, drückte der mir zugewandte Rücken sein Missfallen aus.

Der Kniffelbecher mit den fünf Würfeln stand unberührt an seinem Platz.

Anstatt die Teetassen auf das Tablett zu stapeln, damit Gudrun sie später hinaustragen konnte, kramte ich mein Tagebuch hervor, damit ich, wenn Willa anrief, ihr genau sagen konnte, wann das alles anfing. Denn darüber hatten wir uns ja gestritten. Natürlich wollte Willa den ganzen Verdienst für sich in Anspruch nehmen.

„Wenn ich nicht ausfindig gemacht hätte, wo die Schwestern sich versteckt hielten, dann hätten wir dieses Geheimnis nie aufgedeckt", behauptete sie.

„Du musst zugeben, wenn die Kinder nicht vor Langeweile auf den Boden geklettert wären und da in den alten Kisten und Truhen rumgestöbert hätten, dann ..."

Aber Willa ließ mich nicht aussprechen. „Wie kannst du von Langeweile sprechen? Sie *dürfen* bei jedem Besuch auf den Boden. Kinder mögen so etwas." Sie tat so, als ob ich nicht wüsste, was Kinder mögen. „Außerdem – hätte ich nicht Cousine Bertha getroffen, damals, als ich mit Ose nach Niebüll fuhr, wo wären wir dann gewesen? Es war ja ein reines Wunder, dass sie zufällig auf die Lüttköks gestoßen war."

Immerhin gab sie zu, dass unsere Nichten auch eine Rolle gespielt hatten. Wir hatten vier Nichten. Fritzi, die Älteste, lebte mit ihrem Mann Hajo und ihren drei Kindern in einem Dorf südlich von Hamburg. Kerrin, die Zweite, wanderte nach Australien aus. Durch Briefe und Telefonate hielt sie den Kontakt zu uns lebendig. Ose unterhielt bis vor Kurzem eine Galerie am Rande von Hamburg – mit ihrem Lebensgefährten Kuno. Und Ane, die Jüngste, lebte in Kiel. Sie leitete dort ein Behindertenheim.

Ich erinnerte meine Schwester an Kerrins Brief, und wirklich – ohne den Brief hätte die Suche ja gar nicht begonnen. Und wenn man den Brief zählte, dann musste man sagen, es fing an dem Sonntag im Februar an, als Ose bei Willa anrief. Und es war Ose, die Willa zu einem Einkaufsbummel in Niebüll überredete. Und ohne Ose hätte Fritzi bestimmt nicht an der Expedition zum Friedhof teilgenommen, und dann hätte Ane nie die alte Frau mit dem Papageien aufgesucht … Und überhaupt, Ose hatte mich zum Biikebrennen mitgeschleppt, und da war …

Willa heftete ihre blassblauen Augen auf mich, unterbrach die Reise ihrer Kuchengabel, die bis dahin in gleichmäßigem Rhythmus Gudruns Apfel-Streuselkuchen vom Kuchenteller zum Mund befördert hatte, und berichtigte mich fest: "Ose kam im März."

Ein Klümpchen Schlagsahne löste sich von ihrer Gabel und fiel auf den Tellerrand. Dort balancierte es unsicher und rutschte dann hinunter aufs Tischtuch.

"Es war im Februar, noch vorm Biiken", sagte ich.

Die Kuchengabel erreichte ihr Ziel, und ihre nächsten Worte klangen gedämpft. "Erst zu Ostern, im April. Und ich weiß überhaupt nicht, was Oses Ankunft mit allem zu tun hat."

Da es keinen Sinn hatte, mit meiner Schwester über Fakten wie ein genau erinnertes Datum zu argumentieren, legte ich ihr stattdessen meine Gründe dar, warum die Ankunft unserer Nichte zu all dem führte, was nun passiert war und was, wenn man es sich überlegte, zu einem wirklich überraschenden Ende geführt hatte. Und das konnte nicht mal Willa bestreiten. Aber ich erreichte nur, dass sie ihren Stuhl heftig zurückschob, Tasche und Stock ergriff und mit einem knappen Abschied das Zimmer verließ. Einen Moment herrschte Stille, und ich wusste, dass sie auf dem Treppenabsatz vor dem Spiegel ihren Hut richtete und sich versicherte, dass ihre Handschuhe in den Taschen steckten. Ein leises Klirren ertönte, als sie ihren Schlüsselbund vom Garderobenhaken nahm, und dann hörte ich sie schweren Schrittes hinuntergehen, vom Aufstampfen ihres Handstockes untermalt.

Es dauerte etwas länger, als ich gedacht hatte, den Tag im letzten Winter zu finden, als Ose telefonierte, um Willa mitzuteilen, dass sie auf der 10.45-Uhr-Fähre säße und um halb zwölf in Wyk anlegen würde. Immer wieder, während ich die Seiten zurückblätterte, blieb ich an der einen oder anderen Stelle hängen. Beim Lesen fing es an schummrig zu werden, so dass Gudrun es sich nicht nehmen ließ, etwas von falschem Geiz zu murmeln, als sie die Tischlampe anschnalzte, und dass man wirklich nicht von ihr erwarten könne, dass sie im Dunkeln durch den Flur tapsen müsse. Aber der Apfel-Streuselkuchen hätte den Damen ja wohl geschmeckt, drei viertel aufgegessen sei er ja.

Gudrun kam zu mir, als ich eine Hauswirtschaftsleiterin suchte. Sie war kompetent und ermöglichte es mir, mich ganz von der Leitung der Pension auszuschalten. Wenn sie in Laune war und die Zeit entbehren konnte, half sie mir mit kleinen Handreichungen. Außerdem war sie eine ausgezeichnete Bäckerin und reichte schon mal einen Kuchen nach oben, wenn Willa mich am Sonntag zum Kaffeetrinken besuchte. Diesmal hatten wir allerdings in unserem Eifer gar nicht bemerkt, was wir gegessen hatten. Aber ich sagte Gudrun nur, ich bräuchte ihre Hilfe heute abend nicht mehr. Das beleidigte sie natürlich, denn sie hatte ja meine Hefte auf dem Tisch erspäht und hätte zu gern gewusst, womit ich mich beschäftigte.

„Und lass die Vorhänge bitte auf."

Gudrun hatte die Hand schon erhoben, aber ich sah so gern, wie die Dunkelheit den Strand hochrollte und die Leuchtfeuer rundherum an der Küste aufleuchteten. Gudrun brummelte etwas von Leuten, die auf dem Präsentierteller sitzen wollten, aber ich neigte mich über mein Heft und ignorierte sie einfach, so dass sie abziehen musste. Ich hörte sie in meiner kleinen Küche mit dem Geschirr rumschmettern, aber weil sie mich für undankbar hielt, wusch sie nicht ab. Das bisschen lohne sich nicht, und sie hätte ja weiß Gott genug zu tun, das Haus voll und den ganzen Tag hin und her, sagte sie, als sie noch mal hineinkam. Grob griff sie den Kater, der empört aufschrie, und polterte hinaus.

Herbert zog bei mir ein, als Gudrun ins Haus kam. Obwohl er Gudrun gehörte, entschied er nach einer kurzen Kontrolle der Räumlichkeiten, dass meine Veranda der einzig passable Aufenthaltsraum für ihn war. Herbert ist ein großes, orange- und braungestreiftes Biest mit grüngesprenkelten Augen, die mich, wenn er wachte, argwöhnisch verfolgten. Meistens gelang es ihm, meine Anwesenheit zu ignorieren, wie er auch die Pensionäre übersah – nur Willa liebte er abgöttisch. Wenn sie kam, strich er ihr schnurrend um die Beine, wartete geduldig, bis sie sich im Korbstuhl niedergelassen hatte, und sprang dann mit einem verliebten Mauzen auf ihren Schoß. Willa lobte ihn und schmeichelte seiner Eitelkeit. Nach gebührlichem Kraulen und Streicheln kuschelte er sich zufrieden auf eines meiner Sofakissen, welches Willa und er für diesen Zweck bereitliegen hatten. Nur am Abend ließ er sich unter lauten Protesten von Gudrun abschleppen und in der Waschküche einschließen.

Wie erwartet, fand ich den Eintrag: an einem Sonntag im Februar, zwei Wochen vorm Biikebrennen.

Sonntag, den 5. Februar 2006: Ose traf heute Mittag überraschend ein, stand da. Starker Ostwind – eisige Kälte. Die Seemöwen taumeln im Wind und ziehen landeinwärts. Vereinzelte Spaziergänger stemmen sich gegen den Wind – vermummt wegen der Kälte. In der Mulde, die das Wasser vorm Strand ausgewaschen hat und wo die Kinder im Sommer so gern im flachen Wasser planschen, blubbern die Schaumkronen träge. Eine breite Lache, die heute nicht überspült werden wird. Wie immer bei Ostwind haben wir Niedrigwasser. Weiter draußen eilen die Wellen geschäftig in Richtung Amrum. Die Nachmittagsfähren werden wohl nicht fahren können. Sonnenuntergang ist um 17.29 Uhr.

Nachdenklich las ich weiter. Willa mochte recht haben mit ihren Behauptungen, aber das Datum war, wie ich es erinnert hatte. An einem kalten Sonntagvormittag im Februar war es, als der Ostwind das Wasser aus dem Hafen drückte und die Fähre nur knapp über die Sandbänke rutschte, ohne festzustecken, daher mit Verspätung ankam und dann eine Viertelstunde brauchte, bevor sie vertäut war. Fast halb eins war es, bis unsere Nichte Ose die Brücke hinaufkeuchte – gefolgt von drei Koffern und zwei Taschen –, wo Willa sie erwartete. Und leicht hätte Willa sich eine Lungenentzündung holen können, als sie auf dem Pier im schneidenden Wind auf Ose wartete. Aber zum Glück hatte ihre Freundin, Fräulein Söhnlein, sie alarmiert, dass es garantiert eine Verspätung geben würde. Also hatte Willa Zeit gehabt, mich anzurufen und Oses Zimmer vorzubereiten. „Ich kann doch im grünen Zimmer unterkommen, Tante Willa, nicht?", hatte Ose gesäuselt. Unsere Nichten sagten nur dann „Tante", wenn sie etwas erreichen wollten.

Und damit begann alles.

Wenn man auf Föhr herumgefragt hätte, wie Willas Vorname lautete, hätten die meisten wohl auf Wilhelmine getippt. Das wäre ein Irrtum gewesen.

Meine Schwester wurde auf den Namen Luise getauft und wegen ihrer goldenen Locken und ihrer dicken Pausbäckchen von ihren Omas und Tanten, wie das hier üblich war, Lieschen gerufen. Es dauerte aber nicht lange, bis auch die zahmste Großtante merkte, dass die zweite Tochter meiner Mutter weiß Gott kein Lieschen war. Die Worte, die die Kleine mit schöner Regelmäßigkeit ausstieß, sobald sie Laute formen konnte, waren „will" und „will nich".

Als meine Mutter einmal jammerte: „Diese Deern ist ein rechter Willemann! Will mal dies, will mal das …", deutete meine Schwester strahlend auf sich selbst und sagte: „Willa!"

Weil sie fortan nur auf diesen Namen antwortete, blieb er auch an ihr haften. Leider blieb ihr auch der Charakterzug, dem sie den Namen verdankte; er begleitete sie durch ihr Leben. Vielleicht war das gut so, denn bei all dem, was wir erlebten, half ihre Willensstärke uns manches Mal aus.

Unsere Nichte Ose war aus einer ähnlichen Garnitur geschneidert. Auch sie konnte sich als unbeugsam erweisen, wenn ihr etwas gegen den Strich ging.

An dem Sonntag im Februar, an dem sie im roten Wintermantel, einem Hut, der ihr Gesicht gründlich verbarg, einem grünen Wollschal und grünen Strümpfen, auf Stiefeln, die zwar für den Laufsteg geeignet, aber ganz unpassend für einen Föhrer Winter waren, vom Schiff stöckelte, kam es ihr nicht in den Sinn, uns irgendwelche Erklärungen für ihren plötzlichen Besuch zu geben.

Erst viel später erfuhren wir, dass der Inhalt der drei Koffer und zwei Taschen (für die sie glücklicherweise einen alten Schulkameraden zum Tragen gefunden hatte – er verabschiedete sich hastig, so wie er die Koffer in der Nähe von Willas Elektromobil abgeladen hatte) das Resultat zweier durchwachter Nächte war. Schäumend vor Wut, teilweise von Tränenausbrüchen unterstützt, hatte Ose Freitagnacht und den besten Teil des Sonnabends damit verbracht, den Anteil des Mobiliars, welcher ihr gehörte, in Kartons zu packen und in ihrem Arbeitszimmer zu stapeln. Dort hinein schob sie auch die wenigen Möbelstücke, die sie vor dem Einzug in die Wohnung, die sie nunmehr schlichtweg als Kunos bezeichnete, besessen hatte. Es war nicht viel. Ose war direkt von einer Studentenbude in die Altbauwohnung gezogen, die Kuno, ähnlich der Galerie, weiß, kahl und – wie sie nun erkannte – ungemütlich vorzog. Gegen Abend stellte sie befriedigt fest, dass ihre Grafiken helle Flecken an den Wänden hinterlassen hatten, dass die Ausgewogenheit der Regale unter dem Verlust ihrer Glassammlung litt und dass die Küchenschränke ein hohles Echo seufzten, seitdem sie ihr geliebtes Geschirr ausgeräumt hatte. Kuno hatte das blauweiße Muster, die gedrungenen Tassen, die Teller mit dem gewellten Rand nur mit einem schmerzlichen Gesichtsausdruck gelitten. Ose erinnerte das Geschirr an ihre Kindheit auf der Insel. Und weil Kunos Gesicht ihr nun vor Augen stand, räumte sie auch noch den Teil der Vorräte aus, die für ihre Gerichte bereitstanden. Sollte Kuno sich doch von seinen schwarzen Bohnen und roten Linsen ernähren. Nie wieder würde sie sich eine seiner Misosuppen einlöffeln.

Als Kuno um neun Uhr abends immer noch nicht zurückgekommen war, überlegte sie, wie sie das Momentum ihrer Leidenschaft weiterhin auf Hochtouren halten konnte. Sie hatte gehofft, er wäre inmitten ihrer Aktion erschienen. Sie hatte sich seinen Schock ausgemalt. Sein kühles, ausgewogenes Heim in einem Zustand der Demontage. Zur Untermalung hätte sie einige seiner Weingläser katapultiert. Spätestens wenn sie sich demonstrativ in ihr Arbeitszimmer zurückzog, hätte er bemerkt, dass er zu weit gegangen war.

Aber mit den Kartonstapeln in einem ohnehin vollgestopften Zimmer, das nun auch noch eine englische Kommode aus den Zeiten der Königin Viktoria beherbergte (sie hatten sie in England entdeckt und mit Oses

Kreditkarte bezahlt) und zwei Shakerstühle (New York), fehlte ihrer Geste die nötige Eleganz. Außerdem war es unmöglich, die Schlafcouch auszuziehen. Auch das Arbeiten am Computer würde sich als recht unbequem erweisen. Ose wurde nachdenklich. Sie hatte mit Kunos Erscheinen gerechnet – ganz sicher hatte er die Unbedachtsamkeit seines Handelns inzwischen erkannt. Natürlich hatte er es nicht ernst gemeint. Seine Schwester Doro würde ihm die Unsinnigkeit seiner Entscheidung klargemacht haben. Aber er musste sehen, wie sehr er sie verletzt hatte. Der symbolische Auszug ins Arbeitszimmer sollte ihm ihre Gefühle unterbreiten. Ose gelang es nie so gut, in Worte zu fassen, was sie viel deutlicher in Handlungen ausdrücken konnte. Als sie begann, Kunst zu studieren, hatten wir alle angenommen, ihr Ziel sei die Bühne. Statt dessen landete sie bei Kuno.

Und der durfte sie keinesfalls tatenlos und zweifelnd überraschen.

Kurz entschlossen griff sie Mantel und Tasche und entfloh zu dem Türkenlokal um die Ecke, „diesem kitschigen Heimatschuppen", in dem Kuno sich nie sehen lassen würde.

Es war zu spät, um noch auf Bekannte zu treffen. Die meisten von Oses und Kunos Freunden hatten verspätet Kleinkinder ausgebrütet und gingen früh nach Hause. Jetzt saßen vereinzelte Pärchen und Grüppchen rauchender Türken in dem plüschigen Zimmer, das vorher einmal die gute Stube einer Parterrewohnung gewesen war. Ose hatte sich nicht geschminkt, aber bei Ozgurs Mutter wurde das auch nicht erwartet.

Bei Ozgur gab es keine Speisekarte, die Gäste wurden mit einer Auswahl von zwei oder drei Gerichten konfrontiert. Suppe gab es oft, Salat, wenn Ozgur Lust hatte, ihn vorzubereiten. Ozgurs Mutter hatte sich nie die Mühe gemacht, Deutsch zu lernen. „Wozu?", übersetzte eines der Kinder für die Oma. „Wenn Ozgur hier fertig ist", Ozgurs Mutter wedelte die Hand durch den Raum, „kehren wir in die Heimat zurück." Das Kind starrte sie ausdruckslos an und zog laut die Nase hoch. Wenn Ozgurs Mutter nicht in der Küche war, griff sie sich eines der Enkelkinder, die auf dem Fußboden saßen und in den lautlosen Fernseher stierten, und setzte sich zu ihren Gästen, um aus ihrem „reichen Leben" zu erzählen. Es erstaunte Ose, wie malerisch die Kinder das Türkisch ihrer Großmutter ins Deutsche übersetzten, den Tonfall mitsamt der Pausen und Seufzer nachvollzogen, ohne je eine Miene zu verziehen. Ozgurs Mutter war nach Deutschland gekommen, als die Schwiegertochter ihren Sohn verlassen hatte und niemand von ihm erwarten konnte, sich gleichzeitig um seine Autowerkstatt und die Kinder zu kümmern. Sie hatte das selten genutzte Vorderzimmer in eine Art Suppenküche für Ozgurs Kumpel, die ihr schlecht ernährt erschienen, umgewandelt. Inoffiziell zuerst, verpflegte sie türkische Junggesellen, Ehemänner, deren Frauen in der Türkei auf ihre Rückkehr harrten, und Familien, in denen beide Eltern von früh bis spät schufteten. Gülserens Kochkünste sprachen sich herum. Bald klopfte die gesamte Nachbarschaft bei ihr an. Irgendwann baute Ozgur eine kleine Bar in die Ecke neben der Stubentür und kümmerte sich um eine Lizenz. „Warum nötig?", klagte Ozgurs Mutter aus dem teilnahmslosen Gesicht des Kindes und litt unter dem Geld, das nun dem undankbaren Finanzamt zufloss.

Ose bestellte und aß allein. Eine türkische Familie drängte sich herein. Aus ihren wortgeschwellten Gesten entnahm Ose, dass ihr Auto auf der Heimfahrt von einem Fußballspiel zusammengebrochen war. Zwei der Frauen begaben sich in die Küche, um Ozgurs Mutter beim Aufwärmen neuer Gerichte zu helfen.

Ose dachte nach. Bei der würzigen Bohnensuppe erinnerte sie Kunos Abneigung gegen Knoblauch und zerwühlte Bettlaken. Er brachte es fertig, sie nach dem Liebesakt zum Aufstehen zu nötigen, um das Bett frisch zu beziehen. Bei würzigen Köfte und Pilaw dachte sie daran, wie er sich über die Wollsocken mokierte, die sie statt Pantoffeln im Haus trug. Dass sie an kalten Füßen litt, galt bei ihm nicht. Sie sah auf einem Tisch die zerfledderte, zerlesene Tageszeitung, die durch die Hände zahlreicher Gäste gegangen war. Sie hatte sich angewöhnt, die Zeitung stets nach Kuno zu lesen, weil er nicht das kleinste Eselsohr, die geringste Seitenverschiebung ertrug.

Ozgurs Mutter servierte gebackene Auberginen mit Zwiebeln, Tomaten und Peperoni, die herrlich in Öl schwammen, und füllte ihr Weinglas auf, während sie gleichzeitig eine lautstarke Unterhaltung mit einem schnauzbärtigen Mann weiterführte. Obwohl Ose nicht verstand, worum es ging, fühlte sie sich eingeschlossen, weil Ozgurs Mutters Hand auf ihrer Schulter ruhte, als ob Ose sie in ihrem Argument bestärken könnte. Ose lächelte dankbar, nickte mit Überzeugung und stippte das Öl mit warmem Brot auf. Kuno hasste Essen, das schwappte oder auslief. Auf seinem Teller herrschte immer Ordnung. Seitdem er an einem makrobiotischen Kochkurs teilgenommen hatte, achtete er darauf, farbliche Kontraste zu erzielen, die Zutaten fächerhaft zu gliedern und all die Grundelemente der Ernährung in einer Mahlzeit zu versammeln. Die waren vertreten in verschiedenfarbigen Hülsenfrüchten und japanischen Algen, in Naturreis, grünem Gemüse und Maiskorn, oft durch Fisch, seltener durch Fleisch. Ose schauderte und bestellte nun doch klebriges Baklava, weil es ihr nach der tröstlichen Süße verlangte. Kuno hätte sich geekelt und den hohen Zuckergehalt getadelt. Erwärmt von dem häuslichen Essen, dem rauen Rotwein und der stärkenden Gegenwart von Ozgurs Mutter, traf sie eine Entscheidung.

Sie erkannte, dass ihre spontane Aktion in Kunos Wohnung von ihrem Unterbewusstsein gelenkt worden war. Ihr Zusammenleben mit Kuno hatte nichts mehr gemein mit dem partnerschaftlichen Ideal, das Kuno mit ihr hatte schaffen wollen. Als er sie bat, sein Leben, seine Arbeit und sein Apartment zu teilen, und sie akzeptierte, hatte er sie seiner Schwester Doro als „meinen Gegenpol" vorgestellt.

„Gratuliere uns", hatte er gesagt, „du siehst in uns eine harmonische Zusammenkunft gleichgesinnter Gemüter." Ose erinnerte sich beschämt an ihr aufgeregtes Kichern. Doro hatte sie geküsst und ihnen Ringe geschenkt, die mit jeweils der Hälfte eines Mondsteines geschmückt waren. Wenn man die Ringe nebeneinander legte, formten sie ein fast perfektes Ganzes – nur die gezackte Narbe in der Mitte blieb. Da Doro die Ringe selbst gefertigt hatte, musste Kuno ihr von seiner Absicht, Ose zu seiner Lebenspartnerin zu küren, erzählt haben, bevor sie selbst informiert worden war.

Damals hätte Ose sich nie erlaubt, das als Arroganz oder gar Bevormundung zu sehen, einfach weil sie sich niemandem unterstellt fühlte. Auch wenn Kuno älter war als sie, in seinem Leben schon etwas erreicht hatte, zweifelte sie keinen Moment an ihrer Gleichwertigkeit. Sie war überzeugt, dass sie füreinander bestimmt waren. Ihre Anziehung beruhte auf Gegenseitigkeit. Wenn den einen am anderen etwas störte, so war das ein Teil der individuellen Menschlichkeit, die man respektieren musste – niemand war perfekt, und es war albern, am anderen rumzumodellieren, etwas ändern zu wollen, wie sie es oft bei ihren Freunden sah. Kuno hatte ihr früh gestanden, dass er von ihrer Intelligenz angezogen war, ihrem scharfen Geist und ihrer Gabe, klar argumentieren zu können. Wenn Ose erstaunt war, ließ sie es sich nicht anmerken.

Endlich hatte sie jemanden getroffen, der sie nicht wegen ihrer temperamentvollen Auftritte, ihrer großen Gesten wegen mochte, sondern ihren Intellekt schätzte. Von nun an strebte sie, die Schärfe ihres Geistes zu entwickeln – Kunos Freunde sollten sehen, wie sie funkelte. Sie wurden bekannt für ihre charmanten Plänkeleien. Wortgefechte, die Kuno, der alles Englische liebte, Debatten nannte. In klugen Beobachtungen, brillanten Argumenten und würzigen Sprüchen übertrafen sie einander. Kuno lehrte sie, dass es dabei nicht darauf ankam zu gewinnen, sondern seine Meinung mit solider Zuversicht zu vertreten.

We agree to disagree, zitierte er oft am Ende und nahm sie zufrieden und erregt in die Arme. *Wir einigen uns, dass wir verschiedene Meinungen vertreten.*

Wann hatte sie angefangen, sich genervt zu fühlen? Einen Hang zur Überheblichkeit in Kuno zu vermuten? Im Stillen hatte sie begonnen, seine Unarten zu addieren. Sie erkannte fundamentale Unterschiede zwischen ihren und Kunos Ansichten. Die Meinungsverschiedenheiten, die sie anfangs genossen hatte, wurden erst zu Blitzkriegen, dann zu zehrenden Schlachten, ausgekämpft in geschickten Sticheleien und hinterlistigen Überfällen. Strategische Ausfälle wechselten mit torpedoartigen Einschlägen, wohlbedachte Fallen lauerten im Hinterhalt. Immer fieser, immer spitzer, immer persönlicher. Nur niemals laut – Kuno hatte ihr gleich am Anfang klargemacht, dass er lautstarke Auseinandersetzungen für kleinbürgerlich hielt. Also hatte Unzufriedenheit sich in schwarzem Humor und Schlagfertigkeit geäußert. Wurden sie nicht gerade deshalb überall eingeladen? Warteten nicht Kunden und Bekannte gleichsam mit angehaltenem Atem auf ihre Äußerungen wie auf die Pointe eines Witzes? Ose und Kuno – Alleinunterhalter. Brisant bei Essen im Freundeskreis, aufmunternd bei steifen Cocktailpartys.

Und doch hatte sie an sein Versprechen geglaubt. Nicht Hochzeit und Ehe erwartet – *was uns verbindet, kann man nicht mit einer Unterschrift bescheinigen* –, aber Ewigkeit. Glaubte immer noch daran. Sie waren beide gereizt. Die Galerie, die drei Leute unterhalten musste – natürlich konnte er von Doro nicht verlangen, dass sie ausschied –, bereitete finanzielle Kopfschmerzen. Kunos häufige Abwesenheit erlaubte wenig Zeit fürs Private. Er besuchte Vernissagen, Galerien und Museen, alte und potenzielle Klienten. Die zartbesaiteten Künstler, deren Egos massiert und berücksichtigt werden mussten; Kunden, die überredet, gelobt, geschmeichelt sein wollten; der Druck, den die Ausstellungstermine bereiteten – all das führte zu Anspannungen.

Aber niemals, nie hätte sie erwartet, dass Kuno so weit gehen würde. Sie hatte mit Trotz reagiert, mit Wut und Ärger – all die Emotionen, die sie zu lange unterdrückt hatte. Sie hatte ihm gezeigt, wie weh er ihr getan hatte.

Nun war es an ihm, den nächsten Zug zu machen. Sie wollte, dass er litt, wie sie gelitten hatte.

Dies Letzte war eine Beleidigung, die nicht in ihre ungeschriebene Abmachung passte.

Ose drehte nachdenklich an dem gezackten Ring. In der guten Stube, die Ozgur zur Gaststube ummodelliert hatte, trank sie noch einen bittersüßen türkischen Kaffee. Auf keinen Fall durfte sie jetzt schläfrig werden. Sie musste wach und wachsam bleiben. Und sie musste eine Entscheidung in Bezug auf die nähere Zukunft treffen. Ihre Beziehung musste neu definiert werden – und dazu war vielleicht ein gewisser Abstand nötig. Sie könnte natürlich zu einer Freundin nach Winterhude gehen. Ihre Augen schweiften unschlüssig über die goldvermusterten Tapeten. Ozgur hatte einige leuchtend bunte Ansichten seines Heimatortes dort aufgehängt, wohl um seine Mutter zu trösten. Nun verschwammen diese, wurden zum Blick aus Ruths Veranda – das Meer, in dem die Halligen wie Tupfer schwammen, die Windräder am Horizont, die sich stetig drehten, der rhythmische Wechsel der Gezeiten. Ose dachte an das Zimmer, in dem sie schlief, wenn sie Willa besuchte, mattes Grün an den Wänden, beim Aufwachen gefilterter Sonnenschein, das Zwitschern der Vögel, die im gegenüberliegenden Wald erwachten – und eine Sehnsucht nach Föhr ergriff sie. Sie ließ sich von einem Kind ihren Abschied auf einige Zeit übersetzen, und nach einer warmen, ermutigenden Umarmung von Ozgurs Mutter kehrte Ose zur Wohnung zurück. Den Rest der Nacht verbrachte sie mit dem Packen ihrer Kleidung. Was nicht in die Koffer passte und was sie nicht sofort brauchen würde, verstaute sie in ihrem Arbeitszimmer. Gegen Morgen rief sie ein Taxi und wartete im Bahnhofscafé bei bitterem

Kaffee und pappigen Croissants auf den ersten Zug nach Niebüll. Es fiel ihr erst ein, Willa anzurufen, als sie auf der Mole stand und die Insel als diesigen Strich im Wasser ruhen sah. Tränen des Selbstmitleids schwollen in ihr an, sie fühlte sich wie ein Heimkehrer nach langer Abwesenheit.

Wenn Ose vorgehabt hatte, Willa dies alles bei ihrer Ankunft zu erzählen, so wäre das nicht möglich gewesen. Der scharfe Wind riss ihr die ersten Worte aus dem Mund und verbiss sich in ihren Haaren, Wangen und bloßen Händen. Willa winkte einen jungen Taxifahrer heran, der mit hochgezogenem Kragen vergeblich versuchte, sich in dem Wind eine Zigarette anzuzünden. Willa hatte in ihm den Neffen einer ehemaligen Mieterin erkannt. Er hatte auf eine bessere Tour gehofft, als nur ein paar Koffer in die Badestraße zu befördern. Willas gebieterisches Zeichen wagte er aber nicht zu ignorieren. Mürrisch lud er das Gepäck ein und brauste ab. Vielleicht würde noch der eine oder andere Nachzügler nach einem Taxi suchen, wenn er schnell genug zurückkam. Willa und Ose richteten nun Steuer und Schritte in Richtung Stadt. Es war üblich bei uns, dass unsere Gäste zu Fuß den Besuch der Insel antraten. Wenn sie unbedingt ein Auto rüberbringen mussten, dann war es dem Fahrer überlassen, den Umweg um den Hafendeich und die Umgehungsstraße zu fahren.

An jenem Sonntagnachmittag, zwei Wochen vorm Biikebrennen, trug der Sturm Ose und Willa mit zerzausten Haaren und einer eisigen Böe durch die Haustür.

„Kind, was bist du kalt!"

Ose hatte in einer heftigen Umarmung ihre kalte Wange in meinen Nacken gedrückt. Jetzt legte sie ihre eisigen

Hände wie zum Beweis auf meine Stirn und streichelte lachend meine Nase mit ihren Daumen.

„Sie wollte unbedingt vorm Kaffee noch spazieren gehen." Willas Ton ließ mich wissen, dass sie es sich nicht hätte nehmen lassen, trotz Sturm und Wintertemperaturen ihre Mittagsruhe zu verpassen, wenn Ose nicht darauf bestanden hätte, allein zu gehen.

„Und ich hab' Kuchen mitgebracht", rief Ose vom Flur, wo sie sich aus ihrem Mantel und mehreren Wolltüchern schälte. Alles an Ose war fließend. Der weite Mantel gab den Blick frei auf einen weiten, wadenlangen Rock. Blusenzipfel lugten unter einer spitzenumrandeten Weste hervor, über der sie eine dicke Wolljacke trug, gekrönt von einem rotgrün gemusterten Dreieckstuch. Unter all dem Zeug war Ose gertenschlank und hochgewachsen, nicht wie Willa und ich, die in unseren späteren Jahren zu einer gewissen Breite neigten.

„Lass nur", sagte sie zu Willa, als diese sich zu Ose in meine kleine Küche drängen wollte. „Ich mach das schon. Und nehmt die Katze mit, bevor ich drauf rumtrampel."

Herbert, der den Morgen eingerollt und wie betäubt auf meinem Bett verbracht hatte, empfing Willa mit aufgeregten Freudehüpfern und war ihr in die Küche vorausgeeilt. Nun hatte er an Oses Stiefelspitze etwas entdeckt, was ihn zu eifrigem Schnüffeln anregte.

Willa hob Herbert ächzend auf und zuckte die Schultern. Offensichtlich wusste auch sie noch nicht, was es mit dem Besuch unserer drittältesten Nichte auf sich hatte. Und weil sie es jeden Sonntag tat, wenn wir uns zum Kaffeetrinken trafen, begann Willa nun, mir die Nachrichten zu unterbreiten, die sie in der Woche durch das Netz ihrer Freundinnen und Informanten gesammelt hatte. Ich hörte von dem ruinierten Abfluss ihrer Nachbarn, an dem der Schlosser nun schon seit einer Woche arbeitete, und von Momme Buhls vermutetem Herzanfall, der sich als übersteigertes Sodbrennen entpuppt hatte.

„Und du weißt ja, der Klub geht Grünkohl essen. Elsa hat gesagt, du passt noch rein ins Auto. Momme und Tilly nehmen die Zöllner mit."

Ich überlegte gehässig, ob die Buhls dem Grünkohl und der fetten Schweinsbacke entsagen würden, nach dem Alarm mit Mommes Herzen.

Die Buhls, das Ehepaar Zollmann, auch die Zöllner genannt, und Elsa Söhnlein gehörten einem Klub an, den Willa vor einigen Jahren, als ihre Knie weiteres Tennisspielen verboten, gegründet hatte. Von Juni bis September trafen sie sich einmal in der Woche zum Krocket. Da nur die Buhls eine ausreichend große Wiese für diesen Zweck hatten, fanden die Spiele bei ihnen statt. Sie spielten eine Art von Krocket, die Golfkrocket genannt wird und die Willa als „sportlicher als die Vereinsspiele" bezeichnete. Wenn die Jahreszeit das Spielen unmöglich machte, setzten die Männer sich zusammen, um Manöver auszutüfteln, in Katalogen entdeckte Neuausgaben von Krocketschlägern zu diskutieren und die Wiese zu inspizieren, die im Winter meist etwas litt. Jegliche Unebenheit des Spielfeldes musste unbedingt im Vorfeld ausgeglichen werden. Während die Männer derartig beschäftigt waren, widmeten die Frauen sich genüsslich den Wyker Neuigkeiten.

Außer dem Krocket unterstützte der Klub sämtliche Wyker Festlichkeiten und Traditionen, und da Fräulein Söhnlein vom Lande kam, waren die Frauen auch im Landfrauenverein, die Männer bei den Ringreitern und alle im Friesischen Verein.

Da das Biikefest anstand, planten sie eine gemeinsame Tour der Feuer und im Folgenden das Essen, welches sie traditionell in der Wrixumer Mühle einnahmen.

Kaffeeduft zog aus der Küche und erließ es mir, auf Willas Angebot zu antworten. Ose schob sich mit einem beladenen Tablett durch die Tür, und Willa lehnte sich vor, um beim Tischdecken zu helfen.

„Kannst du bitte einschenken?", fragte ich Ose. Sie und Willa hatten im Wettstreit Kuchenteller, Tassen, Untertassen und Gabeln verteilt, und beide versuchten gleichzeitig, die Kaffeekanne zu greifen.

„Bist du zum Biikebrennen noch hier?", fragte ich Ose. Das lenkte Willa ab, sie setzte sich zurück.

Ose strich sich das Haar zurück und sah unschlüssig aus.

„Vielleicht … ein paar Tage kann ich bleiben. Sollen wir mit der Torte anfangen?"

Gudrun hatte Puffer gebacken, aber der würde halten. Ose, wohl wissend, wie sehr Willa ihre Sahne liebte, hatte beim Café Steigleder am Sandwall eine leckere Sahnetorte geholt. Ose verbarrikadierte sich hinter der Torte, und da sie recht einsilbig antwortete, nahm Willa die Gelegenheit wahr, Ose zu erzählen, was es Neues in Wyk gab. Sie berichtete über den Schweineball, den der Klub geschlossen besucht hatte, und wandte sich dann ausgiebig der Rattenplage zu, die unsere Insel überraschend heimsuchte. Jahrhundertelang hatten die Ratten die Insel gemieden, hatten es selten einmal geschafft, sich bis zur Hafenstraße hochzuschleppen, bevor sie verreckten. Willa gab auch gleich Fräulein Söhnleins und der Buhls einhellige Meinung zu dem Grund der neuerlichen Widerstandsfähigkeit der Tiere preis: Offensichtlich hatte ein Zugezogener ein zahmes Tier mitgebracht und dieses dann, ohne Rücksicht auf die Konsequenzen, in der Natur freigelassen. Schließlich erläuterte sie die Vor- und Nachteile der Strandpromenadenerweiterung und die erhitzte Debatte, ob die Verbreiterung eine Fahrradspur einschließen sollte. Der Klub war einstimmig für die Verbreiterung (die Zöllner hatten bei einem Besuch im Osten beobachtet, dass *die* – unsere Konkurrenz, was die Badegäste betraf – breitere Kurpromenaden haben) und ebenso einstimmig gegen den Fahrradweg. Hier raffte Ose sich auf und fragte, ob Willa nicht eine Fahrraderlaubnis vorgezogen hätte, immerhin könnte die Stadt ja, wenn sie Zweiräder verbietet, auch Elektromobile wie Willas abweisen.

„Wie?", meinte Willa. „Ich habe doch einen Behindertenausweis."

Eine winzige Drohung schwang in ihrer Stimme mit. Ich hätte den Stadthalter sehen wollen, der es schaffte, meiner Schwester etwas zu verbieten.

Am Montagmorgen war es grau und kalt. Der Regen, der über dem Meer hing wie ein Schleier, wechselte bald zu Schneeschauern. Auf den Straßen und Fußwegen musste man sich vorsehen, weil Glatteisgefahr herrschte. Gudrun schimpfte und polterte, als sie spät vom Einkaufen zurückkam, und war schlecht gelaunt, weil das Wetter Schmutz und Feuchtigkeit ins Haus trug und sie die Wäsche auf dem Boden aufhängen musste. Frau Siegesdorf, die hartnäckigste unserer Pensionäre, hüllte sich in ihren pelzgefütterten Wettermantel und stülpte sich einen Südwester über, um ihren täglichen Ausflügen zu frönen. Aber sogar sie ließ sich einmal mit der Taxe zum Friesischen Institut befördern, weil es nun doch zu ungemütlich war, und widmete ihrer Musiksammlung mehr Zeit als sonst. Sie bereitete sich mit Besuchen in der Stadtbücherei auf die Vortragsreihe ‚Johann Sebastian Bach' vor, die demnächst starten sollte und deren Höhepunkt ein Konzert in der St.-Nicolai-Kirche bilden würde. Fräulein Mönkelmanns Kartenspieler wurden bei ihrem wöchentlichen Spielnachmittag mit barocken Orgelklängen empfangen.

Auch Willa war gezwungen, zu Hause zu bleiben: Wie ich hätte voraussagen können, hatte sie sich eine starke Erkältung zugezogen, als sie am zugigen Hafen auf Ose wartete. Normalerweise hätte sie das nicht gestört, sie hätte die Zeit zu ausgiebigen Telefonaten mit Freunden und Bekannten genützt, aber nun hinderte es sie, an Oses langen Spaziergängen teilzunehmen. Ose ließ sich weder von Kälte noch von Eis zurückhalten. In ihrer wehenden Kleidung, die sich nur in der Farbschattierung änderte – von rotgrün zu rotviolett und dann schwarzblau – und, als einziges Zugeständnis an die Wetterzustände, Regenschirm und Wanderstiefeln mit rutschfester Sohle, verließ sie das Haus. Immerhin konnte Fräulein Söhnlein, Willas engste Anvertraute, mitteilen, dass Ose lange Wald- und Strandspaziergänge unternahm, in Nieblum sowohl wie am Gotinger Kliff gesichtet worden war, in den wenigen Cafés, die zu dieser Zeit offen waren, Waffeln und Friesentorte löffelte, zum Kaffee auch mal einen Cognac bestellte. Wyk und die Geschäfte schien sie zu meiden, außer den morgendlichen Einkäufen, die sie für Willa in dieser Woche erledigte.

Zweimal kam sie zu mir. Sie warf ihre orange Wollmütze und einen rostfarbenen Schal auf mein Bett und murmelte etwas über den Blick, an dem sie sich nicht sattsehen konnte. Lange starrte sie aufs regenverhangene

Meer, während auf meinem Bett der Wollhaufen wogte und schwappte und Herbert, auf dem Oses Sachen gelandet waren, sich unter der unverhofften Wärme neu arrangierte. Nach einer Weile braute Ose uns Kräutertee, den ich als Nieblumer erkannte, und kuschelte sich mit der Zeitung in den Korbstuhl. Später aßen wir Mittag zusammen. Ich hatte Hühnersuppe gekocht, richtig auf einem Suppenhuhn, so wie ich es bei Mutter gelernt hatte, und Ose überredete mich, Grießklößchen zuzubereiten.

„Weißt du, genau wie früher", bettelte sie. „Ich krieg sie nie so leicht und luftig hin wie du." Immerhin erbot sie sich, einen Schokoladenpudding anzurühren. Das Tütchen mit dem Puddingpulver zog sie aus der Manteltasche, verschämt grinsend. Sie hatte diesen Überfall also schon geplant. Das war am Dienstag; am Donnerstag, als sie wieder erschien, brutzelte sie einen kräftigen Gemüsereis.

„Darf ich den Rest Hühnchen benutzen?", rief sie aus der Küche. „Und hast du keinen Safran?"

Ich hörte sie die Treppe runterrennen und erst zwanzig Minuten später zurückkehren.

Ose hatte einen Draht zu Gudrun. Sie schaffte, was sonst niemandem gelang: Gudrun zu beschmeicheln. Strahlend brachte sie ein Tablett mit einer grünen und einer roten Paprika, einigen Erbsenschoten und einem Stück Sellerie.

„Guck, was Gudrun alles rausgerückt hat! Die kannst du mir schnippeln, ja? Ich mach inzwischen den Reis und schmor die Zwiebeln an."

Was immer sie mit Gudrun beredet hatte, hatte sie fröhlich gestimmt. Ihre Wangen waren etwas gerötet, und sie summte, während sie in der Küche hantierte. Aber ansonsten sahen und hörten wir nicht viel von ihr. Willa meldete, dass Ose abends erschöpft von ihren langen Ausflügen nach Hause kam und sich nach dem Abendbrot sofort in ihr Zimmer zurückzog, Müdigkeit vorschützend. Sie schien aber nicht zu schlafen. Willa wachte manchmal in den stillen Nachtstunden auf und hörte Ose vor sich hinmurmeln. Ich erklärte Willa, dass Ose ein Handy bei sich trug und dass sie nicht vor sich hinmurmelte, sondern telefonierte. Willa sagte, natürlich wisse sie von Oses Handy. Aber ich sah, dass sie sich ärgerte, nicht selbst daran gedacht zu haben. Außerdem erlaubte dies Handy Ose zu telefonieren, ohne Willas Telefon zu benutzen. Dadurch hatte sie keine Gelegenheit, Oses Gesprächen zuzuhören.

Später erfuhren wir, dass sie mit Freundinnen und ihren Schwestern, sogar mit Kerrin in Australien, telefoniert hatte. Aber nicht mit Kuno.

Ose hatte den Mund voller Fotsches – anderswo auch Berliner Pfannkuchen genannt –, ein bisschen Marmelade hatte sich an ihrem Mund abgesetzt und leuchtete grellrot über ihren purpurfarbenen Lippen. Ich sah, dass Ose Willa geschickt in die Ecke gedrängt hatte – zwischen Tisch und Büfett. Ein Platz, von dem man nur mit Schwierigkeiten schnell mal aufspringen konnte, um zum Beispiel etwas aus der Küche zu holen oder den Kaffeetopf zu erreichen, der auf dem Ofen wärmte. Sieben Fotsches lagen noch auf dem Kuchenteller. Ich versuchte zu erkennen, welcher mit Pflaumenmus gefüllt war. Willa hatte einen mit Pflaumenmus erwischt. Ose hatte beschlossen, das Kaffeetrinken zu Biiken mit Fotsches zu begehen, und Willa und ich hatten nichts dagegen. Obwohl wir beide die pflaumenmusgefüllten vorzogen, kauften wir immer halb und halb. Diesmal hatte Ose das Gebäck besorgt.

„Frau Heinke hat angeboten, mir einen Schal zu stricken", erzählte Ose. „Ich soll mir nur die Wolle aussuchen."

„Wolle ist nicht billig", bemerkte Willa und ließ den Kater ihre Kuchengabel abschlecken.

„Oh, Frau Heinke ist wirklich gut. Beinah eine Künstlerin. Und ich hab' da ganz schicke Wolle entdeckt. Hier auf der Insel gesponnen."

„Natürlich gibt es gute Wolle auf der Insel. Künstler sitzen nicht nur auf dem Festland. Erst letztens habe ich zu Fräulein Söhnlein gesagt …"

Meine Gedanken schweiften davon, wie so oft, wenn Willa von ihrer Freundin, Fräulein Söhnlein, berichtete.

Elsa Söhnlein war ein verschicktes Kind aus dem Osten, das es im Krieg hierher verschlagen hatte. Eine Bauersfrau hatte sie aufgenommen, und da man nie wieder etwas von Elsas Familie gehört und sie sich wie ein Apfelkern ins Gehäuse geschmiegt hatte, vergaß man auf der Insel beinah, dass sie ein Flüchtlingskind gewesen war. Sie war halb verhungert auf der Insel angekommen, in diesem komischen Sammelsurium von Kleidern, das Kinder auszeichnete, die auf der Flucht gewesen waren. Ein kleines, dreckiges Kind, das in Scheunen und an Mistkuhlen rumschnüffelte, durch Felder und Äcker streifte, irgendwann sein ostpreußisches Kauderwelsch verloren hatte und Friesisch und Plattdeutsch wie eine Einheimische sprach. Elsa war nicht arbeitsscheu, und bald war sie auf dem Hof unentbehrlich und im Dorf eins in der Horde von Kindern, die man kaum voneinander unterschied.

Elsa wurde, wie andere Konvertierte, eine überzeugte Insulanerin. Sie kannte die Insel besser als so manch Alter, wusste, welche Familien wie verwandt waren, wer nicht mit wem sprach, und weil sie in ihrem Eifer sich anzugleichen immer die Ohren aufgehalten hatte, kriegte sie sämtlichen Klatsch mit. Bald war sie wie ein Kind in der Familie, die sie aufgenommen hatte, hätte auch deren Namen bekommen können, der älteste Sohn hatte Interesse gezeigt, aber irgendwie wurde nichts daraus. Später heiratete er dann ein Mädchen aus einem Nachbardorf. Willa meinte, Elsa hatte sich nicht durchringen können, den Namen, das Einzige, was sie noch mit ihrer Geburtsfamilie verband, aufzugeben. Vielleicht stimmte das, immerhin waren sie schon seit der Schulzeit befreundet. Aber Ose meinte, an einen Namen wie Söhnlein bräuchte man eigentlich keine nostalgischen Gefühle zu verschwenden. Sicher war jedenfalls, dass Fräulein Söhnlein, als die Bauersleute starben, ein schönes Erbteil abbekam und sich davon ein Häuschen in Wyk kaufte, in dem sie eine kleine Pension für Gymnasiasten leitete. Heute waren das hauptsächlich Schüler von Amrum, die während der Woche bei ihr wohnten und am Wochenende nach Hause fuhren.

Ich hatte einen Fotsche mit Himbeermarmelade erwischt, während Willa genüsslich Pflaumenmus schluckte. Ose aß langsam, konzentriert. Sie hatte die Ellenbogen aufgestützt und sah beim Kauen aus dem Fenster. Ab und zu nickte sie, aber weniger in Zustimmung dessen, was Fräulein Söhnlein gesagt hatte, sondern zu einem Gedankengang, den sie selbst verfolgte.

Aus der Richtung unserer Nachbarinsel Amrum tauchte die „Eiswette" auf. Der rotweiße Seenotkreuzer dampfte gewichtig in Richtung Dagebüll.

„… ja, und das hat Momme eben geholfen, und das Grünkohlessen heute Abend ist nun sicher."

Ich hatte keine Ahnung, wie Willa bei Mommes vermutetem Geschwür – oder war es das Herz? – angekommen war. „Sie holen mich um sechs ab. Dann machen wir eine Tour von den Feuern. Ruth kann sich ja mal wieder nicht entscheiden, aber was ist mit dir, Ose? Einer passt ja noch ins Auto."

„Ruth kommt mit mir. Hab ich dir das nicht gesagt?" Ose sah verträumt aus, während ich mich verschluckte.

Willa versuchte, an Ose vorbeizulangen, um mir auf den Rücken zu klopfen und stieß dabei gegen Oses Kaffeetasse. Bis sie ein Tuch aus der Küche geholt und den Kaffeefleck abgetupft hatte – Willa bestand darauf, ihre Serviette unter die Tischdecke zu schieben, was zu noch mehr Unruhe führte –, hatten wir uns alle genügend erholt.

„Ich hoffe, du hast dir das gut überlegt", meinte Willa etwas säuerlich. „Denk nur dran, dass Ruth nicht gern spät unterwegs ist."

Ich reagierte irritiert, wie immer, wenn Willa so tat, als ob sie verantwortlich für mich wäre, obwohl sie die Jüngere von uns beiden war. „Also, was soll das denn heißen? Nur weil ich mir nicht jede Nacht um die Ohren schlage, darf ich ja wohl noch mal ausgehen! Und wenn Ose mir die Freude machen will, bleibt es ja wohl mir überlassen, wann ich nach Hause komme."

„Wenn *ich* dich einlade", setzte Willa an, „dann …"

„Tanten!", rief Ose. Und hielt sich lachend die Ohren zu. Und weil es das erste Mal war, dass wir Ose lachen sahen, stimmten wir mit ein. Und so kam es, dass ich mich gegen halb sieben auf dem Rücksitz von Gudruns Auto verstaut fand.

Ose meinte, wir müssten unbedingt den Beginn des Fackelzuges sehen, und so fuhren wir zuerst zum Schulhof. Mir war immer noch nicht ganz klar, warum wir mit Gudrun fuhren. Aber Ose hatte mich gar nicht zum Nachdenken kommen lassen. Nach dem Kaffeetrinken hatten wir gekniffelt, bis es Zeit war für Willa, sich für den Abend vorzubereiten. Dann hatte Ose vorgeschlagen, mir beim Abwaschen des Kaffeegeschirrs zu helfen.

„Wie damals, als wir alle noch auf Föhr wohnten, und du und Willa, ihr gingt und halft Marianne in der Küche, und wir Kinder hatten frei. Erinnerst du dich?" Plötzlich war sie redselig. Sie erinnerte sich an die großen Jungs, wie sie sich früher Leiterwagen von Bauern ausgeliehen hatten und damit durch die Straßen gezogen waren, um abgeplünderte Tannenbäume vom Weihnachtsfest, Pappkartons, Stroh, Papier und sonst alles, was brennbar war, einzusammeln. „Wie ging noch mal das Lied? *Jule hopp hopp hopp …*"

„*Jule dri di …*", sang ich weiter. Und gemeinsam sangen wir den Refrain:
Mud sein – mud sein, dat ding
Dat löt sig drein!
Ose hatte mich ergriffen, und zusammen tanzten wir durch die Küche, bis ich erschöpft auf einen Stuhl fiel.

„Den Peter to Bett lüchten …", so hatte Mutter das Biikebrennen immer genannt. Peter war der Name der Strohpuppe, die auf dem Biikehaufen verbrannt wurde und so dem Winter den Garaus machte. Ose erinnerte sich auch daran.

„Damals wollten alle das größte Feuer haben. Das war Ehrensache. Einmal bin ich mit den Jungs zur Tankstelle gegangen, um altes Öl zu erbetteln. Marianne konnte sich nicht erklären, warum meine Kleider so nach Öl stanken." Unsere vier Nichten nannten ihre Eltern immer beim Vornamen. „Bist du auch immer ganz schwarz nach Hause gekommen?", fragte sie unschuldig.

Ich dachte zurück an die Biikefeuer unserer Jugend. Natürlich half es, einen großen Bruder zu haben. Und Helmut war immer einer der Anführer. Bei unserem Opa durfte er den Heuwagen ausleihen, von Vater bekam er Holz und Späne, und wenn sie durch Wyk zogen, ging er an der Spitze. Ein paarmal durften Willa und ich helfen, den Peter zu basteln und in alten Kleidern anzuziehen, bis Helmut eine Freundin hatte und er ihr diese Aufgabe anvertraute. An den Nachmittagen vor Biiken saßen wir mit den Jungen zusammen, die die Biikehaufen bewachten. Auf kleineren Feuern rösteten wir in den Kohlen die Kartoffeln, die die Jungen stibitzt hatten. Am Abend des Fests band Mutter feste Wolltücher über unsere langen Zöpfe und suchte unsere ältesten Kleider für uns raus – sie wusste, wir würden schwarz und verrußt heimkehren.

„Du wirst es nicht glauben, aber wir hatten damals viele Verehrer."

Und die schlichen sich von hinten an, ihre Hände, an verkohlten Stöcken geschwärzt, rieben den Ruß in unsere Gesichter, über Hälse und Nacken. Mit den Mädchen zu schäkern, ihnen die Gesichter zu schwärzen, war Ehrensache; genau wie die Eltern es übersahen, wenn ihre Kinder zu Biiken ihre erste Zigarette rauchten.

Frau Siegesdorf hatte uns erzählt, dass Frühlingsfeuer – wie unser Biikebrennen – auch in anderen Teilen Deutschlands bekannt waren. Freudenfeuer, die das Ende des Winters ankündigten, nannte sie sie und murmelte etwas von den Bräuchen der Heiden, die glaubten, die bösen Erdgeister austreiben zu müssen.

Das mag sein, hatte Willa gesagt, aber bestimmt sei es nicht so wie bei uns auf der Insel. Wo die Dörfer wetteiferten, wer den größten Biikehaufen sammelte. Wo die Haufen in den Tagen vorher bewacht werden müssten, damit die Dorfjugend aus dem Nachbardorf ja nicht das Brennmaterial klaute. Wo dann auf der ganzen Insel – und auf den Inseln rundherum – die Feuer hell loderten und Jung und Alt gemeinsam dies Ritual wachhielten.

„Dein Vater war ein schicker Kerl damals – immer mittenmang! Na, und Willa und ich, wir badeten im Glanz von unserem großen Bruder."

„Helmut?" Ose schien überrascht. So hatte sie ihren Vater nie gesehen. Strahlend, beliebt, umringt von Jungen und Mädchen – ein Anführer. Wie anders war unser Bruder dann. So voller Kraft und Lebensfreude. Immer zu einem Spaß aufgelegt, ungeduldig wartend auf das, was das Leben ihm zu bieten hatte. Er lebte nach seinem Namen, suchte Abenteuer, wollte seinen Mut beweisen und glaubte daran, als sie anfingen, von Ruhm und Ehre zu quasseln. Wie betrunken war er, hörte nicht auf Vater, der ihn warnen wollte, nur raus – gemeinsam ziehen wir in den Sieg, murmelte er und zog die Kleider an, die Mutter blass werden ließen und die sie ihm doch bügelte.

Ich blinzelte heftig, um die Erinnerung loszuwerden. Um mich herum drängten Kinder in bunten Anoraks, Eltern zerrten an den kleinen Händen ihrer Zöglinge, jemand rief nach Streichhölzern. Die Fackeln zündelten nun, eine Stimme schallte klar über die Köpfe hinweg, ermahnte zur Ordnung. Trug er wirklich eine Uniform? Jugendliche,

Eltern und Kinder wirbelten durcheinander, verschwammen … Da war Willa. Mutter hatte mir aufgetragen, auf sie zu achten, aber sie stand in der ersten Reihe, hatte die Hand eines anderen Mädchens ergriffen. In ihrer gestärkten Bluse – das Tuch, das ihr so wichtig war, hatte sie sich von Vater binden lassen. Mir blieb nichts übrig, als meine eigene Gruppe zu finden, mich einzureihen.

Die Fackeln wurden weitergereicht, die Erwachsenen standen respektvoll zurück. Helmut, vor seiner Schar, sah erwartungsvoll zum Podium, wartete auf das Zeichen, um auszufallen. Hatte geübt: die Schultern zurück, aufrecht, den Arm hoch zum Gruß. Ließ auch uns marschieren, Willa und mich … und doch schien es nur ein Spiel. Die Stiefel waren schwarz und blank, die Nacken ausrasiert, die Rücken steif.

Eine furchtbare Stille breitete sich über den Platz und erweckte die Angst. Sie kroch wie Nebel den Deich hinunter, züngelte entlang den Ritzen im Kopfsteinpflaster, an unseren kalten Beinen hoch, und auf einmal wollte ich nicht mehr dabeisein, wollte mich losreißen, aus der Formation ausbrechen …

„Ruth? Ist dir unwohl?" Oses Stimme, Gudruns besorgtes Gesicht.

„Ich hab dir doch gesagt, das ist nichts für sie. Sie geht doch so gut wie nie aus …"

Dankbar nahm ich Oses Arm, ließ mich von ihr aus dem Gewühle führen, setzte mich auf ein Holzgerüst, das wohl ein Kletterbalken für die kleineren Kinder war.

„Pass auf sie auf!", stieß Ose hervor, und Gudrun setzte sich widerwillig neben mich hin. Sie fing an, Bekannte in der Menge um uns herum zu identifizieren. Langsam hörte die Welt auf, sich zu drehen, und die Stimmen beruhigten sich.

„Hier, trink was", sagte Ose. Sie drückte einen dampfenden Becher in meine Hand.

„Es ist die Kälte, die haut einen um." Sie hatte Gudrun auch einen Becher mitgebracht, und wir schlürften vorsichtig. Es war heiß und süß. Die Feuerwehrkapelle hatte ihren Platz eingenommen und begann zu spielen. Langsam kam Bewegung in die Menge, und als die Musikanten loszogen, folgten die anderen hinter ihnen her. Nicht in den zweigliedrigen Reihen wie damals, eher wie ein tummelnder Reigen, der Wärme ausstrahlte, Fröhlichkeit und Leben.

„Siehst du, es braucht gar nicht so organisiert zu sein. Es geht doch auch so." Ich sagte es zu mir selbst, und falls Ose und Gudrun mich hörten, so ließen sie es sich nicht anmerken.

Gudrun war eine gute Autofahrerin, und es war warm und mollig in ihrem Golf. Auch kannte sie sich gut aus auf der Insel, und sie suchte die weniger befahrenen Marschwege aus, um die Feuer der verschiedenen Dörfer anzusteuern. Es kam wohl von der Zeit, als sie noch als Gemeindeschwester arbeitete und von Hof zu Hof, Dorf zu Dorf brauste und ihre Kunden aufsuchte. Wenn wir bei einem der Feuer ankamen, manövrierte sie so geschickt, dass wir nicht aussteigen mussten, sondern das Treiben gut vom Auto aus beobachten konnten. Sie und Ose unterhielten sich leise, aber Ose hatte mich so gut eingemummelt, mir Schal und Wollmütze über den Kopf gezogen, dass ich nicht zuhören musste. Ich glaube, ich döste zwischendurch sogar ein bisschen. Aber ich war wach, als wir durch die Senkung zwischen Utersum und

Hedehusum fuhren. Da, wo das Land besonders flach war, sah man die Feuer auf Amrum und den Halligen, und Ose meinte, es kribbelte ihr den Rücken runter.

„Stellt euch vor, so muss das damals für die Frauen gewesen sein, die am 21. Februar die Feuer anzündeten, um ihre Männer zu verabschieden. Was für ein Gefühl, die Männer wegsegeln zu sehen. Wohl wissend, dass sie vorm Herbst nicht zurückkehren würden. Wenn überhaupt … Die langen Monate allein im kalten Bett …" Ich wusste da noch nicht, dass Ose auch an ihre eigene Situation dachte, ihr eigenes einsames Leben beschrieb.

„Und die Sorge für den Hof und die Tiere, für die Kinder, die Alten und Schwachen", sagte Gudrun scharf. „Während die Männer auf ihre Abenteuer auszogen. Die Last bleibt immer an den Frauen hängen."

Manchmal tat ich Gudrun unrecht, dachte ich träge. Sie hat es auch nicht leicht gehabt. Unverheiratet, blieb es ihr überlassen, die alten Eltern zu pflegen. Sie hatte dann einen Beruf daraus gemacht, verbrachte ihr Leben umgeben von alten Menschen. Vielleicht hatte sie sich das auch mal anders vorgestellt.

„Aber es soll ja auch den Winter austreiben", sagte Ose auf einmal fröhlich. „Denkt nur, all die bösen Geister, die sonst hier rumtollen würden … Jetzt können wir beruhigt auf das Frühjahr warten."

Ich dachte an Frau Siegesdorf. Hier auf der Insel waren die Biikefeuer auch mit den traditionsreichen Jahren verbunden, als die Föhrer Männer sich als Walfahrer verdingten und mit niederländischen Kapitänen nach Grönland segelten, um todesmutig die riesigen Tiere zu jagen. Einige kehrten reich und ruhmvoll zurück, andere verloren ihr Leben im grausamen Eismeer. Auf den Friedhöfen zeugten die alten Grabmale von der Zeit, in den Friesenhäusern die guten Stuben mit den kostbaren holländischen Fliesen an den Wänden. Aber Gudrun hatte recht, hart war das Leben. Und es hatte dazu geführt, dass die Inselleute zusammenhielten. Sie hatten lernen müssen, sich aufeinander zu verlassen.

„Ich weiß nicht, es erinnert mich immer an Scheiterhaufen", sagte ich. „Wenn die Flammen hochschlagen und nach dem Peter grabschen. Ein bisschen unheimlich ist das doch, wie lebendig die Puppe auf einmal aussieht. Als Kind hat mir das Albträume bereitet."

„Ich bin danach oft zu Marianne ins Bett gekrochen! Komm, Gudrun, fahr weiter. Gut, dass es so eine klare Nacht ist, wenn jetzt Nebel wär, wär's hier an der Marsch echt unheimlich."

Und ich war froh über das Brummen des Motors, die Scheinwerfer, die die Dunkelheit zerschnitten. Ich hatte gedacht, wir sollten jetzt nach Hause fahren, aber Gudrun bog in den Weg zum Gotinger Feuer ein. Hier brannten die Flammen lichterloh, und man sah die jungen Leute, die von Gruppe zu Gruppe liefen, flink woben sie sich ihre Pfade, unerschrocken, unbelastet durch die Vergangenheit.

Ose bestand darauf, dass auch ich aus dem Auto stieg. Sie hatte eine Thermosflasche mitgebracht, die sie jetzt aus dem Kofferraum holte, zusammen mit einem Faltstuhl und einer Wolldecke.

„Wir bleiben eine Weile hier", sagte Ose und stellte den Stuhl auf. Ich setzte mich, und Ose wickelte sorgsam die Decke um mich. Das Feuer wärmte angenehm von vorn, von hinten aber kroch die Kälte der Nacht an mich heran.

Gudrun hatte ihren Bruder entdeckt und musste Nichten und Neffen begrüßen. Auch Willa kam mit ihrem

Klub vorbei. Eine Weile standen sie bei mir, bis Momme Buhl zum Aufbruch mahnte. „Wir können den Kohl ja nich kalt werden lassen", lachte er.

Ich suchte zwischen Licht und Schatten Ose zu entdecken und erkannte Emmi und Carla Lüttkök, die ich seit unserer Schulzeit nicht mehr gesehen hatte.

„Lüttkök?", fragte Willa mit vollem Mund. Wir aßen Gudruns Puffer vom vorigen Sonntag. „Bist du nicht mal kurz mit ihnen zur Schule gegangen? Damals, als Helmut und ich Keuchhusten hatten und du nach Boldixum ausquartiert wurdest?"

Das Haus meiner Großeltern in Boldixum hatte als eine Art Quarantänestation gedient. Meine Cousine Bertha und ich hatten einen Winter dort verbracht.

„Ich habe sie daran erkannt, wie sie die Köpfe zusammensteckten und miteinander tuschelten. Genau das haben sie auch in der Schule gemacht."

Bertha und ich hatten die Erlaubnis bekommen, mit den anderen Kindern auf die Dorfschule zu gehen, wo mehrere Jahrgänge in einem Klassenzimmer unterrichtet wurden. Wir waren fasziniert von Emmi und Carlas Nähe zueinander, der Art, wie sie ihre Zöpfe flochten und mit den gleichen Schleifchen dekorierten. Sie trugen auch immer die gleichen Kleider und hielten einander an den Händen, wo immer sie gingen. Obwohl eine von beiden die Ältere war, wusste ich nie genau, welche. Bertha und ich waren entschlossen, uns zu lieben wie Emmi und Carla, und baten und bettelten, bis unsere Oma uns Wolljacken strickte und Röcke nähte, die sich zum Verwechseln ähnlich waren. Wir begannen miteinander zu flüstern und zu kichern, bis unser Opa ärgerlich wurde und uns hinausschickte. Da die Lüttköks in derselben Straße wohnten, waren wir bald regelmäßige Gäste in ihrem Haus und konnten umso besser ihre Angewohnheiten beobachten und nachmachen.

Als meine Geschwister endlich für gesund erklärt wurden und auch Berthas Familie sie zurück auf ihr Dorf auf dem Festland rief, versuchte ich mit Willa eine ähnliche schwesterliche Beziehung aufzubauen, aber Willa weigerte sich, an meiner Hand irgendwo hinzugehen. Wieder mit der Familie vereinigt, verblasste die Erinnerung an diese Zeit der tiefsten Vertrautheit, bis ich am Biikefeuer die unverkennbaren Gestalten meiner ehemaligen Freundinnen wiedererkannte.

„Lüttköks", wiederholte Willa nachdenklich. „Ich meine, die wohnen bestimmt immer noch in Boldixum. Ich muss mal Fräulein Söhnlein fragen."

Ose zog eine Grimasse.

„Geheiratet haben sie jedenfalls nicht, das hätte man ja in der Zeitung gelesen. Und umgezogen sind die bestimmt nicht. Hast du sie gesprochen?"

Ich hatte ihnen erzählt, dass ich mit meiner Nichte da war – als ob sie eine Erklärung für meine Anwesenheit brauchten, aber mir war nichts anderes eingefallen.

„Sie haben nach unserer Cousine Bertha gefragt", sagte ich. „Sie sehen sich immer noch sehr ähnlich – soweit ich das in der Dunkelheit erkennen konnte."

Ich merkte, dass meine Auskunft unbefriedigend war, und widmete mich zerknirscht dem Kuchen. Wieder einmal war es Willa überlassen, alles Wissenswerte über Leute, die sie interessierte, herauszufinden. Sie war deshalb etwas zerstreut, als Ose eine Runde Kniffeln vorschlug. Sie gewann mit nur einem kleinen Vorsprung.

Mein Wiedersehen mit Emmi und Carla hatte nicht lange gedauert. Gudrun war gekommen, um mich nach Hause zu fahren. Natürlich wollte sie abends nicht allzulange aus dem Haus sein. Tatsächlich war mir auch die Kälte reichlich in die Glieder gekrochen, trotz der Decke und der Glut der Flammen. Ich musste mir von Gudrun aufhelfen lassen. Eine Zeremonie, die Emmi und Carla mitleidig beobachteten.

„Wo ist Ose?", fragte ich und klang quengelig wie ein Kind.

„Sie hat ein paar Leute getroffen. Sie kommt nicht mit uns." Gudrun bugsierte mich ins Auto und schlug die Tür zu. Heimlich war ich ihr dankbar, dass sie die Heizung im Auto voll aufdrehte. So schaffte ich es, allein die Treppe hinauf und in mein Bett zu kommen.

Es war wohl die kalte Nachtluft, die mich ungebührlich erregt hatte, oder vielleicht waren es die vielen Leute. Jedenfalls schlief ich unruhig, und die Bilder der Nacht suchten mich in meinen Träumen auf. Die Flammen zuckten und wogten um mich herum. Dunkle Gestalten fassten sich an den Händen und sprangen mutwillig über züngelnde Gräser. Harte Stimmen führten den Fackelzug an und traten alles in ihrem Pfad nieder. Ein leises Scheppern – wie Kieselsteine, die jemand an die Fensterscheibe warf – drang in meine Träume. So hatte Helmut mich geweckt, damals vor vielen Jahren … Ich raffte mich auf und stieg schwerfällig aus dem Bett. Ein leichter Schwindel ergriff mich, und ich stolperte ungeschickt gegen den Tisch.

Gudruns Kater saß auf der Fensterbank. Mit erhobener Pfote tappte er gegen den Kristall, den Ose mir zu Weihnachten geschenkt hatte.

„Verdammtes Vieh", murmelte ich. „Gudrun hat dich ganz vergessen."

Er ließ sich packen und die Treppe hinuntertragen. Er war wohl ganz froh, sich nun endlich in sein Körbchen kuscheln zu können. Oben machte ich mir eine Tasse heißen Kakao. Ich war nun zu wach, um gleich wieder einzuschlafen. Ich zog die Vorhänge auf. Die Scheiben waren beschlagen. Mit dem Zipfel meines Bademantels rieb ich am Glas, bis ich hinaussehen konnte. Die Nacht war klar. Ich versuchte die Sternbilder ausfindig zu machen, die Vater uns gelehrt hatte. Vor vielen Jahren, als wir noch das Boot hatten und mit Vater und Helmut aufs Meer ruderten.

„Ruth? Wach auf, Ruth!" Wieder das Klirren. Ich taumelte aus dem Bett. Auf der anderen Seite des Zimmers schlief Willa, fest in ihre Decke eingerollt. Ich zog vorsichtig den Vorhang zur Seite und wischte den Dunst von der Fensterscheibe.

Die Figur unten bückte sich gerade, um neue Kieselsteinchen aufzuheben.

Ich öffnete das Fenster einen Spalt. „Helmut?", flüsterte ich.

„Lass mich rein, Ruth. Unten ist abgeschlossen."

Ich wollte mehr fragen, hatte aber Angst, Mutter zu wecken. Sie hatte einen leichten Schlaf. Ich griff mir einen Wollschal und lief leichtfüßig die Treppe hinunter. Ich wusste die knarrenden Stufen zu vermeiden. Helmut stand zusammengekrümmt auf dem Türstein, mit einer Hand stützte er sich an die Wand. Sogar im Mondlicht konnte ich sehen, dass er aus einer Stirnwunde und an der Hand blutete. Sein Hemd wies dunkle Flecken auf, das

Tuch, das er immer mit so viel Stolz band, hielt er geknüllt in seiner Hand.

„Mein Gott, Helmut, was ist passiert?", stieß ich hervor.

Auf meine Schulter gestützt hinkte er hinein. Sein Atem kam keuchend, er sog die Luft mit Anstrengung in seine Lungen. Ich wagte das Licht in der Küche anzumachen, Mutter und Vater schliefen nach vorn hinaus. Helmut hatte einen Kratzer an der Stirn, der zwar heftig blutete, aber nicht tief war. Das an seiner Hand sah aus wie eine Schnittwunde. Es hätte wahrscheinlich genäht werden müssen, aber ich wusste genug über erste Hilfe, um es zu säubern und zu verbinden. Vater war Tischler, da kam es schon mal zu Verletzungen. Ich hatte Mutter oft genug beigestanden, wenn einer der Lehrlinge Vaters Warnungen nicht zu Herzen genommen und sich an der Kreissäge verwundet hatte. Helmuts rasselnder Atem ängstigte mich mehr. Er hatte lange keinen Asthmaanfall gehabt. Wie Mutter es machte, redete ich leise und beruhigend, und zu meiner Erleichterung begann er etwas ruhiger zu atmen.

„Was willst du mit deinen Klamotten machen? Ist das Ruß an deinem Hemd? Und deine Strümpfe sind schwarz! Überhaupt bist du überall dreckig, seid ihr auch auf der Erde rumgerollt?"

Es war nach zwei Uhr morgens. Ich dachte neidisch, dass Jungs es gut hatten. Willa und ich waren schon um neun Uhr nach Hause geschickt worden. Helmut durfte bleiben, bis das Feuer runtergebrannt war.

Zu meinem großen Schrecken fing Helmut an zu weinen. Nicht Schluchzer, dazu war ihm die Brust zu eng. Die Tränen liefen einfach aus seinen Augen, die starr an die Wand gerichtet waren.

„Ruth, es war schrecklich. Du kannst es nicht glauben." Ich hockte mich neben seinen Stuhl und streichelte ganz leicht sein schmutziges Knie. Stockend erzählte er.

Als das Feuer heruntergebrannt war, hatten sie noch lange dabeigesessen. Mit Stöcken hatten sie die heißen Kartoffeln aus dem Feuer gepullt und – auf ihre Messerspitzen gespießt – gegessen. Nach einer Weile waren einige ältere Jungen dazugekommen. Einer von Vaters Lehrlingen war auch dabei. Man konnte riechen, dass sie etwas getrunken hatten. Sie ließen die Schnapsflasche herumgehen, Helmut hatte auch einen Schluck getrunken. Nur mit Mühe hatte er dem Brand in seiner Kehle widerstehen können, einige der kleineren Jungen hatten ordentlich gehustet und gewürgt.

„Sie haben uns angestiftet." Helmuts Hände zitterten. „Nein, es war meine eigene Schuld. Ich hätte nicht mitgehen sollen. Dann wären die andern auch nicht …"

Sie waren ins Dorf gezogen, die Älteren hatten etwas von vaterländischem Dienst gequasselt, von irgendjemandem, dem sie es heimzahlen wollten. Vom Schnaps und dem Eifer, den älteren Jungen zu dienen, angefeuert, zogen Helmut und seine Freunde mit. Als sie ins Dorf kamen, verschwand der, der Vaters Lehrling war, in der Kneipe. Sie mussten nicht lange warten. Sie seien noch drin, berichtete er knapp, als er zurückkam, und befahl seiner kleinen Schar, sich in den Schatten der Ulmen zu trollen.

„Da warteten wir eine Weile", sagte Helmut. „Die hatten Zigaretten, die ließen sie rumgehen. Dazu erzählten sie uns Sachen von anderen ‚gezielten Überfällen‘, die sie nachts regelmäßig organisierten."

Helmut fing es an, mulmig zu werden. Er ahnte, dass dies nichts mit dem üblichen Schabernack zu tun hatte.

Hart wiederholte er einige der Sprüche, die sie ausgerufen hatten. Er überlegte fieberhaft, wie er sich der Sache entziehen könnte, ohne als Feigling oder Muttersöhnchen gebrandmarkt zu werden. Aber es war zu spät, die Kneipe begann sich zu leeren. Die Jungs traten ihre Zigaretten aus und plötzlich gab der, der Vaters Lehrling war, das Zeichen. Helmut hatte gedacht, es handele sich um einige Burschen, denen es eins auszuwischen galt. Aber sie folgten einem Paar – einem Mann und einer Frau, die offensichtlich verliebt ineinander waren. Sie liefen Arm in Arm die Chaussee entlang und unterhielten sich leise. Endlich schlugen sie einen der schmalen Marschwege ein. Strohgedeckte Bauernhäuser duckten sich auf beiden Seiten. Stalltore leuchteten als helle Vierecke in den dunkelroten Fassaden.

Obwohl ich mir die Ohren zuhielt, drang Helmuts Stimme zu mir. Überfallen hatten sie sie, im Schatten eines Schuppens. Der Mann war stark, ein Klempner von Beruf. Er hatte zurückgeschlagen, doch das hatte sie nur noch mehr aufgeputscht. Und die Überraschung war auf der Seite der Angreifer. Die kleineren Jungs, hatte der Lehrling bestimmt, sollten die Frau festhalten. Sie hatten es getan. Während die anderen über den Mann herfielen. Natürlich hatten sie ihn überwältigt, so viele gegen einen. Aber erst nachdem einer, ein grober Kerl, den Helmut nur vom Sehen kannte, ihn von hinten mit einem Knüppel krachend über die Schultern geschlagen hatte. Danach hatten sie ihn mit Fäusten, mit Füßen und Stöcken attackiert. Bis der Mann nur noch als wimmerndes Häufchen auf dem Boden gelegen hatte.

„Und die Frau?", entfuhr es mir.

„Hat geschrien und geschrien. Keiner ist gekommen. Keiner, Ruth. Und das muss doch jemand gehört haben.

Mucksmäuschenstill war's im Dorf. Nicht mal ein Hund hat gebellt."

Zum ersten Mal sah Helmut mich an. Er erkannte meine Abscheu. Ein bitteres Lachen quälte sich aus seinem Mund.

„Nee, ich hab nicht mitgemacht … jedenfalls nicht zugeschlagen. Aber ich hab auch nicht versucht, sie daran zu hindern … Oder Hilfe zu holen."

Er hob seine Hand.

„Dies ist passiert, als ich ins Beet gefallen bin. So eins, dass er mit Glas abgedeckt hatte." Er sah seine verbundene Hand an, als gehörte sie nicht zu ihm. „Ich bin da reingestolpert. Nachdem ich weggerannt bin … wie ein Feigling."

Er hatte sich wohl auch übergeben, fuhr es mir durch den Kopf. Das waren die Flecken auf seinem Hemd, der scharfe Geruch.

„Aber … warum?", flüsterte ich.

„Warum?" Helmut lachte bitter, aber sein Lachen wurde zu einem würgenden Schluchzer. „Weil seine Frau eine Halbjüdin ist, Ruth, nur deshalb."

Er stand auf, an der Tür schaute er sich um. Er wollte etwas sagen, aber dann hob er nur die Schultern. Ich hörte ihn nicht die Treppe hinaufgehen, nur die Tür zu der Kammer, wo er schlief, seitdem er zu alt war, mit Willa und mir ein Zimmer zu teilen.

Am Morgen ging Vater mit Helmut zum Arzt, um die Wunde an seiner Hand nähen zu lassen.

Danach gingen sie zu dem Mann, der zusammengeschlagen worden war. Sie hatten ihn furchtbar zugerichtet. Aber er überlebte. Nur sein Arm blieb verkrüppelt. Und ein Bein, das musste er für immer nachziehen.

Auch seine Frau überstand die furchtbare Zeit. Leise und verängstigt huschte sie umher, ging selten aus und verrichtete ihre Arbeit, schweigsam und unauffällig. Aber weil es auf der Insel andere Männer wie Vater gab, wagten auch die Schlimmsten nicht, sie abzuholen und fortzuschicken. Helmuts Wunden heilten schneller. Aber die Narben, die er innen drin erhalten hatte, die blieben. Er änderte sich. Er hörte auf, zu den Treffen zu gehen. Mutter fand seine Uniform zusammengeknüllt unter seinem Bett. Sie wusch sie und legte sie weg. Helmut verbrachte mehr Zeit mit Vater. Abends saßen sie lange beim Licht der Tischlampe. Manchmal sprachen sie über das, was in der Zeitung stand oder was im Radio ausgerufen wurde. Helmut fing an, mit Vater in die Loge zu gehen, obwohl Mutters Mund sich ängstlich verkniff und sie steif auf ihrem Stuhl saß und auf ihre Rückkehr wartete.

Wir hätten nie gedacht, dass Helmut sich melden würde. „Ein Glück, dass er zu jung ist", murmelte Mutter jedes Mal, wenn sie von einer Familie hörte, die einen Sohn verabschiedet hatte. „Mit seinem Asthma werden sie ihn nicht holen ..."

Und doch zog auch Helmut los. Siebzehn Jahre alt war er, und man wusste schon, dass der Krieg verloren war.

„Ich muss das machen", sagte er zu mir. „Nicht für den." Verächtlich stieß er die Zeitung zur Seite, auf der das Gesicht des Führers streng mahnte. „Ich mach das wegen der anderen, der Kameraden. So viele haben sich gemeldet oder sind eingezogen worden. Ich hab mich einmal aus Feigheit rausgehalten. Ich kann das nicht noch mal."

Manchmal denke ich, es wäre besser gewesen, wenn Helmut nicht zurückgekehrt wäre. Denn das, was zurückkam, war noch schlimmer als damals nach der Prügelei.

Den Lehrling, der die Schlägerei angestiftet hatte, hätte Vater gern entlassen, aber Mutter riet ihm davon ab. „So einer kann dir viel Ärger machen", sagte sie. Wir mussten ihn nicht allzulange dulden. Schon bald trat er in die Partei ein und verließ die Insel.

FRITZI

Fritzi sank auf ihren Stuhl. Als Stillleben hätte der Tisch den Untertitel ‚Nach der Schlacht' verdient. Jeden Abend, bevor sie durch das Haus ging und die Lichter löschte, deckte sie als Letztes den Frühstückstisch, bemühte sich, zusammenpassende Becher zu finden (nicht immer leicht, da jedes Kind einen Lieblingsbecher hatte), Messer und Brettchen gerade auszurichten, Müslischüsseln mit einer Auswahl von Flakes und Pops und Bubbles an einem Ende des Tisches überschaubar aufzubauen und die diversen Gläser Marmelade, Honig und Haselnussaufstrich hübsch in der Mitte zu gruppieren. In den dunklen Monaten schmückte eine Kerze den Frühstückstisch (die Kinder stritten sich, wer dran war, das Wachslicht zu entzünden), im Sommer eine Schüssel mit frischen Blüten aus dem Garten. Sowie Johanna alt genug war, um im Kinderstühlchen am elterlichen Mahl teilzunehmen, hatte es Fritzi nach einem harmonischen Familienkreis verlangt. Besonders die erste Mahlzeit am Morgen, bevor sie ihre Familie zur Arbeit, zur Schule oder in den Kindergarten entließ, sollte erholsam und beruhigend die Gemüter für den bevorstehenden Tag stärken. Es war gelungen, als die Kinder jünger waren. Wehmütig erinnerte sie sich an ihre kleinen Hände, zur Kette geschlossen, an den gemeinsam gesprochenen Spruch, die sauberen Bäckchen und strahlenden Augen. Oder vertuschte die Erinnerung die Abläufe? Hatten sie sich auch damals schon wie eine Horde von

Eroberern auf den Brötchenkorb gestürzt? Verpönt, was sie erst gestern zu ihrem Lieblingssemmel erklärt hatten? Gemault, weil die Erdbeermarmelade alle war oder nur Leber- aber keine Teewurst auf dem Teller lag? Fritzi griff die Thermoskanne. Dankbar schüttete sie Kaffee in ihren Becher. Hajo hatte seine zweite Tasse nicht mehr getrunken. Sie hatte nicht die Kraft, noch einmal aufzustehen, um Milch zu erhitzen. In Finns Schüsselchen schwamm noch ein Rest Milch, nur dürftig von Cornflakes durchsetzt. Heute morgen empfand sie es als tröstlich, Finns zermanschte Cornflakes mit ihrem Kaffee zu löffeln.

Das kleine Gesicht ihres Jüngsten, heftig an das ihre gepresst, bevor er sich tränenverschmiert in den Kindersitz hatte schnallen lassen, stand ihr vor Augen. Im allerletzten Moment hatte sie das Bilderbuch mit dem kleinen Drachen, das er unbedingt in den Kindergarten mitnehmen musste, in der Ritze zwischen seinem Bett und der Wand gefunden. Jedenfalls ein Familienmitglied war freudig losgezogen.

Fritzi zog ihren Notizblock näher an sich heran und merkte, dass ihre Hand zitterte.

Warum hatte Hajo auch gerade heute morgen Johanna wegen der Telefonrechnung zur Rede gestellt? Er wusste so gut wie sie, dass ihre älteste Tochter ihre Tage bekommen hatte. Es war erst das zweite Mal, und das Blut auf dem Laken, die Monatsbinden, die sie heimlich in ihrer Schultasche verbergen musste, die leidige Angst, dass etwas verrutschen könnte, dass die Jungs etwas sehen würden – all das war genug, um eine hektische Röte auf ihrem Gesicht zu hinterlassen. Und dann noch der Streit am Wochenende. Meistens fing es mit einem der Kinder an.

Hajo erwartete zu viel. Die Kinder waren nicht wie seine Untergebenen. Leute, die eine gutbezahlte Stelle hatten, waren vielleicht bereit, allerhand einzustecken. Sputeten, wenn der Chef etwas verlangte, lachten höflich, wenn er Witze riss, übersahen seine schlechte Laune. Bei den Kindern war es anders. Und sie musste die Kinder doch verteidigen, wenn er unfair war. Schließlich war sie es, die die ganze Woche mit ihnen verbrachte, ihre Eigenarten, Schwächen und Stärken kannte! Wieder einmal hatten ihr Frust und seine Wut das ganze Wochenende vermiest. Fritzi wusste, dass Johanna ihre Eltern besorgt beobachtete. Zwei Elternpaare aus ihrer Klasse hatten sich im letzten Jahr scheiden lassen. Seitdem führte Johanna eine Art Tabelle. Darin waren nicht nur die Daten der Streitigkeiten aufgeführt (beängstigend häufig in den letzten zwei Monaten, obwohl Hajo doch drei Tage in der Woche fort war), Johanna hatte sich auch ein System ausgedacht, nach dem sie die Heftigkeit jedes Streits nach Graden einstufte. Über die Hälfte des Papiers hatte sie eine rote Linie gezeichnet. Alles, was über die Linie kletterte, war anscheinend besorgniserregend. Neuerdings stieg die Kurve, die die Streittage verband, immer öfter über das Maß des Akzeptablen. Langsam sah Johannas Tabelle aus wie ein Hochgebirge mit gigantischen Gipfeln. Die kleineren Erhebungen untermalten das Gesamtbild.

Für heute Morgen gab Fritzi sich selbst die Schuld. Sie hatte die Telefonrechnung auf die Kommode im Flur gelegt, um die Überweisung nicht zu vergessen. (Sie schrieb ‚Bank – Überweisungen‘ auf ihren Notizblock.) Dann hatte sie die Morgenzeitung oben draufgelegt, anstatt sie gleich an Hajos Platz zu tragen. Aber Britta hatte in dem Moment entdeckt, dass ihr Turnhemd noch in ihrem

Turnbeutel steckte, grasbefleckt und feucht vom letzten Sporttag. Wutentbrannt hatte sie ihre Mutter im Flur konfrontiert, ihr das schmutzige Hemd vor die Füße geworfen und erklärt, sie könne nun unmöglich in die Schule gehen. Britta liebte Frau Jensen, ihre Turnlehrerin, heiß und innig, und Frau Jensen legte großen Wert auf Sauberkeit. Fritzi begann zu fürchten, dass alle drei ihrer Kinder den Schul- und Kindergartenbesuch verweigern würden. Britta wegen dem untragbaren Turnhemd, Johanna wegen ihrer Blutung und Finn, weil das Drachenbuch nicht auffindbar war. Und sie brauchte gerade heute ihren freien Tag. Zu alledem läutete in dem Moment, wo der Streit zwischen Hajo und Johanna an Schrille zunahm, das Telefon. Fritzi nahm den Hörer ab und angelte mit dem Fuß nach der Esszimmertür. Aber der Hund hatte sich so zwischen Tür und Angel deponiert, dass es unmöglich war, das hitzige Wortgefecht auszuklinken.

Frau Kleine meldete, dass Frau Neuntze den Fahrdienst heute nicht übernehmen konnte, da ihre Schwiegermutter mal wieder krank sei. Moni Kleines Stimme verriet, dass sie der Schwiegermuttergeschichte nicht glaubte. Zu oft geschah es, wenn Neuntzes dran waren, die Kinder in die Schule zu fahren. Herr Neuntze war gerade an diesem Morgen nicht belastbar – „nicht belastbar", wiederholte Frau Kleine, „was immer *das* zu bedeuten hat!" Ihr Auto war zu klein, um alle Kinder zu befördern, und wie Fritzi wusste, hatte Herr Kleine sich im letzten Jahr aller Verantwortlichkeiten, was seine Familie betraf, entzogen, um bei seiner Sekretärin einzuziehen. Fritzi sagte hastig, sie würde die Schulfahrt übernehmen. Hauptsächlich um Moni Kleine loszuwerden, die jeden Moment interessiert fragen würde, welches Fernsehprogramm sie denn schon so früh am Morgen laufen hätte. ‚Wenn die wüsste!‘, dachte Fritzi und ließ den Hörer in die Gabel fallen. Sie schlug die Tür zum Esszimmer so heftig zu, dass sie dem Hund den Schwanz einklemmte. Sein herzzerbrechendes Jaulen hatte immerhin zur Folge, dass Johanna und Hajo verstummten. Britta eilte zum Hund und nahm ihn in ihre Arme. Ihre Blicke sprachen deutlich aus, was sie dachte: ‚Tierquälerin!‘

„Frau Neuntze kann heute nicht fahren“, verkündete Fritzi. Die Gewitterstimmung in ihrem Gesicht war unübersehbar.

„Ist das alles?“ Hajos Stimme klang zu sanft.

„Mama, Papa will mir das Telefonieren verbieten, dabei …“

„Du hast Olmi den Schwanz gebrochen. Du kannst mit ihm zum Tierarzt fahren. Und was ist mit meinem Turnhemd?“, warf Britta ein. „Frau Jensen sagt …“

„Ist es denn meine Schuld, dass wir hier auf dem Dorf wohnen? Darf ich denn keine Freunde haben, alle anderen …“

Johannas Stimme versank im allgemeinen Gewirr. Und jetzt stimmte auch noch Finn in den Klagechor ein, indem er monoton brüllte: „Brauch mein Drachenbuch, brauch mein Drachenbuch, brauch mein …“ Dazu schlug er im Takt mit der hölzernen Müslischaufel auf die Tischplatte.

Hajo haute mit der Faust auf den Tisch, dass das Geschirr klapperte.

„Ruhe!“, brüllte er. „Ich verbitte mir am Morgen dieses Geschrei.“

„Du hast angefangen“, murrte Johanna. Fritzi sog den Atem ein, aber Hajo begnügte sich mit einem strengen Blick.

„Britta, lass den Hund und iss dein Frühstück. Er kann auch mit abgeknicktem Schwanz wedeln. Mama wird etwas wegen deinem Hemd unternehmen. Johanna, wir werden eine Regelung für das Telefon treffen, wenn ich am Freitag zurück bin. Inzwischen kann Mama die Telefoniererei kontrollieren. Ich fahre die Kinder in die Schule. Ein Riesenumweg für mich, aber keine Angst, ich fahr. Und die Autobahn um diese Zeit am Morgen ist kein Vergnügen, wie du wohl weißt."

In der kurzen Atempause, die Hajo sich erlaubte, fing Finn wieder mit seiner Litanei an – begleitet vom rhythmischen Klopfen.

„Finn, hör sofort auf, den Esstisch zu ramponieren. Wir haben genug Kleinholz. Fritzi, kannst du *bitte* etwas wegen diesem vermaledeiten Buch unternehmen? Alles muss ich machen. Aber da du ja anscheinend hier nicht fertig wirst mit dem bisschen, worum ich dich bitte …" Hajo ließ seine Worte in der Luft hängen.

Und da hingen sie immer noch.

Sie hatte sich auf die Zunge gebissen, um nicht zurückzuschreien. Und sie hatte ihn nicht gebeten, schon am Donnerstagabend nach Hause zu kommen, obwohl da Johannas Elternabend war.

Bitter überlegte sie, dass sie nur noch aneinander vorbeisprachen. Hajo beschwerte sich, dass die Familie zu hohe Forderungen an ihn stellte, wo er doch die weite Fahrt, das Hotelleben, das Restaurantessen, die langen Arbeitsstunden in Kauf nahm, um seiner Familie dieses Leben zu erlauben. Das Haus im Grünen, die teure Schule, die Urlaube, die zwei Autos, die das Leben auf dem Dorfe abseits der Stadt forderte, den Musikunterricht für die Kinder …

64

Sie konnte es im Schlaf aufzählen. Dabei fühlte sie, dass die ganze Last der Kindererziehung auf ihr lag. Während der Woche sorgte sie sich um die Kinder, war verantwortlich für alles, was im Haus anfiel, und am Wochenende sollte sie dafür sorgen, dass Hajo sich ausruhen konnte. Wenn sie sich beschwerte, dass sie auch einen Job habe, und dass ihr nicht mehr viel Zeit für anderes bliebe, meinte Hajo, das lächerliche Bisschen, was sie verdiene, sei die ewigen Klagen nicht wert. Er zwinge sie ja nicht zu arbeiten …

Aber er dachte nicht daran, Finns Drachenbuch zu suchen, eine Entschuldigung für Frau Jensen zu schreiben, Johannas blutige Laken diskret in einem Eimer mit kaltem Wasser einzuweichen, Finn daran zu hindern, dass er den Hund zum Trost mit der Mettwurst fütterte. Er bestand auf seinem Recht auf heißen Kaffee, knusprige Brötchen und die Morgenzeitung.

Fritzi schrieb ‚Mettwurst‘ und ‚Reinigung‘ auf ihre Liste. Wider Willen musste sie schmunzeln. Am Freitag hatten die Kinder ‚Galerie‘ gespielt. Als Staffelei hatten sie den Zaun benutzt, der den Carport vom Grundstück der Nachbarn abgrenzte. Dort hatten sie ihre Bilder gehängt, um Hajo bei seiner Ankunft zu überraschen. Er war weniger überrascht als verärgert, als er den leuchtend roten Flecken an seinem Sakko bemerkt hatte, wo er beim Aussteigen gegen den Zaun gestreift war. Sein Gesichtsausdruck war köstlich gewesen. Die flotte Jacke – die geschickt eine Mischung von exklusiver Eleganz mit einem Wink von sportlicher Lässigkeit verband. Hajo legte viel Wert darauf, das richtige Image auszustrahlen.

Fritzi biss nachdenklich in einen Klumpen Brötchen, der mit Haselnussaufstrich bekratzt war. Im Nachbarsdorf hatten zwei junge Frauen eine kleine Boutique eröffnet, direkt neben der Reinigung. Vielleicht könnte sie dort kurz hineinschauen, bevor sie zur Bank ging. Gestärkt von dem Gedanken, dass ihr Halbtagsjob es ihr erlaubte, sich ohne jegliche Schuldgefühle etwas zu kaufen, machte sie sich ernsthaft an ihre Liste. Sie würde Nudelauflauf mit Tomatensoße zum Mittagessen machen, das aßen alle Kinder gern.

Sie notierte die Zutaten. Hoffentlich mochte Ose das auch. Eine Karrierefrau war wohl Feineres gewöhnt. Fritzi dachte an Entenbrüstchen, auf Chicoréeblättern dekoriert und von einer Soße überzogen. Egal, wenn sie sich unverhofft zum Mittagessen anmeldete, musste ihre Schwester kindgerechtes Essen akzeptieren. Fritzi drehte das Blatt um und fing eine zweite Liste an. Aufgaben für die Woche. Sie musste unbedingt den Ölmesser prüfen und, wenn nötig, Öl bestellen. Der Kaninchenstall musste ausgemistet werden. Hajo hatte über den Geruch gemeckert, der aus Brittas Zimmer strömte. Ob sie für Sonnabend einen Babysitter bekommen konnte? Dann könnten sie mal wieder ausgehen … Das griechische Restaurant im Nachbardorf sollte gut sein. Oder wäre das Theater besser? Ein Theaterstück und hinterher eine Kleinigkeit zu essen. Angeregt und kulturell aufgepeppt wäre es leichter, Hajo gegenüberzusitzen. Das Gespräch würde angenehm plätschern. Beide etwas müde, würden sie über das Stück plaudern, die Schauspieler, das Bühnenbild … ja, sie würde einmal in die Zeitung schauen. Sie kritzelte ‚Babysitter?‘.

Wieder einmal ärgerte sie sich, dass Hajos Eltern es vorzogen, den Winter auf Mallorca zu verbringen anstatt in der Nähe ihrer Enkelkinder. Ihre eigenen Eltern lebten zu weit entfernt. Seitdem Helmut und Marianne nach Bordelum gezogen waren, sahen sie sie selten. Die Kinder zogen es vor, ihre Ferien auf Föhr zu verbringen. „Bordelum", dehnte Johanna, „da ist ja genauso wenig los wie in unserem Dorf." Und Britta stimmte lauthals ein. Dabei lag ihre Abneigung, Oma und Opa zu besuchen, weniger am Ort, sondern an Mariannes Hunde- und Kaninchenverbot. Nur Finn fuhr gern zu Opa Helmut. Komisch, sein zweiter Enkelsohn hatte in Helmut etwas gelöst, was bei seinen Töchtern verschlossen geblieben war. Auch mit Johanna und Britta hatte er es schwer. Aber mit Finn bastelte und baute er, machte sogar Ausflüge mit ihm.

Zum Glück stellte Willa ihr Haus gern zur Verfügung. Fritzi runzelte die Stirn. Willa hatte am Telefon gesagt, Ruth ginge es nicht so gut. „Alte Geschichten", hatte sie gemurmelt. „Manchmal holt die Vergangenheit uns ein. Mach dir man keine Sorgen." Sie musste Ruth anrufen. Heute Abend, wenn die Kinder im Bett waren. Sie schrieb ‚Ruth anrufen' unter ‚Kaninchenstall ausmisten'.

Als ihre Listen säuberlich vor ihr lagen, fühlte Fritzi sich wohler. Ihre Woche lag klar und geplant vor ihr. Sie fing an, schmierige Marmeladengläser mit ihren Deckeln zu vereinigen. Sie klaubte ein Häufchen Müsli auf, das Finn zu einer Art Pyramide geknetet hatte, und sammelte die Brötchenhälften ein, die verschiedene Familienmitglieder achtlos von ihren Frühstücksbrettchen verbannt hatten. Britta hatte Löcher in den Brennnesselkäse gebohrt, weil sie neuerdings auf Schweizer stand. Fritzi ließ den Hund die Käsebrocken fressen. Jemand hatte Leberwurst in die Butter gemanscht. Rotes Kerzenwachs war auf den Tisch getropft und verfloss mit einer Lache Kakao zu einem schmuddeligen Teich.

Während sie Geschirr in die Spülmaschine stapelte, überlegte sie, dass Willa natürlich angerufen hatte, um herauszufinden, was es mit Oses Besuch in Hamburg auf sich hatte. Immerhin hatte sie ehrlich antworten können. Sie wusste wirklich nicht, warum Ose kommen wollte. Zum Glück hatte sie Willa ablenken können, bevor sie nach Kuno gefragt hatte. Ose sollte den Tanten endlich erzählen, dass Kuno sie verlassen hatte. Nur gut, dass sie nicht verheiratet waren und auch nicht unbedacht Kinder in die Welt gesetzt hatten. Wie viel schwerer es dann gewesen wäre.

Fritzi klappte die Maschine zu und öffnete die Tür zu Brittas Zimmer. Wenn Ose übernachten wollte, dann konnte sie Brittas Hochbett teilen. Sie schnüffelte. Es stank wirklich nach Kaninchenmist.

Ihre Schwestern wussten anzurufen und zu besuchen, solange Hajo in Frankfurt weilte. Es war wirklich besser, die Zeit für den Ehemann und die Familie zu trennen. Hajo, das Einzelkind, war immer etwas eifersüchtig auf ihre Familie gewesen. Seit sein Beruf ihn drei Tage in der Woche nach Frankfurt führte, konnte sie sich ihren Schwestern widmen, ohne ihren Mann zu vernachlässigen, der inzwischen schon halb in Frankfurt war und durch die sich steigernde Entfernung weniger drohend wirkte. Nicht dass sie sich bedroht fühlte. Ein paar scharfe Worte. Ihre Ehe kondensierte sich aufs Wochenende – es war doch klar, dass dann auch die Uneinigkeiten schärfer hervortraten. Die Zeit war zu kurz, um alles vernünftig zu klären. Aber zum Glück war es beinahe Ostern. Sie und Hajo hatten diesmal zwei Wochen gebucht. Zwei Wochen auf einer Wellnessfarm in der Schweiz, die sie auf ihrem Wanderurlaub mit Hajos Kollegen im Herbst entdeckt hatten. Zwei Wochen ohne die Kinder …

In der Schweiz würde der Frühling eher ausbrechen, dachte Fritzi, als ihr die feuchte, kalte Nebelluft entgegenschlug. Ihre Gummistiefel hinterließen eine tiefe Spur im trüben Wintergras. Sie schüttete den Stallmist auf den Komposthaufen und kniff die Augen zusammen. Noch immer kein Zeichen von Knospen an der Birke. Heute Nachmittag würde sie mit den Kindern und Ose in den Wald gehen. Vielleicht waren die Bäume dort schon etwas weiter. Sie hatte den Kindern versprochen, bald die Zweige zu schneiden, die sie für ihren Osterstrauß brauchten. Dann würden sie gemütlich Kaffee trinken, und wenn die Kinder zum Spielen auf ihre Zimmer gingen, würde sie Ose Kerrins Brief zeigen.

Sie sah auf die Uhr. Sie hatte Zeit, noch schnell mit dem Hund eine Runde durchs Dorf zu machen, bevor sie sich ins Auto setzte.

Direkt gegenüber vom Haus lag der Wald. Ein kleiner Schlängelpfad führte an dem alten Gasthof vorbei, der jetzt am Ende des Winters noch geschlossen war. An einer Hauswand klebte noch ein zerfledderter Veranstaltungskalender vom letzten Jahr, der ,Kaffeetrinken im Advent' ankündigte und ,Die letzte Party: Silvester 2005'. Hajo und Fritzi hatten dort mit Freunden aus dem Dorf auf das neue Jahr angestoßen.

Sie schritten den matschigen Pfad entlang und kamen zu den Karpfenteichen. Das Wasser stand dort brackig und still. Falls da noch der eine oder andere Karpfen lebte, so verhielt er sich still.

„Herr Kröger hat gesagt, *ein* uralter Karpfen versteckt sich hier." Finn stierte ins Wasser – und lispelte vor lauter Konzentration. „Jedes Jahr fiss-cht Herr Kröger den Teich ab, aber jedes Mal entwiss-cht er. Herr Kröger sagt, der ist ssoo klug. Glaub-sst du, Karpfen sind klug?" Finn hielt sich fest an der Hand seiner jüngsten Tante und beugte sich vor, um unter die Zweige der Weide zu schauen, die hier ins Wasser tauchten. Ihre jüngste Schwester hatte Fritzi auf ihrem Handy in der Bank erreicht. Als sie von Oses bevorstehendem Besuch hörte, hatte sie sich kurzerhand entschlossen, ihren freien Tag mit ihren Schwestern zu verbringen.

Ane, wie Fritzi in Anorak und festen Stiefeln, meinte, ein Karpfen müsse schon klug sein, wenn er Jahr für Jahr dem Fischer entwischen könne.

„Ja." Finn stocherte mit einem Stock im modrigen Wasser. „Aber Lurche sind noch klüger. Mama sagt, Lurche sind ur-ur-alt. Sie sind wie Drachen, die noch nicht groß geworden sind."

Ane zeigte sich von dieser Information gebührend beeindruckt. Finn hatte ihr gleich bei ihrer Ankunft sein Drachenbuch vorgeführt. Sie waren zusammen gekommen, Ose und Ane. Ose hatte Ane überredet, sie auf ihrem Weg von Kiel in ihrem Vorort von Hamburg abzuholen. Auf Anes Rat begann Finn jetzt, Steine umzudrehen, die am Teichufer lagen.

„Lurche verstecken sich nämlich gern unter Steinen."

Fritzi vergrub ihre Hände tiefer in ihren Taschen und fühlte sich plötzlich froh, dass ihre Schwestern da waren, dass Ane so ernsthaft auf Finn einging, dass Ose bereitwillig mit Johanna und Britta den Abhang hinaufgeklettert war, um sich die Höhle anzusehen, die die Kinder am Wochenende unter einer alten Eiche gebaut hatten. Johanna, die Ose sofort zur Seite genommen und ihr zugeflüstert hatte, dass sie jetzt ihre Tage hätte, war in diesem

Moment ein selbstvergessenes Kind, das in seiner Fantasie Abenteuer ausfocht.

„Was habt ihr da bloß für eine komische Fahrgemeinschaft? Wär's nicht einfacher, wenn jeder selbst die Kinder zur Schule oder in den Kindergarten fährt?" Ane wischte sich die feuchten Finger an ihrer Jeans ab und stampfte fröstelnd mit den Füßen auf dem Waldweg. Finn machte sie sofort nach.

Es war typisch, dass Ane so was fragen würde. Sie, die Jüngste der vier Schwestern, die keine Kinder hatte, aber ein Heim für behinderte Kinder führte, wo anscheinend alles immer wie am Schnürchen lief.

„Im Prinzip ist die Fahrgemeinschaft genau richtig. Sonst würden jeden Morgen und jeden Mittag drei Autos in die gleiche Richtung fahren. Kannst du dir vorstellen, was wir für Benzinkosten haben, hier auf den Dörfern? Außerdem muss man ja auch an die Umwelt denken!" Fritzi zog ihre türkisblaue Wollmütze tiefer über ihr kinnlanges Haar. Der Nebel stieg schon wieder von den Karpfenteichen auf, die Sonne war den ganzen Tag nicht erschienen. Den Kindern schien es nichts auszumachen. Ihre aufgeregten Stimmen, vermischt mit Olmis Bellen, drangen aus der Ferne zu ihr. „Frau Neuntze ist die Einzige, deren Auto alle sechs Kinder auf einmal transportieren kann. Sie hat so einen Volvo, weißt du, mit Kindersitzen im Kofferraum. Deshalb fährt sie an den Tagen, wo ich nicht arbeite. Dann brauch ich dienstags, donnerstags und am Sonnabend gar nicht los! Montag, Mittwoch und Freitag kommen die Kleinen zu uns. Ich fahr Finn, Malte Kleine und Carlotta Neuntze in den Kindergarten. Frau Kleine bringt die Großen in die Schule. Alle fahren dreimal und haben dreimal frei. Das Problem ist eben nur

Frau Neuntze. Da ist halt alle naselang irgendwas los …
Olmi, nein!!"

Olmi kam mit Übergeschwindigkeit den Abhang runtergerast. Sein kurzer, kahler Schwanz stak in die Höhe, während seine dicken Pfoten vergeblich Halt in der krümeligen Erde suchten. Schließlich tat er, was auch die Kinder machten, wenn sie beim Rollschuhlaufen zu sehr in Schwung kamen: Er steuerte auf das nächste Hindernis zu, das sich zum Abbremsen eignete – in diesem Fall Anes Beine. Es gelang Fritzi, sich ihm in den Weg zu werfen und ihn abzufangen, bevor er auf Ane prallte. Olmi war ein seltsamer Mischling. An der Schnauze hatte er etwas Dackelhaftes. Sein schwerer, zur Korpulenz neigender Körper hatte Ähnlichkeit mit einem Hängebauchschwein. Seine stämmigen Beinchen zeugten von einer Bulldogge in seinem Stammbaum. Er neigte zur Haarlosigkeit, und seine ledrige Haut war grau. Jetzt sah er Ane mit seinen Dackelaugen an und schleckte ihr dankbar die Hand ab. Bevor Ane Olmis stetig steigendes Gewicht und seine fehlende Intelligenz kritisieren konnte, sagte Fritzi entschuldigend: „Kinder brauchen nun mal ein Tier!"

„Klar", kicherte Ane. „Aber musstet ihr unbedingt so was Hässliches aussuchen? Ist es Hajo nicht peinlich, sich mit Olmi sehen zu lassen?"

„Er vermeidet das. Olmi darf nicht mal in sein Auto." Wider Willen musste Fritzi grinsen. Die Vorstellung, dass Olmi in Hajos BMW spazieren fuhr – eventuell im Heckfenster ausgestreckt – und an seine blitzenden Scheiben sabberte, amüsierte sie.

„Obwohl er doch so gern Auto fährt! Na ja … aber als wir ins Tierheim gingen, da sind sie alle drei auf Olmi zugesteuert. Britta hatte das Tierheim mit der Klasse besucht, und sie wusste, dass Tiere, die niemand will, eingeschläfert werden. Und wer sonst hätte ihn genommen? Außerdem hat er eine gute Seele. Ach, da kommt Ose."

Ose war mit den Kindern den Abhang hinaufgestiegen – trotz ihrer hohen Stiefel aus Imitationsschlangenleder, die Finn ehrfürchtig bewundert hatte. „Echte Sschlange?", hatte er gefragt. Wie immer, wenn er aufgeregt war, lispelte er. Fritzi musste Ane unbedingt fragen, ob Hajo recht hatte, dass sie Finn jetzt schon bei einer Sprachtherapeutin anmelden sollten, bevor er in die Schule kam.

In Oses blonden Haaren hingen feuchte Tropfen. Sie lehnte sich an Anes Schulter und wischte sich die Stiefelspitzen mit einem Taschentuch ab.

„Olmi hat da oben Kacki gemacht. Ich hab das nicht aufgehoben. Wollen wir weiter, ihr seht verkühlt aus!" Als Fritzi sich suchend umsah, fügte sie hinzu: „Sie wollen uns an der Wegkreuzung treffen. Sie kennen einen Geheimweg. Wisst ihr noch, wie wir das früher gemacht haben? Beim Sonntagsspaziergang durch den Wald – vorrennen und dann irgendwo versteckt warten?"

Sie hakte ihre beiden Schwestern ein, und zu dritt schritten sie den Pfad entlang. Finn lief voraus. Mit seinem Stock bewaffnet, schlug er ihnen den Pfad frei. Er sah sich im Fernsehen gern Naturprogramme an, und er hatte letztens einen Film gesehen, wo ein Naturforscher so mit einer Machete durch den Urwald geschritten war. Natürlich wählte Fritzi die Programme, die die Kinder sahen, vorsichtig aus. Aber sie verbot ihnen das Fernsehen nicht ganz und gar. Sie selbst hatten erst spät einen Fernseher bekommen. Marianne hatte darauf bestanden, dass Kinder so oft wie möglich draußen spielten. Sie und Kerrin, die beiden Älteren, hatten sich an Mariannes Verbot gehalten, aber Ose hatte ihnen später erzählt, dass sie bei ihren Freundinnen, wann immer möglich, vor der Glotzte gehockt hatte. Zu viele Verbote lösten nur Widerstand aus.

Fritzi wunderte sich mal wieder, dass Ose von ihnen allen die Größte war. Als Kind war sie eher klein und pummelig gewesen. Man sah Ose die Künstlerin an – ihr knallroter Mantel, der bei jedem Schritt um sie schwang. Der eng anliegende Rolli, auf dem die Ketten mit den emaillierten Anhängern besonders gut zur Geltung kamen. Das schottische Plaid, mit dem Johanna schon vor dem Spiegel experimentiert hatte. Johanna hielt Ose für modisch unschlagbar. Oft ermutigte sie ihre Mutter, doch mal mit Ose einkaufen zu gehen. Sie hätte ihre Mutter gern öfter in romantischen Kleidern und gerüschten Röcken gesehen, anstatt in praktischen Hosen und Birkenstocklatschen.

„Schickimicki und Schminke – das passt nun mal nicht in einen Bioladen, Johanna", sagte Fritzi. ‚Und nicht in mein Leben', dachte sie. Wenn man drei Kinder, einen Hund und einen Job hat, dazu einen Mann, der selten zu Hause war, dann brauchte man Klamotten, die man ohne große Überlegung aus dem Schrank ziehen konnte. Sie hatte ihren Schwestern die neuen Sachen gezeigt, die sie in der kleinen Boutique gekauft hatte. Ein blauer Leinen-Wickelrock, schräg geschnitten und am Saum gerafft. Dazu ein loses Oberteil aus Baumwolle. Vielleicht etwas zu leicht für einen Theaterbesuch im März, aber es war der Hauch von Frühling, der in den zarten Farben hing, dem sie nicht hatte widerstehen können. Dazu passte gut einer der gemusterten Seidenschals, die sie neuerdings im Laden verkauften.

„Könntest du vielleicht die Kinder Sonnabend hüten?“, hatte sie Ane gefragt. „Das heißt, wenn ich noch Theaterkarten bekommen kann. Aber Hajo und ich müssen wirklich mal wieder allein los. Wir sprechen nur noch über die Kinder …“ Sie merkte, dass ihre Schwestern einen Blick tauschten, und wusste auch, dass beide sich über sie und Hajo Gedanken machten. Sie hoffte, dass Anes Entschluss, an ihrem freien Tag nach Hamburg zu fahren, um ihre Schwestern zu treffen, mehr mit Oses Besuch zu tun hatte als mit ihrer kriselnden Beziehung zu Hajo.

Ane konnte nicht babysitten. Sie hatte Dienst im Heim. Aber Ose bot sich an, am Wochenende zurückzukommen. „Ich bleib eh noch ein paar Tage, da kann ich Sonnabend leicht noch mal kommen.“

Bevor sie Ose nach ihren Plänen fragen konnten, war Johanna ins Schlafzimmer gekommen, um ihnen mitzuteilen, dass Olmi den Rest des Nudelpuddings fraß. Durch seine Fresssucht angefeuert, hatte er es geschafft, seinen schweren Körper auf einen Stuhl zu hieven. Er stand nun mit den Vorderpfoten auf dem Tisch, die Nase in der Auflaufschüssel.

So war es immer, überlegte Fritzi, man kam nie zu einer vernünftigen, ununterbrochenen Unterhaltung. Sie nahm sich vor, bald mal wieder ein Schwesternwochenende zu organisieren. Anes Arbeit war anstrengend, und sicher hatte auch sie manchmal das Bedürfnis, sich auszusprechen. In ihrem letzten Brief hatte sie einen neuen Kollegen erwähnt, von dem Fritzi gern etwas mehr gehört hätte.

Äußerlich konnte man Ane jedenfalls keine Veränderung ansehen. Ihr Gesicht war wie immer ungeschminkt. Die Jeans waren verwaschen und der braune Strickpullover beulte an den Hüften und ließ Ane gedrungen aussehen, wo sie doch eine Figur hatte, die selbst ohne Besuche im Fitnesszentrum schlank und athletisch wirkte. Ihre Mutter, Marianne, war schon vierzig, als ihre jüngste Tochter geboren wurde, und sie war vom Geschäft und ihrem Mann so gefordert, dass sie das Baby gern Fritzi überlassen hatte. Mit zwölf Jahren erlebte Fritzi die kleine Schwester wie eine lebende Puppe, die sie mütterlich umsorgen konnte. Jetzt wünschte sie sich eine liebevolle Beziehung für Ane. Es musste doch Männer geben, die an Anes Modeunbewusstsein vorbeisahen und ihre klaren, blauen Augen bemerkten, ihr glänzendes Haar, ein bisschen dunkler als das Blond ihrer Schwestern, das sie lang trug, zu einem dicken Zopf geflochten, der ihren Rücken hinunterhing. Finn war begeistert von Anes Haar und hatte Fritzi erst kürzlich anvertraut, dass er wohl entweder Carlotta, seine Kindergartenfreundin, oder Ane heiraten müsste.

„Haa…!" Mit einem lauten Schrei stürzten Johanna und Britta aus der Forsthütte, wo noch ein wenig Heu an die Rehfütterungen des Winters erinnerte.

Alle setzten sich auf die schmale Bank, die dort stand, und Fritzi teilte die Apfelscheibchen aus, die sie als Wegzehrung mitgebracht hatte.

„Wenn ihr mehr Hunger habt, dann gehen wir jetzt schnell nach Hause zum Kaffeetrinken!", schlug sie vor und war froh, dass auch die Kinder sofort einwilligten.

Sie gingen über den Damm, der zwei Karpfenteiche trennte. Auf beiden Seiten wuchsen Weiden. Ihre Zweige hingen so tief hinunter, dass die Kinder bequem darunter entlanglaufen konnten. Johanna und Ose liefen voran, dann Finn und Ane und zum Schluss Fritzi mit Britta und Olmi. Abwechselnd warfen sie Stöckchen für Olmi, die dieser keuchend und auf eine Belohnung hoffend apportierte. Bald erreichten sie den Feldweg, der sie ins Dorf zurückführte.

„Du willst halt immer alles perfekt", sagte Ane. „Guck dich doch um! Ich wette, heute Morgen hast du erst Mal alles aufgeräumt. Dann hast du ein vollwertiges Mittagessen gekocht, den Kindern ein Ruhestündchen aufgezwungen …"

„Ich brauche auch eine Mittagsstunde!"

„Ja, eben weil du so viel für die Kinder tust. Nicht dass ich es nicht schön finde, was du machst …" Ane lenkte ein. „Und die Waffeln sind echt super! Aber wie du das alles schaffst!" Ane sah sich bedeutsam um. Für den Kaffeetisch hatte Fritzi eine jahreszeitliche Dekoration zusammengestellt: Moos und Birkenhölzchen, die sie im Wald gesammelt hatte, und die ersten Schneeglöckchen aus dem Garten.

Fritzi hatte ihren Schwestern erzählt, dass Hajo ihr den Urlaub in der Schweiz „verschrieben" hatte. „Er meint, ich denke nur noch an die Kinder, und wir müssten mal raus … Natürlich, die Kinder sind echt gern auf Föhr. Und Willa schafft das ja auch mit den dreien."

„Ich will aber nicht, dass du verrei-sst, Mama. Ich hab Ang-sst …" Finn fummelte in seinem Malkasten, bis er die schwarze Wachskreide fand. Er kritzelte eine grimmige Wolke auf sein Papier. Er war am Tisch sitzen geblieben, um Ane ein Drachenbild zu malen.

„Ich bin ja auch da", bot Ose ihm an.

„Will Mama", quengelte Finn, und Tränen stiegen in seine Augen.

Die Tür flog auf. Johanna verkündete: „Mama, ich kann heute unmöglich zum Flötenunterricht! Nicht, wenn ich meine Tage habe!"

„Ich weiß nicht, wie dich das am Flöten hindern sollte."

„Mein Bauch tut weh."

Britta stürmte hinter Johanna ins Zimmer. „Und außerdem wollen wir jetzt Zirkus spielen. Wir haben schon alles aufgebaut. Willst du mitspielen, Finn?", fragte sie großzügig. „Wir haben schon Olmi und Kruse, aber du kannst deine Drachen mitbringen."

„Kruse?", fragte Ose mit hochgezogenen Brauen.

„Brittas Ka-nin-chen", sagte Finn ungnädig, aber er legte die Kreide aus der Hand und rutschte von seinem Stuhl hinunter.

Ane beobachtete, wie Fritzi mit sich rang. Einerseits war es erzieherisch falsch, dass Johanna sich vor dem Flötenunterricht drückte, andererseits hatte sie es gern, wenn die Kinder phantasievoll spielten. Und irgendwo, in einer winzigen Ecke ihrer Seele, war es ihr auch recht, dass Finn abgelenkt wurde, bevor er sich in diese Urlaubsgeschichte reinsteigerte. Sie wartete gespannt auf Fritzis Entscheidung.

„Also gut. Aber du rufst bei Frau Neuntze an und erklärst ihr, warum du nicht kommst!"

Johanna strahlte. „Darf Marie rüberkommen? Nur bis zum Abendbrot?"

„Nicht, wenn Frau Neuntze sie für die Flötengruppe braucht. Und dann will Finn auch noch, dass Carlotta kommt." Ein Glück, dass Finn schon losgezogen war, um seine Drachensammlung herauszukramen.

„Das ist nicht fair für Britta", setzte Fritzi hinzu.

„Jemand, der Bauchschmerzen hat, sollte nicht zu viel Unruhe haben", warf Ose ein.

„Genau. Und Britta, lass Kruse nicht aus dem Spiel-
zimmer entwischen, wenn du ihn aus dem Käfig holst.
Letztes Mal hat er in meinem Schlafzimmer die Fußleis-
ten angenagt."

Fritzi hob seufzend ihr Strickzeug. Ane legte ein neues
Scheit auf das Feuer im Kamin, und Ose kuschelte sich
tiefer in ihre Sofaecke. Fritzi überschlug im Kopf, was sie
mit ihren Schwestern noch besprechen wollte. Sie wollte
Ane nach ihrem ‚jungen Mann', wie sie ihn in Gedanken
getauft hatte, fragen. Aber sie hatte sich über Ane geärgert – was hatte sie gesagt übers Perfektsein? Es war ja
gut und schön, wenn man seine Schützlinge am Ende der
Schicht an einen anderen Kollegen übergeben konnte …
Natürlich, Ane trug die Verantwortung fürs Heim mit
sich herum. Trotzdem, gefühlsmäßig brauchte sie nicht so
viel zu investieren wie eine leibliche Mutter.

Sie wollte Ose nach Kuno fragen. Und sie musste sich
nach Ruth erkundigen. Aber da war Kerrins Brief …

„Ich hab einen Brief von Kerrin bekommen." Ose rekelte
sich schläfrig, Ane sah auf. Sie stocherte mit einem Stöckchen im Feuer. „Was schreibt sie?"

„Also, ich hab den Brief hier. Ich hätte gern, dass ihr
das lest. Sie hat anscheinend mal wieder jemand gefunden, den sie unter ihre Fittiche nehmen kann."

Kerrin war bekannt für ihre ‚Projekte'. Als Leo noch
klein war, hatte sie sich mit Energie für Kindergartenfeste
und Schulbasare eingesetzt. Sie hatte einen Teil ihres großen Gartens auf dem Lande einer Organisation zur Verfügung gestellt, die busweise Stadtkinder aus den Hoch-
häusern ranfuhr, und mit ihnen einen Abenteuerspielplatz
gebaut. Ose hatte Kerrin zu der Zeit in Australien besucht

und hatte die rotznasigen Kinder, die ihr roh und vernachlässigt vorkamen, eher mit Abscheu wahrgenommen. Sie war nicht umhin gekommen zu bemerken, dass Kerrin Leo nach diesen Tagen besonders lange und sorgfältig im Bad abschrubbte. Andererseits musste sie zugeben, dass der ,Kinder-Garten' ein Anziehungspunkt war, der Leo viele Freunde verschaffte. Nicht nur die Hochhausblagen, auch Kinder aus dem Dorf kamen gern. Überhaupt schaffte Kerrin es, Kinder zu versammeln. Sie waren kein einziges Mal an den Fluss gegangen oder in die naheliegenden Hügel gefahren, ohne mindestens ein anderes Kind im Schlepptau zu haben. Ose erinnerte sich an überhitzte Autofahrten in den Wildpark oder nach Melbourne mit drei oder vier lauten Rangen auf dem Rücksitz und Bergen von Sandwiches und Safttüten. Immerhin – Leo war nicht zu einem typischen Einzelkind geworden. Sie dachte kurz an Hajo, der es nie gelernt hatte, mit anderen zu teilen. Allerdings hatte Kuno, der eine Schwester hatte, Seiten, die man nur als ,einzelkindlerisch' bezeichnen konnte. Ose griff sich Kerrins Brief und las, während Fritzi Ane den Inhalt wörtlich unterbreitete. Ab und zu offerierte Ose ein paar Zeilen aus dem Brief.

„Mein Gott, es ist Anfang März, und sie schreibt, sie haben 39 Grad! Und hitzefrei kriegen sie in Australien nicht!"

Kerrin hatte immer gearbeitet, auch bevor Leo in die Schule gekommen war. Und sie setzte sich für ihre Schüler ein mit derselben Ausdauer, die sie in Leo und seine Freunde investierte.

„Ich will, dass Leo selbständig wird und eigene Entscheidungen treffen kann", hatte sie Ose am Telefon erzählt. „Er soll nicht eine Mutter haben, die ständig um ihn rumzipfelt. Natürlich, als Lehrerin kann ich am

Nachmittag meistens gleichzeitig mit ihm zu Hause sein, und in den Ferien brauche ich auch fast nicht zu arbeiten."

Kerrin unterrichtete in diesem Jahr neben Deutsch auch australische Geschichte. *„Ich hab gedrängt, bis sie mir endlich auch mal was anderes gegeben haben. Immer muss ich Deutsch unterrichten,* schreibt sie. Das möchte man meinen. Immerhin hat sie Englisch und Geschichte studiert. Aber hört mal: Sie freuen sich, dass sie eine *echte* Deutsche haben, um die Kinder zu unterrichten. Wisst ihr, wie sie die Sprachlehrerinnen nennen? *Eingeborene Sprecher!* Eingeboren, ich bitte euch! Die erwarten wohl, dass Kerrin eines Morgens mal mit der Trommel und im Strohröckchen anrückt! Aber das Wort ‚Muttersprachler' kennen sie anscheinend nicht."

Kerrin wollte sich als Geschichtslehrerin beweisen. Geschichte war weniger beliebt unter den australischen Schülern.

Und von ihrer eigenen Geschichte haben sie so gut wie keine Ahnung, schrieb Kerrin. *Fast kein Vorwissen, und da versuch mal, eine Abiturklasse durchzubringen!*

Ihr Thema war die Rolle der Frauen während des Zweiten Weltkrieges. Kerrin hatte ein Pflegeheim für ältere Herrschaften ausfindig gemacht und von der Heimleiterin die Erlaubnis bekommen, einmal in der Woche mit ihren Geschichtsschülern das Heim zu besuchen. So konnten ihre Schüler lernen, Geschichte anhand von Interviews und Gesprächen mit den älteren Leuten zu recherchieren. Jeder Schüler hatte eine ältere Dame zugewiesen bekommen, die den Zweiten Weltkrieg miterlebt hatte.

Der Fokus ist das Erlebnis der Frauen, las Ose. *Wie haben sie den Krieg erlebt? Sind sie zu Hause geblieben, oder haben sie als Krankenschwestern oder als Schreibkräfte gear-*

beitet? An die Front durften die Frauen damals nicht. Wie hat sie das Kriegserlebnis betroffen? Das sind so die Fragen. Viele Frauen haben damals die Farmen übernommen, und in den Fabriken und den Betrieben haben sie auch die Arbeit der Männer gemacht. Natürlich sind sie hier in Australien nicht ausgebombt oder vertrieben worden wie Willas Fräulein Söhnlein. Und obwohl es in Deutschland tausendmal schlimmer war mit all den Entbehrungen, meinen sie hier auch, sie haben es schwer gehabt!

„Kerrin erinnert sich an Fräulein Söhnlein!"

„Das ist wohl nicht schwer. Fräulein Söhnleins weiser Rat wird wohl jede Woche gratis und per Telefon nach Australien weitergereicht!", sagte Fritzi und fuhr fort: „Jedenfalls hat also eine Schülerin eine gewisse Mrs. Perkins abbekommen. Und keiner hat sich was dabei gedacht. Die Frau ist 84. Na ja, die Omis kommen also richtig in Fahrt, erzählen mit Genuss von der alten Zeit, erinnern sich klarer an die Vergangenheit als an das, was sie heute morgen zum Frühstück gemampft haben. Nur auf einmal fängt die alte Frau Perkins an, auf Deutsch zu erzählen! Na, das Mädchen, das sie interviewen soll, das ist auch eine Deutschschülerin von Kerrin. Und die versteht sie wohl ganz gut. Und sie nehmen die Gespräche ja auch auf Tonband auf, und wenn sie nicht weiterkommt, dann geht sie zu Kerrin und spielt ihr das vor. Ja, und so hat Kerrin allerhand über diese Frau erfahren."

„Und wieso spricht die Deutsch?", fragte Ane.

Sie hockte immer noch am Feuer.

„Weil sie Deutsche ist! Sie kommt sogar aus Hamburg!" Ose wedelte die Briefblätter durch die Luft. „Sie ist erst nach dem Krieg nach Australien ausgewandert. Und da hat sie dann ihren dritten Mann geheiratet."

„Den dritten?"

„M-mm. Das erste Mal hat sie geheiratet, so einen Kerl, der ist voll auf die Nazis abgefahren. So einen Offizierstyp mit knarrenden Stiefeln und der Pistole im Gurt, auch wenn er zu Hause in der Küche saß. Hat sogar mal die Nachbarn bedroht, nur weil die respektlos Hitler gegenüber waren – haben gemeint, der Krieg sei wohl verloren. Ende '43 war das gut getippt." Ose hob die Kanne vom Stövchen und schenkte Tee nach. Der Duft von Zimt und Vanille wehte durchs Zimmer und vermischte sich mit dem Geruch des Feuers. Sie nahm ein Haferflockenkekschen vom Teller und biss hinein.

„Und von dem hat sie ein Kind gehabt", sagte Ose. „Also, Fritzi, diese Kekse schmecken überhaupt nicht gut. Kommen die aus eurem komischen Laden? Man kann auch zu weit gehen mit der Naturkost. Ich glaub, ich hab noch ein paar Schokokekse in meiner Tasche." Sie beugte sich hinunter, wühlte in ihrer großen Tasche und zog eine Tüte Kekse heraus.

„Ose!" Fritzi verzog das Gesicht. „Es ist besser für die Kinder, wenn du sie von solchem Zeug weghältst. Weißt du eigentlich, wie viel Zucker in den Dingern steckt? Diese Vollkornkekse sind mit Honig gesüßt."

„Schmecken aber nicht so gut."

Ane griff nach dem Paket, nahm sich die letzten zwei Kekschen raus und warf die leere Packung ins Feuer. „Da – schon weg."

„Jetzt ist es mit unserer Ruhe vorbei. Die Kinder haben einen siebten Sinn, was Schokolade betrifft", schimpfte Fritzi. „Außerdem muss ich wirklich Abendbrot vorbereiten. Es wird schon spät. Ose, zeig Ane den Brief. Was ich wirklich wissen will, ist, wie ich diese Friedhofsgeschichte schaukeln soll. Ich weiß gar nicht, wie Kerrin sich das vorstellt." In der Tür wandte sie sich um. „Wollt ihr beiden zum Essen bleiben? Ich könnte ein bisschen Rührei machen. Und Kräuter für Kräuterbutter hab ich auch noch. Das heißt, wenn ihr nichts gegen Vollwertbrot habt!"

„Da siehst du, was ich meine", stöhnte Ane, als Fritzi aus dem Zimmer gegangen war. „Was ist denn so falsch an einer ollen Leberwurststulle? Schon muss sie wieder was Gesundes machen!"

„Komm, dir macht es doch auch nichts aus, mal zu Willa zu fahren und dich so richtig verwöhnen zu lassen. Und da hat Fritzi das eben gelernt. Marianne kann man für solche Ausschweifungen ja echt nicht die Schuld geben! Unsere Mutter hat doch aus Geiz eine Tugend gemacht. Ich bleib jedenfalls hier. Wenn du heute Abend noch zurückfahren willst, kannst du's. Aber denk dran, wir wollten doch endlich mal mit Fritzi über Hajo sprechen, oder?"

Ane nickte bedächtig. Wenn sie heute Abend noch zurückführe, würde bestimmt irgendwas anfallen. Ein verschnupftes Kind, ein Telefongespräch mit einem besorgten Elternteil – die Post, die sich auf ihrem Schreibtisch stapelte.

„Also gut. Du kannst Fritzi Bescheid sagen. Ich schlaf bei Finn im Zimmer. Und hilf Fritzi mit dem Abendbrot. Ich lese indes mal diesen Brief. Sonst krieg ich ja nie heraus, was das mit dieser Missus Dingsda und ihren drei Männern auf sich hat."

„Mann, kein Wunder, dass sie dich zur Heimleiterin gemacht haben. Rumbestimmen kannst du ja." Ose knuffte ihre Schwester freundlich.

„Quatsch. Das ist reine Überlebenssache. Wie sonst hätte ich mich gegen euch drei durchsetzen können. Und nun hau ab, und lass mich in Frieden lesen! Im Kinderzimmer fängt's auch schon an, laut zu werden. Lange hab ich nicht mehr."

Das Telefon klingelte, als sie beim Abendbrot saßen.

„Oh, hallo Papa", sagte Britta, die es als Erste zum Telefon geschafft hatte. „Olmi hat heute gelernt, durch einen Feuerreifen zu springen. Wir haben Zirkus gespielt … Was? Nein, es war kein echtes Feuer … Papa, er muss doch erst Mal üben. Und Johanna hat versucht, Kruse aus dem Hut zu zaubern, nur – Mama, Papa will mit dir sprechen!"

Fritzi schloss die Tür zwischen Esszimmer und Flur, und Ose und Ane, die rasch einen Blick gewechselt hatten, fingen beide gleichzeitig an zu sprechen.

Als sie wieder eintrat, trug Fritzi eine Schüssel mit Orangen, Äpfeln und Bananen. Sie fing an, eine Orange zu schälen.

„Hajo kommt am Wochenende nicht nach Hause", sagte sie leise. Und dann etwas lauter: „Papa muss sich um ein paar Geschäftsfreunde kümmern."

„Papa ist bö-se", sagte Finn. Er kaute an einem Orangenscheibchen, das Fritzi ihm hingelegt hatte.

„Nein, Finn, Papa ist nicht böse. Diese Leute kommen den ganzen Weg von Amerika angeflogen und wollen Papa sprechen. Da muss er schon da sein."

Finn spuckte einen Kern aus. Johanna sagte sachlich: „Dann ist er nicht da für meinen Elternabend. Herr Schlamm hat extra gesagt …"

„Ich weiß, Johanna. So ist es nun mal mit Papas Arbeit. Ich werde mit Herrn Schlamm sprechen."

„*Dich* kennt er ja. Bald ist es bei uns so wie bei Marie und Malte Kleine. Da kommt auch immer nur die Mama."

„Ich will Papa …" Finn wurde weinerlich. Ane hob ihn kurzerhand aus seinem Stuhl und griff sich ein Häufchen Orangenschalen. „Finn, weißt du was, ich hab irgendwo gelesen, dass Lurche gern Orangenschalen riechen. Wollen wir mal ein paar auf deine Fensterbank legen? Vielleicht kommen sie dann."

„Nicht drinnen. Ich will sie nicht *in* meinem Zimmer haben."

„Nein, wir machen einfach das Fenster auf und legen sie draußen hin. Und dann musst du mal gucken, was wir für ein Buch vorlesen wollen. Ich darf dir doch heute Abend vorlesen, oder?"

Finn strich ihr zärtlich über die Wangen und flüsterte, sie könne ihm gern sein Drachenbuch vorlesen. Ane trug ihn raus.

„Finn ist so ein Heulbaby." Britta schüttelte den Kopf. „Ose, willst du Kruse seine Gute-Nacht-Geschichte vorlesen? Ich bin echt ein bisschen müde nach dem ganzen Training mit Olmi und so."

„Du willst nur, dass Ose *dir* was vorliest. Aber das ist auch okay, wir lesen nämlich grad was total Spannendes. Mama hat es aus der Bibliothek mitgebracht. Mama, macht es dir was aus, wenn Ose heute abend liest?"

Ose nahm Fritzi das Obstmesser aus der Hand. „Ich glaub, wir haben schon genug Obst", sagte sie sanft. Dann wandte sie sich energisch an ihre Nichten. „Wenn ich vorlesen soll, dann aber hoppla! Schlafanzüge, Zähne putzen und so weiter. Ich helf eurer Mama in der Küche, und in genau zehn Minuten bin ich bei euch. Wenn ihr dann nicht im Bett liegt, passiert gar nichts. Johanna, bring mir die Eieruhr, wenn die läutet, dann komm ich."

Johanna und Britta liefen juchzend los.

„Was ist mit Hajo?" Ose wandte sich an Fritzi.

„Oh, irgendwelche Geschäftspartner, die sich überraschend angemeldet haben. Am Sonntag wollen sie Golf spielen, und Hajo meint, er muss dafür da sein. Also bleibt er gleich in Frankfurt. Irgendeine Besprechung, Papierkram, Besichtigung – was weiß ich! –, die er dann am Sonnabend machen kann."

Fritzi klang resigniert.

„Es wär ja nicht so schlimm, wenn nicht das letzte Wochenende schon so blöd gewesen wäre. Und gestern Abend konnten wir nicht sprechen, weil ich spät nach Hause kam, und dann war da irgendein Fußballspiel, was er unbedingt sehen musste … Na ja, und heute morgen war dann auch wieder Streit, wegen der Kinder, natürlich … Ich kann ihm einfach nichts mehr recht machen. Die ganze Woche über ist alles gut. Ich treffe die Entscheidungen hier im Haus und mit den Kindern. Auch bei der Arbeit, im Laden … irgendwie weiß ich immer genau, was von mir erwartet wird. Und es läuft doch auch alles, nicht wahr? Aber dann, wenn Hajo nach Hause kommt, hab ich auf einmal das Gefühl, ich mach alles falsch." Fritzi spielte müde mit einer Apfelschale. Dann sah sie auf. „Ose, ich besuch jetzt eine Therapeutin – montagabends, wenn Hajo da ist, um auf die Kinder aufzupassen. Ich weiß einfach nicht mehr weiter. Ich hab Angst, wenn er am Wochenende nicht mehr nach Hause kommt … was bleibt dann noch?"

Britta kam hereingestürmt, den Pullover halb über ihrem Kopf, schmetterte sie die Eieruhr auf den Tisch. Sie rannte wieder raus.

„Ich hab gesagt, ich bin Erste im Badezimmer …", hörten sie sie schreien. Anes besänftigende Töne klangen herüber.

„Es war die Idee der Therapeutin, dass wir uns was Schönes zusammen vornehmen. Deshalb haben wir auch diesen Urlaub gebucht. Auf der Wellnessfarm." Fritzi dehnte die Worte. „Aber komm, die Uhr läuft ab. Ich mache den Abwasch, und wenn ihr mit meinen Blagen fertig seid, setzen wir uns gemütlich an den Kamin und trinken noch ein Gläschen Wein, ja?"

Als die drei Kinder endlich ruhig in ihren Betten lagen, setzten die Schwestern sich ins Wohnzimmer. Dicke Kerzen brannten in Tonschalen, im Kamin knackten die Kiefernscheite und in den dunklen Fenstern leuchteten die Lichtschlangen, die Fritzi dort zu Weihnachten dekoriert hatte. Sie hatten ausführlich Kerrins Brief diskutiert, und Ose hatte gesagt, man müsse diese Sache mittels eines Ausfluges planen.

„Einen Ausflug? Zum Friedhof?" Ane schüttelte sich.

„Wie sonst findest du ein Grab?"

„Na, hör mal, wozu gibt es das Internet? Sicher gibt es doch eine Seite, wo man nachgucken kann, ob ein Grab noch besteht."

Ose winkte ab. „Das nimmt doch die ganze Spannung. Und ist so unpersönlich. Schließlich suchen wir nach einem Menschen … Wie viel aufregender ist es, da durch die alten Grabsteine zu stöbern, und wenn man es dann findet, der Stein verwittert, versteckt unter Efeu …"

„Brennnesseln wohl eher", murmelte Ane. „Und der Stein wird wohl noch nicht verwittert sein, dazu ist noch nicht genug Zeit vergangen. Auch im Krieg haben sie richtige Steine benutzt, oder?"

Fritzi fummelte unentschlossen an einem Kerzendocht, der schief brannte.

„Meinst du, das ist richtig für die Kinder? Ich weiß nicht, ob Hajo dann ..."

Aber Oses Abenteuerlust, einmal entfacht, ließ sich nicht so leicht dämpfen.

„Hajo ist ja nicht da! Ich hab doch sowieso schon gesagt, ich komm Sonnabend zurück. Anstatt die Kinder zu hüten, machen wir eine Expedition zum Altonaer Friedhof! Und wenn wir's schnell finden, dann ist der Volkspark ganz nebenan! Waren die Kinder schon mal da?", fragte sie streng.

Fritzi schüttelte den Kopf. „Na, siehst du. Ich kann die Nacht hier schlafen, und Sonntagnachmittag fahr ich zurück. Ich hab mich übrigens in Bordelum angemeldet, hab ich euch das erzählt?" Ose kuschelte sich tiefer unter die Wolldecke, die sie sich übergeworfen hatte. „Ruth hat mir da ein paar interessante Sachen über Helmut erzählt. Da will ich doch mal ein bisschen nachforschen."

„Mein Gott – Ruth! Ich wollte sie doch heute Abend anrufen. Das muss ich mir gleich auf meine Liste für morgen schreiben." Fritzi suchte ihren Notizblock zwischen den Wollknäueln, die sie um sich herum ausgebreitet hatte. „Wie geht es Ruth? Willa hat da rumgemurkst, als ob was los wäre."

„Ach, sie hat sich wahrscheinlich beim Biiken ein bisschen übernommen. Zu lange an der frischen Luft und so. Dabei kam ja das über Helmut raus ..."

„Ose!" Ane sprach in dem Ton, den sie auch für schwierige Kinder benutzte. „Beantworte die Frage! Was ist mit Ruth?"

Ruth ging selten aus – so gut wie nie. Und dann am Abend? Und zu einem Ort, wo haufenweise Leute rumliefen? Immerhin hatte Ose den Anstand, etwas beschämt auszusehen, als sie berichtete, dass sie Ruth mitgenommen hatte, um den Fackelzug losziehen zu sehen.

„Und dann sind wir über die Insel gefahren und haben uns die Feuer angeguckt. Glaubt mir, es hat ihr gut getan! Sie hat sogar ein paar alte Schulkameradinnen getroffen, hat Gudrun erzählt."

„Gudrun hat das erzählt? Wo warst du denn?"

Olmi, der sich nah ans Feuer gelegt hatte und seinen Rücken röstete, schnarchte röchelnd. Fritzis Stricknadeln klapperten.

„Ich *war* da! Aber ich hab eben auch ein paar Leute getroffen, ist ja klar. Und Ruth hat sich nicht erkältet, es ist nichts Physisches. Eher … na ja, so ein bisschen im Kopf. Keine richtige Depression, das würd' ich nicht sagen. Und Gudrun hat das im Griff. Sie sagt, es passiert ab und zu mal. Dann bleibt Ruth ein paar Tage im Bett, und Gudrun bringt ihr was zu essen. Und sie musste ihr ihre alten Tagebücher von Gott weiß wann vom Dachboden holen. Also, es gibt keinen Grund, sich zu sorgen. Und außerdem weicht Gudruns biestiger Kater ihr nicht von der Seite. Obwohl die beiden sich ja nicht ausstehen können, liegt er den ganzen Tag bei Ruth auf dem Bett. Sie beschwert sich, dass sie ihre Füße nicht bewegen kann, weil dieses Tonnengewicht darauf ruhe, und er hält ihr den Rücken zugedreht. Aber ich hab das Gefühl, sie brauchen einander. Ruf sie morgen mal an. Ich wette, dann ist sie wieder ganz die Alte." Ose streckte eine weiße Hand nach dem Weinglas aus. Sie trank ein Schlückchen und schnalzte genüsslich mit der Zunge. „Wirklich gut, dieser Wein. Hat Hajo den ausgesucht? Nee, echt Fritzi, hab mal keine Angst, euer Wellness-Urlaub auf der Beautyfarm wird schon nicht ins Wasser fallen. Die Mannschaft wird voll an Bord stehen, wenn du uns die Kinder schickst."

„Uns?", fragte Ane. „Planst du, Ostern auch auf Föhr zu verbringen?"

„Ah", Ose blitzte ihre Schwestern triumphierend an. „Ja, ich hab da so meine Pläne …"

Es wurde spät. Fritzi trug die Gläser in die Küche und stapelte die leeren Flaschen in den Korb, den sie zum Container fahren musste. Es hatte keine Eile. Hajo würde am Wochenende nicht zu Hause sein. Es tat weh, dass er diesen Ausweg gewählt hatte.

Und er hatte zur Abendbrotzeit angerufen. Wohl wissend, eines der Kinder würde antworten, und dass sie nicht in Ruhe miteinander sprechen könnten. Sie musste daran denken, was Ose kürzlich mal gesagt hatte. „Wir kommen aus einem zerrütteten Elternhaus! Helmut hat uns doch alle sein Leben lang manipuliert – mit seinen Krankheiten und eingebildeten Wehwehchen. Immer musste es ruhig sein. Ja nicht den Papa stören. Bitte keine Aufregung! Und Marianne schwänzelte um ihn rum und bediente ihn. Und wenn er mal was Eigenständiges unternehmen wollte, dann musste sie aufpassen! Und was machen wir? Guckt euch das doch an! Kerrin rennt ihrem Kerl nach Australien nach, kann nicht weit genug fortkommen. Kaum da, stellt sie fest, er ist doch nicht der Richtige! Aber Leo ist schon gelandet! Und wen haben Fritzi und ich uns ausgesucht: beides schwierige Typen! Vielleicht sollte man Männer, deren Namen auf ‚o' enden, meiden. Merk dir das, Ane!"

Nun, sie, Fritzi, würde alles tun, um ihren Kindern das Elternhaus zu erhalten. Dass Ose auch immer gleich so krass sein musste! Und diesen Ausflug zum Friedhof hatte sie auch einfach so über Fritzis Kopf hinweg entschieden. Gut, die Kinder würden es vielleicht wirklich ganz interessant finden, immerhin hatte es ja etwas mit Geschichte zu tun.

Sie scheuchte den Hund, der ihr hoffnungsvoll in die Küche gefolgt war, zur Haustür. Während er in den feuchten Blättern schnüffelte und endlich sein krummes Bein hob, sah Fritzi in den Himmel. Irgendwann am Abend war die tiefe Wolkendecke aufgerissen, und nun schien der Mond als weißliche Sichel.

„Neumond", sagte Ane. Sie war so leise herausgetreten, dass Fritzi sie nicht gehört hatte. Nun legte sie Fritzi einen Arm um die Schultern. Sie spürte Ose an ihrer anderen Seite.

Vielleicht würde doch alles gut.

STILLSTAND

Anfang März suchte uns der Winter noch einmal heim. Es schneite kräftig und anhaltend. Gudrun holte stöhnend unsere Schneeschaufel hervor und schob einen Weg zur Pforte frei. Auf den Dächern und den Bäumen lagen dicke Schneekappen. Frau Siegesdorf berichtete strahlend, dass der Wald ein richtiger Winterwald sei, und stapfte freudig los. Kinder holten ihre Schlitten hervor und zogen mit feurig roten Wangen zum Rodeln. Der verschneite Strand lag da wie eine glitzernde Traumlandschaft unter einem hohen, klarblauen Himmel. Unterhalb der Promenade formten sich Schneewehen, in die die Kinder juchzend reinsprangen.

Ose war nach Hamburg zurückgekehrt – mit dem Zug, was uns beruhigte, denn die Straßenverhältnisse in Schleswig-Holstein luden nicht zum Autofahren ein.

Willa benutzte die Zeit, die Ose auf dem Festland verweilte, um die Lüttköks aufzuspüren. Es erwies sich als schwieriger, als sie angenommen hatte. Im Telefonbuch standen die Schwestern nicht (später erfuhren wir, dass sie kein Telefon besaßen). Fräulein Söhnlein, die Willa zu Rate zog, fand ziemlich schnell heraus, dass die Lüttköks immer noch in Boldixum wohnten, konnte aber ausnahmsweise nichts Genaueres mitteilen. Sie gab Willa den Rat, ihren Postboten zu befragen. Der, ein ehemaliger Schüler Willas, erklärte sich bereit, einen Kollegen zu fragen, der in Boldixum die Runde machte – „obwohl es ja eigentlich gegen das Postgeheimnis verstößt". So fand sie heraus, dass die Schwestern immer noch in der Buurn- straat wohnten. Die Hausnummer hatte der Kollege aller- dings nicht herausrücken wollen. „Kein Problem", meinte Willa, „sie wohnten zwei Häuser weiter von Opas Haus."

„Drei", sagte ich.

Willa ignorierte mich. Sie zählte an den Fingern weiter.

„Opas Haus war Nummer 14. Das macht Lüttköks Nummer 16."

„18", korrigierte ich sie. „Und weißt du, ob die Num- mern an der Marsch anfingen oder am Dorfende? Und warum willst du eigentlich ihre Hausnummer herausfin- den? Willst du ihnen eine Postkarte schicken?" Ich musste über meinen eigenen Scherz lachen. Willa sah verärgert aus.

„Sei nicht albern", sagte sie. ‚Alten Freundinnen', wie sie Emmi und Carla auf einmal bezeichnete, bräuchte sie keine Postkarte zu schicken, um Kontakt aufzunehmen. Stattdessen würde sie sich mit den Nachbarn rechts und links vom Haus unseres Opas in Verbindung setzen.

„Ich werde einfach bitten, dass sie nebenan bei den Lüttköks anklopfen und ihnen ausrichten, sie möchten doch mal bei mir anrufen. Ihnen deine Telefonnummer zu geben, hätte ja wenig Sinn."

„Ich habe sie aber doch erst gesehen", protestierte ich.

Willa winkte ab. Mir ging auf, dass es sie ärgerte, dass nicht sie es gewesen war, die die Schwestern getroffen hatte. Nun musste sie dafür beweisen, dass sie sie finden konnte. Es dauerte ein paar Tage – aber schließlich ge- lang es Willa, zumindest einen Schritt weiterzukommen. Den Besitzer von Opas ehemaligem Haus anzurufen, lohne sich nicht, sagte Willa, er sei ein Hamburger, der das Haus als Feriendomizil benutzte. Natürlich waren die Nachbarn von unseren Großeltern, die wir als Kinder gekannt hatten, längst verstorben, aber überraschenderweise wusste unsere Cousine Bertha hier auszuhelfen. Es schien, dass das Heimweh nach den alten Zeiten, als sie ein regelmäßiger Besucher Omas und Opas in Boldixum gewesen war, sie auch jetzt noch oft in die Buurnstraat führte, wenn sie ihre Besuche auf Föhr machte. So konnte sie Willa berichten, dass eine Familie Jürgensen das Haus direkt neben Opas gekauft hatte. Willa, der Schüchternheit unbekannt war, telefonierte mit der Boldixumer Bäckerfamilie, deren Eltern sie noch vom Tennisklub her gut kannte. Diese lieferten ihr die Vornamen der Buurnstraat-Jürgensens, denn Jürgensens gab es anscheinend eine ganze Menge in Boldixum. Willa fand den Namen im Telefonbuch und scheute sich nicht, sofort dort anzurufen. Es ergab sich aber, dass die Familie Jürgensen ausgerechnet den Monat März gewählt hatte, um nach Mallorca zu fliegen. Ein Jugendlicher, den die Familie im Glauben zurückgelassen hatte, dass man sich seines regelmäßigen Schulbesuches sicher sein könnte, meldete sich verschlafen und ungeneigt, um elf Uhr morgens Nachbarschaftsforschungen zu betreiben. Immerhin kannte er den Namen seines nächsten Nachbarn. Der, stellte sich heraus, war ein Amerikaner, Nachfolger einer alten Föhrer Familie, aber im Deutschen noch nicht sicher. Willa schaffte es nicht, ihm ihr Anliegen verständlich zu machen. Und das, obwohl sie des Englischen einigermaßen mächtig ist. Als sie den Namen der Gesuchten ins Englische übersetzte und ihm mitteilte, dass sie die *little kitchens* suche, meinte er, sie rufe im Auftrag der Firma an, die seine Küche renovieren sollte. Willa gab es auf. Es blieb ihr nun nichts anderes übrig, als sich auf ihr Mobil zu schwingen und eigenhändig in Richtung Boldixum zu steuern.

Triumphierend stieg sie gegen Abend die Treppe zu meinen Zimmern empor. Ich hatte sie schon gehört, sie hob immer ihre Stimme, wenn sie Frau Heinke einen Gruß zurief. Als ob Frau Heinkes Genesungsstatus Taubheit voraussetzte.

„Du wirst nicht glauben, was ich herausgefunden habe!", schmetterte sie.

Sie stand an der Tür zu meiner kleinen Küche, wo ich gerade angefangen hatte, ein schmackhaftes Abendbrot zu richten. Herbert strich ihr schmusend um die Beine, beide ignorierten die kleine Pfütze von Schmelzwasser, die sich um Willas Stiefel bildete. Ungnädig bot ich ihr an, meine Mahlzeit zu teilen.

„Was hast du?", fragte Willa und spähte in meine Wurstdose und unter die Käsehaube. Was sie sah, schien sie nicht zu verschmähen, denn sie bot an, das Brot für uns zu schneiden. Ich nahm das Töpfchen Heringshappen in Sahnesoße aus dem Kühlschrank, das Gudrun mir am Morgen besorgt hatte. Dann tat ich zwei weitere Löffel Teekraut in die Kanne. Willa und ich lieben unseren Tee schwarz und stark, jedenfalls darin sind wir uns einig. Zum Abendbrot trinken wir beide nur Onno Behrends ‚Echte Friesenmischung'. Die ausgefalleneren Sorten, die man heutzutage in den Teegeschäften findet, trinken wir tagsüber. Ich trug das Tablett in die Veranda und sah Willas Umhang. In ihrer Aufregung hatte sie ihn über den Treppenpfosten gestülpt. Ihr Hut krönte das Stillleben. Geduldig in sich zusammengesunken erwartete er seinen nächsten Einsatz. Feuchtigkeit haftete in dunklen Flecken an seinem abgewetzten Filz.

„Schneit es schon wieder?"

„Es hat gerade angefangen." Willa sprach ins Fell des Katers, der sich schnurrend in ihren Armen rekelte. „Aber der Nachmittag war schön."

„Häng deinen Umhang lieber an den Ofen. Sonst hast du morgen eine Erkältung."

Ich sah auf meinen gedeckten Tisch. Es war genug von allem da.

Willa und ich halten nichts von diesem neuen Trend, alles mager und fettarm zu kaufen. Gudrun versucht es unten mit den alleinstehenden Damen. Willa hat mir erzählt, dass eine Weile ‚Du darfst' auf den Tischen stand! Diätmargarine. Und fettarme Mettwurst und Leberwurst ‚Extra Lite'. Fräulein Mönkelmann setzte dem ein Ende, indem sie ganz einfach Butter, Oevenummer Mettwurst (Vollfett) und Leberpastete mit einer Haube von Gänseschmalz kaufte und allen anbot. Wir rechneten ihr diese Initiative hoch an – sehr überraschend für eine so kleine, ruhige Person. Frau Heinke dagegen hätte nie gewagt zu rebellieren, und Frau Siegesdorf, die, wenn sie an den Mahlzeiten im Haus teilnahm, diese nur mit einem Buch vor der Nase einnahm, hätte nie gemerkt, was sie da aß. Willa und ich meinten, das sei ein Überbleibsel aus ihrem Internatsleben, man hörte ja, was in Heimen so angeboten wurde. Willa hat mir Geschichten erzählt aus der Zeit, da sie selbst in einem Heim arbeitete.

Willa und ich schmausten also eine Weile zufrieden, und dabei berichtete sie mir von ihren Nachforschungen.

„Ich bin also einfach die Buurnstraat auf- und abgefahren."

97

„Ging das denn im Schnee?"

„Es ist doch überall gestreut. Also, ich habe angeklopft, Haus nach Haus, und nach den Lüttkökschwestern gefragt. Obwohl beide Schwestern so lange in ein und demselben Haus wohnen, konnte sich doch fast keiner an sie erinnern. Schließlich traf ich dann Margot Buhl – du erinnerst dich doch an Momme Buhls Schwägerin, die, die den Hinrich geheiratet hatte? So eine kleine Blonde, pummelig ist sie immer noch – na, sie kam eben gerade vom Einkaufen nach Hause. Sie zeigte mir dann das Haus. Da fiel's mir auch wie Schuppen von den Augen! Natürlich, als wir Kinder waren, hatten sie immer den Misthaufen vorm Haus, und jetzt steht da so ein hoher Zaun. Margot sagte, sie hätten den ehemaligen Stall in eine Garage umgebaut, wo sie ihren alten VW unterstellen. Nicht, dass man was sehen kann. Alles ist mit Efeu überwachsen. Und die Linde vorm Haus? Du erinnerst dich an die Linde?"

Ich nickte. Wir waren auf die Linde geklettert, vor vielen Jahren. In dem Blätterwerk konnte man unbeobachtet sitzen.

„Die ist auch weg! Der Zaun zieht sich über die ganze Vorderfront, und dahinter ist sogar noch eine dicke Hecke. Jasmin, sagt Margot. Und den lassen sie wild auswachsen, ganz unordentlich sieht das aus, meint Margot."

Ich strich mir nachdenklich ein Schwarzbrot und belegte es mit Scheiben von dem Bärlauchkäse, den Gudrun mir beim Bauern besorgte.

„Klingt ja beinah wie bei Dornröschen", sagte ich und stellte mir den Duft der Jasminblüten im Sommer vor.

„Wie?" Willa beäugte den Käse. Als ich ihn auf den Käseteller zurücklegte, griff sie schnell danach. „Ach so.

Du meinst Emmis und Carlas Haus. Versteckt. Ja, das stimmt." Ein Eckchen Käse war noch übrig, als Willa mit Schneiden fertig war. Sie betrachtete es und schob es in ihren Mund. „Margot meinte, sie hätte sie schon eine ganze Weile nicht gesehen. Sie kam dann mit mir, und denk bloß, das Gartentor war verschlossen!"

Willa unterstrich diese Botschaft, indem sie mit ihrem Messer hart auf den Tisch klopfte. Herbert schrak auf und versuchte einen eleganten Sprung von seinem Kissen an Willas Seite auf den Korbstuhl, in dem Ose so gern saß. Leider unterschätzte er seine Geschmeidigkeit. Er verfehlte den Stuhl um mehrere Zentimeter und plumpste heftig auf den Boden. Mit einem beleidigten Jaulen verzog er sich unter den Tisch.

Ich musste Willa recht geben, eine verschlossene Gartenpforte in Boldixum war eher ungewöhnlich.

„Vielleicht sind sie auch auf Ibiza?", bot ich an.

„Mallorca", korrigierte Willa. „Nein, verreist sind die nicht. Margot meint, die verreisen nie. Wie könnten sie sich das auch erlauben mit der kleinen Rente?"

Willa musste mir auf den Rücken klopfen.

„Woher weißt du das, dass sie eine *kleine* Rente haben?", prustete ich.

„Fräulein Söhnlein", sagte Willa stoisch. „Die Frage ist: Wo sind sie?"

„Was, du meinst, das hast du nicht herausgefunden?", Ich gebe zu, ich klang sarkastisch. „Vielleicht liegen sie mit zerschnittenen Kehlen im Haus?"

Willa schielte zu meinem Nachttisch, wo ein Haufen von Krimis lag. Ich las gerade Agatha Christie. Frau Siegesdorf brachte mir die Bücher von der Leihbücherei mit.

„Also, ich denke mal, man scherzt nicht über so was", murrte Willa. Sie zögerte und langte dann doch nach einer Scheibe Vierkornbrot.

„Warum hast du nicht beim Bäcker gefragt? Sicher kriegen sie doch Brötchen geliefert."

„Wirklich – man kann doch nicht erwarten, dass die Bäckersleute Auskunft über ihre Kunden geben."

Manchmal war Willa so unlogisch, dass einem gar nichts einfiel, was man erwidern könnte.

„Außerdem sind die Lüttköks immer schon so eine verschrobene Familie gewesen. Wahrscheinlich backen die noch ihr eigenes Brot." Sie schob sich den Rest Vierkornbrot mit den letzten Heringshäppchen in den Mund. „Nein, nein. Da war keiner zu Hause. Da hat auch niemand Schnee geschoben, und Spuren konnte man auch keine sehen. So von der Hintertür zur Wäscheleine oder zum Vogelhaus. Margot und ich haben vom Nachbarn aus hinten bei ihnen reingeguckt. Da ist die Hecke jetzt im Winter kahl. Was? Guck mich nicht so an – es hätte immerhin ein Notfall sein können. Du hast ja selber gesagt, sie könnten ermordet irgendwo rumliegen. Also Ruth, deine Hirngespinste!"

Ich gab auf.

Stattdessen erhob ich mich schwerfällig. Ich hatte den Ofen zu spät angestellt, hatte mich von der Märzsonne täuschen lassen, und nun fühlten meine Gelenke sich an, als wären sie eingeklemmt. Ich setzte noch einmal Wasser auf und brühte einen frischen Topf Tee. Auf dem Hof unten ging das Licht an. Gudrun trat heraus und schleppte einen Beutel Müll zu den Abfalleimern.

„Ich weiß gar nicht, was du auf einmal mit den Lüttköks hast. Du kennst sie doch fast gar nicht. Ich würde es aufdringlich finden, wenn mir jemand so nachspürt", sagte ich, als ich wieder in die Veranda kam. Willa hatte meine Brille aufgesetzt und las den Brief von Marianne, der am Morgen eingetroffen war. Jetzt sah sie mich über die Brillengläser hinweg an.

„Du würdest so denken, ja", nickte sie. „Dabei hast du vergessen, dass ich im Lazarett gearbeitet habe. Damals im Pflichtjahr. Und dass Emmi und Carla zur gleichen Zeit da waren."

Es stimmte, ich hatte es vergessen. Aber Emmi und Carla hatten in der Küche gearbeitet, Willa auf der Station. Durch die Arbeit mit diesen armen, körperlich geschwächten Menschen war Willa ja überhaupt darauf gekommen, sich zur Sportlehrerin ausbilden zu lassen.

„Wenn sie dich in die Küche gesteckt hätten, hätten sie schnell gemerkt, wie unnütz du bist."

„Wie?" Willa sah mich misstrauisch an. Ich merkte, dass ich laut gedacht hatte.

„Was du manchmal redest, Ruth. Jedenfalls hat Margot mir hoch und heilig versprochen, die Augen aufzuhalten. Und sowie die beiden gesichtet werden, wird sie mich anrufen", schloss Willa das Gespräch über die Lüttköks ab.

Sie brach einen Brocken vom Baguette und stippte die Sahnesoße aus dem Heringstöpfchen. Dann stellte sie den leeren Topf auf den Boden, wo Herbert sofort seine kleine rosa Zunge in Bewegung setzte, um die Reste aufzuschlecken. Natürlich sollte man Tiere nicht am Tisch füttern und schon gar nicht aus Behältern, die für menschliche Ernährung gedacht waren. Aber sollte mal einer versuchen, Willa das zu erklären. Ich rümpfte deutlich die Nase.

Am dunklen Himmel blinkten die Lichter eines Flugzeuges, das so spät noch über unsere Insel flog. Ein leises

Brummen drang zu uns hinein. Ich überlegte, ob die Leute, die dort irgendwohin flogen, uns wohl sehen konnten. Zwei ältere Damen in einem Lichterviereck.

„Hast du von Ose gehört?", fragte ich, Tee nachschenkend. Und jetzt, weil wir fertig gegessen hatten und Willa noch den kalten Heimweg vor sich hatte, gab ich einen großzügigen Schuss Rum in unsere Tassen.

„Ja, sie kommt morgen wieder."

Willa ließ drei Stückchen Kandis in ihren Tee plumpsen.

„Morgen?"

Ich war überrascht. Wir hatten beide angenommen, Oses Urlaub sei vorbei. Ich griff nach dem Kandis.

„Ja, Fritzi rief an. Sie hatte es bei dir versucht. Aber du nimmst ja nicht ab."

Das Telefon hatte geläutet, grad als ich auf dem Boden ein paar Wäschestücke aufhängte. Als ich es endlich hörte und hinlief, hatte das Klingeln aufgehört.

„In der Galerie ist wohl nicht so viel los. Und Doro schafft das allein."

„Doro?"

„Ja, du weißt doch, Kunos Schwester. Die, die schon ewig da arbeitet. – Wo Kuno wohl ist? Fritzi wusste es auch nicht. Vielleicht ist er ins Ausland gefahren? Neue Künstler aufzunehmen oder so."

Es tat mir leid, Fritzi verpasst zu haben. Es war am Nachmittag, und die Kinder wären zu Hause gewesen. Es war erfrischend, ihre hellen Stimmen zu hören.

„Ose war das ganze Wochenende bei Fritzi. Sie haben mit den Kindern den Friedhof besucht – diesen großen da bei Altona. Und heute übernachtet sie bei Helmut und Marianne in Bordelum."

Das erstaunte mich allerdings. Ich sah Willa fragend an. Aber ausnahmsweise wusste Willa darüber auch nicht zu spekulieren.

„Helmut hat mich nach Dagebüll gefahren", sagte Ose zwei Tage später.

Sie stand in meiner kleinen Küche und mahlte Körner zu Mehl. Die Körnermühle hatte sie mit dem Fahrrad hierher transportiert. „Es schmeckt wirklich so viel besser, wenn man das Mehl selbst mahlt. Kuno und ich ... also, ich mache es immer so."

Wir waren dabei, einen Osterzopf zu backen. Ose hatte das Rezept bei Marianne in Bordelum abgeschrieben und wollte es unbedingt einmal ausprobieren.

„Brauchst du nicht zu arbeiten?" Es fuhr mir so heraus.

„Nein, Kuno ist verreist, und Doro schafft das allein. Sie hat Kuno ja auch vorher vertreten, wenn er mal weg war. Marianne hat mir übrigens die Körnermühle empfohlen, das würde man doch nicht denken, oder?"

Marianne war für ihre Sparsamkeit bekannt. „Für Helmut und mich genügt das schon", war einer ihrer liebsten Aussprüche.

„Wie geht es deinen Eltern?", fragte ich.

„Oh, wie immer halt. Helmut geht weiterhin morgens ins Geschäft – für ein paar Stunden. Ich weiß nicht genau, was er dort macht. Eigentlich ist Vetter Lorenz jetzt ja der Chef. Aber Helmut meint, die alten Kunden verhandeln lieber mit ihm. Und ich glaub, Marianne ist froh, wenn er ihr aus dem Weg ist."

Als Marianne und Helmut aufs Festland zogen, damals, als Vater starb, war Helmut in die Firma seines Schwiegervaters eingetreten. Anstatt in einer Werkstatt arbeitete er im Ausstellungsraum, verkaufte Traktoren und Mähmaschinen. Lange Zeit rührte er gar kein Werkzeug mehr an. Wenn am Haus etwas repariert werden musste, bestellte Marianne im Dorf einen Handwerker. Erst als Finn geboren wurde, öffnete er zum ersten Mal die schwere Holzkiste, in der er immer sein Werkzeug herumgetragen hatte. Und im letzten Brief berichtete Marianne, dass er beinah fertig sei mit dem Umbau eines alten Schuppens in eine kleine Werkstatt – für ihn und Finn.

Natürlich war es traurig, Vaters Werkstatt ruhig und verlassen liegen zu sehen, als Helmut die Tischlerei aufgab. In den siebziger Jahren war das. Der Boden, auf dem sich die Späne gezwirbelt hatten, war sauber gefegt. Die Kreissäge stand gleich am Eingang zur Werkstatt, auf deren Blatt der Staub sich sammelte. Die Werkzeuge, die säuberlich aufgereiht über den Hobelbänken hingen, warteten vergeblich auf Arbeit. Helmut hatte einfach nicht mehr das Herz zum Tischlern. Es dauerte mehrere Monate, bis alles abmontiert und aussortiert, verkauft und abgeholt worden war. In der Zeit ging ich beinah täglich in die Werkstatt. Der Geruch nach Leim und Sägemehl hing in der Luft. Ich strich über die Werkbänke, die von so viel Hobeln, Hämmern und Schmirgeln glatt und blank geschliffen waren. Wenn ich Vaters Werkzeug in die Hand nahm, hörte ich wieder seine Stimme, die einen neuen Lehrling unterwies. Manchmal spürte ich seinen Schatten, grad hinter mir, oder hörte seine Fußtritte auf den Holzbohlen. Summend hakte er einen Fensterladen auf, und ich spürte die leise Brise an meiner Wange. Manchmal fand ich am Morgen frische Späne auf dem Fußboden, den ich den Tag zuvor gekehrt hatte. An der Wand nahe der Tür hingen die blauen Schürzen. In Vaters steckte noch ein daumengroßes Stück von dem dicken Bleistift, den er benutzte, um Linien zu markieren oder seine kryptischen Symbole auf einem Stück Holz zu notieren. Willa reagierte praktischer auf Vaters Tod. Sie hieß Helmut Pläne zeichnen und ließ Vaters Werkstatt in eine Wohnung umbauen. Als die Tore herausgerissen wurden, die Vater erlaubt hatten, größere Möbelstücke zu laden, und die Winde abmontiert wurde, mit der sie das Holz auf den Boden befördert hatten, hörte ich auf, Willa zu besuchen. Sie und Mutter kamen zu mir zum Kaffeetrinken.

Jetzt vermietet Willa das Hinterhaus, das Vaters Werkstatt gewesen war, an Frau Pols. Eine ruhige, praktische Frau, deren Tochter auch schon verheiratet war. Sie war nicht jemand, der sich von Geistern stören ließ.

Ose fing an, das gemahlene Mehl abzuwiegen. Ich schnitt Sukkade in kleine Stückchen.

„Es war eigentlich ganz nett", sagte Ose nachdenklich. „Als Helmut das Fußballspiel gucken wollte, habe ich mit Marianne in der Küche gesessen. Wir haben für Ostern gebastelt!" Ose klang erstaunt. „Sie hat im Dorf so ganz kleine Daunenfedern gesammelt und damit süße Osterküken gebastelt. Sie will sie an die Kinder schicken!"

„Marianne war immer geschickt im Basteln. Wahrscheinlich hast du von ihr dein Interesse an der Kunst geerbt."

Ose las die Anweisungen auf dem Hefepäckchen. „Lauwarmes Wasser …", murmelte sie und stöberte im Schrank nach einem Messbecher. Ihre Stimme klang hohl.

„Ja, und dann hat Helmut darauf bestanden, mich nach Dagebüll zur Fähre zu fahren. Er meinte, mit der schweren Körnermühle könnte ich nicht in den Zug. Und in Dagebüll hat er mir Mittagessen spendiert! Scholle im Bahnhofshotel! Gut, jetzt kannst du den Ingwer auch so schnippeln."

Ich saß am Küchentisch, während Ose um mich rumwirbelte, die Hefe zum Gären auf die Heizung stellte, Zucker und Rosinen ausmaß und Mandeln einweichte. Ein Duft von geschmolzenem Butterschmalz breitete sich um uns aus.

„Ose", sagte ich vorsichtig. „Hast du mal überlegt, dass du es deinen Eltern vorhältst, dass sie damals von der Insel fortgezogen sind? Ich meine …" Ich wollte sagen, dass sie alle vier im Herzen Inselkinder waren. Auch wusste ich, dass sie damals angefangen hatten, ihre Eltern beim Vornamen zu nennen.

„Natürlich!", unterbrach Ose mich. „Wir gehörten hierher. Sie hätten nie versuchen sollen, uns zu verpflanzen. Du hättest mal sehen sollen, wie die Dorfkinder auf dem Festland uns angeguckt haben! Als ob wir uns für was Besseres hielten. Es war grässlich! Für Fritzi und Kerrin war es ja nicht so schlimm. Die hatten schon ihre Ausbildungen angefangen – in Hamburg und Kiel. Aber für Ane und mich war es die Hölle. Wie steckt man dieses Ding hier rein?" Sie hatte sich die Küchenmaschine von Gudrun ausgeliehen und fummelte an dem Knethaken. Er machte es sich schwer, sich in sein Gehäuse einzufügen. „Ah – so geht das." Es klickte, und der Haken hing gerade und startbereit. Ose klickte die Küchenmaschine probeweise an und beobachtete die rhythmischen Drehungen. „Nein, Ruth. Ane und ich mussten einfach zurückkommen."

Noch bevor die Sommerferien vorbei waren, in denen Marianne und Helmut ihre Möbel und Kinder nach Bordelum verfrachtet hatten, kamen Ane und Ose zurück. Sie lebten bei Willa, gingen von dort aus jeden Morgen in die Schule und fuhren am Wochenende nur widerwillig zu ihren Eltern. Bald unterließen sie auch das.

„Deshalb habe ich mich ja auch entschlossen, wieder nach Föhr zu ziehen."

„Was?" Die Zitrone, deren Schale ich gerade auf einer Reibe abrieb, flutschte mir aus der Hand. Meine Fingerkuppe schabte gegen die Reibe, und die Haut riss auf.

„Ja, Ruth, ich zieh wieder auf die Insel!"

Ich steckte den Finger in den Mund und saugte das Blut.

Willa behauptete später, sie hätte es längst geahnt. Dass Kuno Ose verlassen hatte. Aber das sagte sie natürlich nur, weil ich es als Erste erfahren hatte.

„Aber Kind, was willst du hier machen?", fragte ich, als ich mich wieder gefasst hatte. Die Zitrone hatte nicht weiter gelitten, nur ein paar von Herberts Haaren klebten an ihrer aufgerauten Haut. „Und was ist mit eurer Galerie?"

„Ich habe schon Pläne …", sagte Ose geheimnisvoll. Aber was diese Pläne waren, erfuhr ich erst später und durch Willa. Und das war ja auch gut so, denn so hatte Willa auch etwas, was Ose ihr als Erste erzählt hatte. „Und die Galerie wird schon überleben."

Während Ose anfing, die Zutaten zu vermischen, erzählte sie mir, was an dem Freitagabend am Rande Hamburgs passiert war, dem Abend, der ihren Besuch auf der Insel ausgelöst hatte.

Die Galerie hatte etwas länger geöffnet. Ose hatte die Idee gehabt, einmal im Monat die Geschäftsstunden zu verlängern. Sie wollte Leuten aus den umliegenden Büros und Menschen, die am Ende ihres Arbeitstages mit der S-Bahn aus der Innenstadt kamen, die Gelegenheit geben, die Galerie zu besuchen. Inzwischen kamen auch unerwartete Kunden. Rentner, die ihre Hunde draußen anbanden, und Hausfrauen, die ihren Familien für ein Stündchen entflohen. Doro und Ose boten den Leuten, die, von den erleuchteten Fenstern angezogen, in die Galerie kamen, Wein und Käse an.

Die Ausstellung, leuchtend bunte Bilder eines jungen Künstlers mit Hang zum Abstrakten, wurde höflich bewundert, aber die Glasgehänge und zarten Gewinde einer Künstlerin, die Ose auf einem Besuch in Worpswede mit Fritzi getroffen hatte, wurden rege gekauft. Auch die Grußkarten mit Worpsweder Landschaftsmotiven liefen gut. Ose freute sich. Der Künstler war einer von Kunos Funden, sie hatten schon eines seiner großflächigen Gemälde verkauft und eine Bestellung für ein anderes angenommen (die Kundin wollte noch ein Muster ihres Sofabezuges bringen, worauf das Bild farblich abgestimmt werden sollte). Aber das Geld in der Kasse kam von ihrem Geschäftssinn, und sie wusste, das Doro ihr heimlich zustimmte, obwohl sie nie Kunos Entscheidungen bemängelte.

Ose verpackte ein Windspiel und hörte mit halbem Ohr der Kundin zu, die ihr erzählte, wohin sie es hängen wollte.

„Vor meinem Südfenster, wo es die Sonne fängt. Da lasse ich das Fenster meist einen Spalt auf, wegen meines Wellensittichs, wissen Sie, der hat gern das Gefühl, dass er in der freien Natur lebt. Also gibt es einen kleinen Windzug … ach, das haben Sie aber hübsch verpackt! Vielleicht sollte ich es verschenken? Nein, Sie haben recht" – Ose hatte gar nichts gesagt – „man muss sich auch selber etwas Gutes tun, nicht? Aber wenn ich ein Geschenk brauche, werde ich ganz bestimmt in Ihr Geschäft zurückkommen!"

Die ältere Dame erinnerte Ose an Willa. Etwas behäbig, aber schick und modisch gekleidet in gutgeschnittenen Hosen, einem wetterfesten Mantel mit locker geknotetem Tuch und einem Hut, den sie flott über ihre kurzen grauen Haare gezogen hatte.

Sie sah Kuno, als sie die Dame, die sich wie Willa auf einen Stock stützte, zur Tür begleitete. Er lehnte an einem der Ausstellungskästen, in denen sie den neuen japanischen Schmuck ausgelegt hatten. Mit gekreuzten Armen und gerunzelter Stirn beobachtete er eine Gruppe von Leuten, die sich mit Weingläsern vor einem Bild gruppiert hatten. Dieses zeigte eine Mischung von blauen und rosa Tönen, die vielleicht von einem Sonnenuntergang inspiriert waren, aber auch ausgezeichnet in ein Ikea-Wohnzimmer passen würden. Man sah der Haltung der Leute an, dass sie längst von einer Diskussion der Leinwand abgewichen waren und nun über heimische Themen klönten. Ose fragte sich, wie lange Kuno schon da war. Ein kurzer Blick zu seinem Schreibtisch verriet ihr: lange genug, um seinen PC anzustellen. Kuno hielt nichts von separaten Büros, er wollte darstellen, dass Kunst und Arbeit voneinander profitieren. Er hatte drei moderne Schreibtische im Ausstellungsraum verteilt und duldete ausschließlich die PCs auf den Schreibplatten. Er hasste die Stückchen Papier und angekauten Kugelschreiber, die Ose zwanghaft hortete. Er achtete darauf, dass Ose und Doro ihre Schreibtische wie blankgefegt hielten. Ose sah, dass er sich in Italien seine Haare hatte schneiden lassen. Einer dieser raffinierten Schnitte, die aussahen, als wäre man gerade auf einer Sturmbö hereingeblasen worden. Wenn man ganz genau hinsah, erkannte man auch die blonden Strähnchen, die einen längeren Aufenthalt in sonnenbleichenden Ländern vermuten ließen. Kuno war drei Tage fort gewesen.

„Deine Krawatte hängt schief", murmelte Ose, wie zufällig an Kuno vorbeischwebend. Kuno hielt in der Galerie auf Distanz. Freudige Überraschung zu bekunden – gar eine stürmische Umarmung –, war nicht angebracht. Er reagierte auch nicht, stützte nur sein Kinn in die Hand. Jeden Moment würde er zu der Gruppe treten und sie kühl fragen, ob sie an einem Kauf interessiert seien.

Doro, die jede Bewegung ihres Bruders vorausahnte, hastete ihm zuvor. Charmant, aber bestimmt lenkte sie das Gespräch auf den Künstler. Sie führte das Grüppchen, deren Kleidung auf Büroleute hinwies, an den Wänden entlang, interpretierte die Stimmungen der einzelnen Bilder, machte Vorschläge, wo sie gut zur Geltung kommen würden (schloss private Räume aus, sprach von Foyers, Chefetagen – zielsicher konzentrierte sie sich auf den Einzigen der Gruppe, der „höhere Position" ausstrahlte), suggerierte den Wunsch zu kaufen, wo vorher nur lahmes Interesse geherrscht hatte. Kurz vor Geschäftsschluss hatte sie ein Bild verkauft.

„Meine Anerkennung, Katze." Kuno tauchte plötzlich an Oses Seite auf. Sie hasste seine lautlosen Bewegungen. „Ein treffsicheres Team. Du schwänzelst um die Luftgucker rum und kippst ihnen den kostenlosen Wein eimerweise in die Gläser. Als wären sie bei der Heilsarmee zur Visite. Dann, wenn sie sich mollig und wohl bewahrt wissen, schlägt Doro zu. *The hard sell* nennen die Engländer das." Natürlich wusste Kuno so was. „Sie lässt nicht los, bis die Kreditkarte durchgeflutscht ist. Indessen bist du die Unschuld selbst – verkaufst einer alten Schachtel deine Firlefänzchen." Verächtlich tippte er mit dem Zeigefinger an einen der Glaskristalle, die Ose an einem Zweig aufgehängt hatte.

Ose fiel auf, wie sonor Kunos Stimme klang. Überrascht stellte sie fest, dass sie kein bisschen Freude an seiner Rückkehr spürte. Sie fühlte eigentlich gar nichts.

„Schicker Anzug", bemerkte sie kühl und fragte: „Aus München?" Obwohl jede Faser nach Italien roch. Sie wusste, Kuno würde sich ärgern. Sie sammelte schnell einen Stapel eingegangener Rechnungen auf und schritt bewusst langsam, anscheinend vertieft in das oberste Blatt, zu ihrem Schreibtisch. Für eine halbe Stunde arbeitete sie an ihrem Computer, obwohl der Papierkram kaum dringend war und gut bis Montag hätte warten können. Sie hörte, wie Doro abschloss und dann leise mit Kuno sprach.

Sie würde ihm den Bericht der letzten Tage geben. Verkäufe, Anfragen, den Stand der Verhandlungen mit Künstlern, die sie für Vernissagen gewinnen wollten, und anderen, die demütig um Platz an den Wänden baten.

Ose schrieb noch schnell eine Mail an eine Freundin, der sie keine Mail schuldete, dann schloss sie ihren PC mit einem kleinen Knall und streckte sich, laut gähnend.

„Also, ich mach Schluss, ihr beiden!", rief sie laut in ihr Gespräch. „Ich dachte, wir gehen heute Abend essen. Natürlich, wenn du müde bist …" Sie ließ die Worte in der Luft schweben. Einladend.

Früher, wenn Kuno von Geschäftsreisen zurückkam, war ihnen das Essen nicht wichtig gewesen. Ose hielt immer ein kleines Picknick bereit, Leckereien, die sie auf dem Markt holte – eingelegte Oliven, Räucherlachs, Schafskäse, türkisches Brot, dazu eisgekühlten Sekt. Später wurden sie auf Kunos breitem Bett verzehrt.

Ose wickelte sich in ihren Schal und schlüpfte in ihren Mantel. Sie wühlte in ihrem Beutel nach den Haustürschlüsseln. Endlich sah sie auf. Kuno hatte immer noch nicht geantwortet. Er lehnte an Doros Schreibtisch und sah sie merkwürdig an.

„Abschätzend", erklärte Ose mir seinen Blick. „Und in dem Moment, *in dem Moment* – da hab ich gewusst, Ruth, etwas stimmt nicht."

Sie war sich nicht sicher, was. Aber es war in der Art, wie Doro sich auf einmal über einen Katalog beugte. In der Stille des Raumes. Als ob sogar die Telefone ihr plötzliches Schrillen fürchteten, die Bilder ihre Augen abwandten.

„Kuno?", sagte Ose. Und ihre Stimme klang auf einmal klein, wie die eines ängstlichen Kindes.

Er warf seine Autoschlüssel klirrend auf die Glasplatte. Doro zuckte zusammen.

„Geh voraus, Ose. Es wird hier länger dauern."

Kuno nannte sie selten bei ihrem Namen. Er hatte sie Katze getauft, am ersten Abend, den sie bei ihm verbracht hatte. Manchmal nannte er sie Kitten, weil er sich gern international gab, oder Kat. Kunden stellte er sie nur als Frau Petersen vor. Ose bewahrte er für Zurechtweisungen auf.

Auf ihrem Gesicht spielte sich der Vorgang wieder ab. Ose stand nicht mehr in meiner kleinen Küche, sondern in der Galerie. Statt des Küchenbüfetts starrte sie Kuno an. Für eine Sekunde schlossen sich ihre Augen zu Schlitzen, gaben ihr tatsächlich etwas Katzenhaftes.

An dem Abend in der Galerie krampften sich ihre Finger fest um ihre Schlüssel. Ihr Lederbeutel lag auf ihrem Schreibtisch. Sie bemerkte, dass er unbedingt mit dem Ledermittel behandelt werden musste, das Kuno ihr immer aus Mailand mitbrachte. Sie griff ihren Beutel und wandte sich zur Tür. Langsam schritt sie an den Glaskästen vorbei, richtete hier einen Gegenstand, rieb da an einem unsichtbaren Flecken. Ihre Hand zitterte leicht, und sie betete, dass sie das Schnappschloss leicht und sicher drehen könnte. An der Tür hob sie eine Hand und kräuselte ihre Finger in einem Abschiedsgruß. Sie zwang sich, nicht zurückzusehen.

Als Ose so weit erzählt hatte, schüttelte sie sich ein wenig, als ob sie aus einer Trance aufwachte. Eine Bewegung in der Tür ließ uns beide aufschauen. Herbert saß dort. Er sah aus wie eine dieser ägyptischen Statuen – eine Sphinx oder etwas Ähnliches. Die Ohren aufgerichtet, die Vorderbeine steif, seine gestreiften Tatzen fest auf den Boden gestemmt. Er hatte sich aufgeplustert und sah streng und gewichtig aus. Seine grünen Augen fixierten uns.

„Manchmal macht er mir Angst. Als ob er nicht wirklich ein Kater wäre, sondern so ein mythologisches Ungeheuer", flüsterte Ose. Herbert hatte genug gesehen. Gelangweilt wandte er sich ab und schritt zurück auf die Veranda. Wahrscheinlich würde er sich auf die Fensterbank setzen, um sich über die Spaziergänger zu ärgern. Mit dem Frühlingsanfang trafen die ersten Gäste auf der Insel ein, und beinahe täglich hörte man die Planierraupen, die am Strand auf- und abfuhren, um die Sandverwehungen des Winters auszugleichen. Am Wassersaum mehrten sich die Fußabdrücke. Einzeln oder zu zweit wanderten sie den

Strand entlang. Kinder fingen an, Steinchen über das stille Wasser plätschern zu lassen. Ab und zu sah man das bunte Segel eines mutigen Windsurfers auf dem Wasser tanzen.

Ose goss die Hefe vorsichtig in die Kuhle, die sie ins Mehl gedrückt hatte, und schnippte die Küchenmaschine an. Der Knetstab drehte sich zäh in einer kleinen Staubwolke aus Mehl.

„Gudrun meint, ich soll den Teig gute zehn Minuten kneten lassen. Die Mandeln kannst du auch hacken." Sie setzte sich an den Tisch und stützte die Ellbogen auf. An ihrem Ärmel klebte ein bisschen Hefebrühe. Im Radio erklang der tiefe Bass des Priesters Sarastro, der zu Ehren von Mozarts 250. Geburtsjahr aus voller Brust verkündete, dass die Liebe den Menschen auf seine Pflichten beruft.

„Da hörst du es, Ruth. Mozart hat an Liebe geglaubt", sagte Ose und hörte ernst dem Gesang der ‚Zauberflöte' zu.

Kuno war spät nach Hause gekommen. Er hatte die Tür so vorsichtig aufgeschlossen, dass nur das leise Zuschnappen seine Ankunft verriet. Ose hatte den Ton am Fernseher abgestellt, und so hörte sie das leise Rascheln, das Mantelausziehen bedeutete, das metallische Klirren vom Bügel gegen die Garderobenstange. Die Stille bedeutete, dass er jetzt vor dem Spiegel stand und sich selbst begutachtete. Spürte sie wirklich seine Schritte als sanftes Vibrieren auf dem teuren Teppichboden? Er hielt zu früh inne, Ose stockte der Atem: ein winziger Luftzug – er hatte die Tür zum Gästezimmer geöffnet. Ein Rumoren – stellte er seinen Koffer im Gästezimmer ab?

Eine Minute, zwei – Ose sog Luft in ihre berstenden Lungen. Sie lugte vorsichtig in den Flur. Licht fiel aus dem

Zimmer, das sie selten benutzten. Ein leises Quietschen, Kuno drehte die Heizung im kalten Zimmer auf. Ose sank zurück in ihre Sofaecke.

„Ich dachte, du wärst längst im Bett!"

Die Augen auf den Fernseher gebannt, murmelte sie gähnend: „Ist es schon so spät?" Sie sah erstaunt auf ihre Uhr. „Ich hatte noch zu tun und hab bis jetzt gearbeitet. Ich guck noch ein bisschen fern, nur so zum Abschalten. Gehst du ins Bett?"

Der Ton war gut gelungen. Freundlich, uninteressiert, glaubhaft. Sie lockerte ihre Zehen unter der Wolldecke, und der Programmteil der Zeitung flatterte von ihrem Schoß auf den Boden. Sie ließ ihn dort ruhen, Kuno hasste Unordnung. Sie wünschte, sie hätte eine Zigarettenspitze, sie hätte die Asche auf den Boden fallen lassen können. Stattdessen zog sie ihre Decke wohlig an sich hoch.

„Was ist, Kuno? Du hast doch was zu sagen? Oder schläfst du im Gästezimmer, weil du Kopfschmerzen hast?" So cool. Zwei zu null.

„Katze …" Unschlüssig stand er an der Tür.

„Setz dich jedenfalls hin, wenn du mit mir reden willst!"

„Ose …"

„Und sag jetzt bloß nicht, ,es fällt mir schwer, dies zu sagen'." War da wirklich ein verräterisches Keifen in ihrer Stimme?

„Nein, es fällt mir gar nicht schwer. Ich habe mir wohl überlegt, was ich dir jetzt sagen werde." Er hob warnend die Hand. „Hör bitte zu. Und vielleicht wäre es dir möglich, einen hysterischen Anfall zu unterbinden?"

Sie klappte ihren Mund so fest zu, dass ihre Zähne aufeinanderschlugen. Nun wusste sie, es hatte etwas mit der Arbeit zu tun. Immer wenn er an ihre Vernunft appellierte, hatte es mit einem Nachsehen ihrerseits zu tun. War es der japanische Schmuck, den sie ohne sein Wissen aufgebaut hatte? Oder die Worpsweder Ansichten, die zu sehr nach Heimatmuseum schmeckten? Dieser Kampf könnte brisant werden. Ose streckte ihre Finger wie Herbert seine Krallen.

„Ich verlasse Hamburg. Ich verlasse Deutschland. Ich habe eine Galerie in Mailand gekauft."

Sie starrte ihn an. Ein seltsam zischender Laut entrang sich ihrer Kehle. „Mailand? Du meinst … *Italienisch?*"

„Wenn du meinst, sprechen sie dort Italienisch – ja, dann hast du recht. Ich habe Italienisch an der Universität studiert. Und ich verhandele seit einigen Monaten mit diesen Leuten – auf Italienisch."

Oses Hände zupften fieberhaft an der Wolldecke. Ihr Mund fühlte sich furchtbar trocken an. „Wir müssen uns ganz umstellen … ein anderes Publikum, andere Wünsche." Ose schwirrten die Gedanken durch den Kopf. Vielleicht wollte Kuno deutsche Künstler ausstellen. Hatte er deshalb in letzter Zeit so oft von Provinzstadt gesprochen, von ihren Kunden als Provinzlern? Hatten sie eigentlich schon den Euro in Italien, oder musste man immer noch mit Millionen von Lira rechnen? Warum hatte sie nicht besser zugehört, wenn Kuno von Mailand redete? Hatte er denn überhaupt von Mailand geredet?

„Und wie stellst du dir das vor? Sollen wir alles hier verkaufen? Hast du mit der Bank gesprochen? Und wie finden wir eine Wohnung?" Die Worte hasteten, überschlugen sich.

Später dachte sie, in einem Film wäre er jetzt zur Bar gegangen. Er hätte sich einen doppelten Whisky eingekippt, den hätte er in einem Zug geschluckt, das Glas fest auf die Theke gestellt und sich dann – mit der winzigsten Verzögerung – zu ihr gewandt. In der Wirklichkeit lehnte er leicht gegen den Türpfosten. Amüsiert – war er wirklich amüsiert? – beobachtete er das Gedankenspiel, das sich auf ihrem Gesicht abspielte.

Ose stockte.

„Du gehst allein", flüsterte sie rau. „Du Scheißkerl – nicht wahr? Du hast das alles hinter meinem Rücken organisiert! Du … haust ab?"

„Doro meinte schon, du würdest dich aufregen. Genau …, ich hau ab, wie du so schön sagst. Ich habe dies alles satt." Er winkte mit der Hand in die sterile Wohnung. „Diese ganze Kleinstadtatmosphäre. Ich fang was Neues an."

„Du schaffst das nicht allein." Ose schrie. „Wie willst du das machen? Du kennst dich da ja gar nicht aus!"

„Ich habe die Galerie *gekauft*." Als ob das alles erklärte. Die Überlegungen, die Verhandlungen, die er seit Monaten geführt haben musste. Von denen er nie ein Wort gesagt hatte.

„Und was ist mit uns? War das auch nur ein Investment? Kannst du da einfach einen Schlussstrich ziehen?"

Während Ose immer wütender, immer lauter wurde, blieb Kuno ruhig und gelassen. Er sprach mit ihr wie mit einer seiner schwierigen Künstlerinnen. Erinnerte sie, dass er nie von einer Verbindung gesprochen hätte, das Wort Bindung überhaupt nie benutze, eine Freundschaft nicht mit einem Vertrag verbilligen könnte. Hatten sie nicht gelacht, über die Spießer, die Verheirateten, und ihre eigene Beziehung oft als unverbindlich beschrieben? Für ihn hatte es immer festgestanden, dass ihre Wege, einmal aufeinandergestoßen, sich auch wieder trennen könnten. Er sei überrascht, dass Ose das alles ernsthafter gesehen hätte.

Und das Geschäftliche?, hatte sie gebrüllt. Hatte sie nicht etwa ihre Karriere (beinahe hätte sie gesagt: ihr Leben) in die Galerie investiert? Und die Wohnung? Miete gezahlt, Telefonrechnungen geteilt, die Müllgebühren und den Strom?

„Die Wohnung kannst du behalten, wenn du willst. Ich hab schon dem Makler Bescheid gesagt, dass ich ausziehe. Die Galerie läuft auch erst Mal weiter. Doro hat kein Problem, mit dir zu arbeiten. Dein Gehalt bekommst du wie gehabt. Gib's doch zu, Katze, du steckst doch eh den Kopf allzu gern in den Sand. Neue Horizonte, das hat's für dich noch nie gegeben. Du setzt doch immer auf Nummer sicher."

Knallhart errechnete er ihr die Bilanz ihrer gemeinsamen Jahre. Und? – Meldete sich nicht eine widerspenstige Stimme, die sagte, *er hat recht ... recht ...*? So einfach war es gewesen, nach dem Studium bei Kuno einzusteigen, von seinem Wissen zu profitieren, den Schutz, den er ihr bot, anzunehmen. Arbeit, Liebe, Unterkunft – alles in einem Paket.

„Und was ist mit London?" Sie zwang sich, ruhig, vernünftig zu sprechen. „Die englische Art liegt dir doch viel mehr als das Südländische. Du hast doch selbst immer gesagt – dies Temperamentvolle, die ganze Gestik – das liegt dir nicht."

„Ich habe meine Meinung geändert", sagte er kurz. „Wie lange ist es her, dass du in Mailand warst? Die Eleganz der Frauen ..." Er stoppte abrupt.

Ein furchtbarer Gedanke formte sich in Oses Bauchhöhle. Ihre Magensäfte brodelten, würgten ihr in der Kehle.

Immer noch stand er in der Tür, weigerte sich, über die Grenze zu treten, die er zwischen ihnen gezogen hatte.

„Und bevor du wieder anfängst: In Mailand übernehme ich die jetzige Mitarbeiterin. Eine tüchtige Frau, chic, intelligent ... mit dem richtigen Fühler für den italienischen Markt." Etwas anderes schwang in seiner Stimme mit. „Deutschland wird von ihrem Know-how profitieren. Wir planen da schon eine Vernissage ... Doro hat keine Angst mitzuziehen."

„Doro", kreischte Ose. Der Kloß in ihrem Hals löste sich mit der Erwähnung seiner Schwester. „Hast du schon mal überlegt, was sich da abspielt bei euch? Das ist ja der reine Ödipuskomplex – Doro sagt, Doro denkt, Doro meint – genau das, was ihr kleiner Bruder ihr einflüstert. Das ist ja ... pervers!"

„Lies mal lieber deine alten Griechen nach, bevor du dich lächerlich machst. Du hast nur dir selbst die Schuld zu geben. Du warst immer schon zu kindisch. Natürlich hätte ich dich nie zur Teilhaberin machen können."

Die Wut kochte in Ose hoch. Gleich würde sie bersten vor Zorn. *Kindisch? Nie hätte er sie zum Teilhaber ernannt?* All die Gefühle, die Emotionen, die sie seit Jahren sorgfältig unterdrückt hatte, sprudelten hervor wie eine Fontäne. „Natürlich nicht! Aber jetzt hast du wohl eine? Eine Frau mit *dem richtigen Fühler* ... was fühlt sie denn sonst noch an dir rum? Hier läuft ja schon lange nichts mehr. Oder sucht die auch so ein Muttersöhnchen zum Aufpeppen?"

Statt zu antworten, drehte er sich um und ging hinaus. Ose wollte etwas werfen und fand nur ihren Schuh. Sie traf den Türrahmen.

Sie beugte sich vor, bis sie in den matt beleuchteten Flur schauen konnte. Kuno rumorte im Gästezimmer. Na gut, sollte er eben eine Nacht allein schlafen! Geschah ihm recht. Sie würde nicht angekrochen kommen, sie würde nicht klein beigeben …

Mein Gott – er trat aus der Tür. In der Hand sein Köfferchen. Er knipste das Licht hinter sich aus und zog die Tür sanft ins Schloss. Ose war zu erstaunt, um sich zurückzulehnen. Kuno sah sie. Sein Gesicht verzog sich zu einer ironischen Grimasse.

„Ich geh zu Doro. Wir sprechen uns demnächst."

Ose fiel vom Sofa. Nicht vor Schock, sondern weil sie hatte aufspringen wollen, sich aber in ihrer Mohairdecke verheddert. In einem erbärmlichen Haufen lag sie am Boden. Bis sie sich befreit hatte, war Kuno verschwunden.

Ose stoppte die Küchenmaschine. Der Teig lag als dicker Klumpen am Boden der Schüssel. Wir starrten ihn beide für einen Moment an.

„Das Übrige ergab sich dann. Erst dachte ich natürlich, er kommt zurück. Ich dachte, ich fahr zu Willa, setz mich für eine Weile ab, er kommt zu Sinnen. Aber so war das nicht. Er hat sich tatsächlich in diesen Schuppen in Mailand eingekauft. Er verbringt die meiste Zeit da. Doro leitet Hamburg. Durch seinen Anwalt hat er mir einen Vertrag geschickt." Ose schnaubte verächtlich. „Die Wohnung hat er mir zur Untermiete angeboten! Das Gehalt in der Galerie könnte weiterlaufen wie gehabt. Oder ich akzeptiere eine Abfindung."

Gedankenlos steckte sie sich ein Stückchen Sukkade in den Mund. Sie verzog das Gesicht, kaute aber weiter. Wahrscheinlich schmeckte es nicht bitterer als das, was sie von Kuno hatte schlucken müssen.

„Ich habe mir auch einen Anwalt genommen. Fritzi hat Hajo gefragt, und der hat mir zugehört. Dann hat er einen Freund angerufen, der Anwalt ist. Mit dem haben wir alles ausführlich besprochen. Hajo war echt gut, weißt du ... Kuno habe kein Recht, so mit mir umzuspringen, hat er gesagt. Der Anwalt hat Kuno dann gedroht, ihn auf alles Mögliche zu verklagen. Immerhin habe ich vieles in der Galerie aufgebaut. Künstler geworben und so. Kontakte mit Kunden, das Sortiment erweitert ... und dann hatten wir eine Partnerschaft, immerhin mündlich versprochen. Und weißt du was? Kuno hat gezahlt. Ganz cool. Ohne zu verhandeln. Er hat mich wie einen Unkostenfaktor abgeschrieben. Einfach so."

Ose langte nach dem Klumpen in der Schüssel, warf ihn auf den Tisch und schlug einmal fest mit der Faust darauf. Ich stellte mir vor, dass sie Kuno gern einmal so geschlagen hätte. Als Kind hat Ose unter schweren Wutanfällen gelitten. Mehr als einmal ging sie mit gehobenen Fäusten auf ihre Schwestern los. Leider schafften die es meistens, ihr auszuweichen. Sie konnten Ose zur Weißglut bringen, indem sie einfach um den großen Esstisch rumtänzelten. Von der anderen Seite des Tisches reizte ihr hämisches Lachen Ose umso mehr. Dann konnte es passieren, dass wir Ose fanden, schäumend vor Frust hatte sie sich auf den Fußboden geschmissen, trommelte mit den Füßen auf den Teppich und klaubte und kratzte mit den Händen in den Wollfasern. Ose neigte, wie gesagt, immer zum Dramatischen. Willa und ich meinten, es hatte etwas mit den roten Haaren zu tun, die in Mariannes Familie vorkamen, wenn sie sie auch nicht an ihre Töchter vererbt hatte.

Jetzt begnügte Ose sich damit, die Mulde, die sie in den Teig geprügelt hatte, mit den geschnippelten Trockenfrüchten und Mandel- und Wallnusskernen zu füllen. Dann knetete sie den Teig kräftig durch. Ich beschäftigte mich damit, den Mehlstaub zu einem kleinen Häufchen zu kehren. Für eine Weile hörte man nur das dumpfe Klatschen, wenn sie den Teig wendete.

Oses weiße Hände mit den langen Fingern erinnerten mich an Mutters Hände. Genau so knetete sie Teig für den Plattenkuchen am Sonntag oder für Plätzchen zu Weihnachten. Willa und ich saßen am Tisch, beobachteten sie und brachen, wenn sie eine Pause machte, kleine Krümelchen vom Teig und steckten sie in den Mund.

Bei der Arbeit trug Mutter eine verwaschene Schürze über ihrer guten Schürze. Daran striff sie ihre Hände aus – ich erinnerte mich noch an die Geste: Mehl und Teig blieben an dem rauen Tuch hängen. Sie strich sich eine Haarsträhne zurück, die ihrem Dutt entwichen war, seufzte und beugte sich wieder über den Tisch. Ob sie in dem kurzen Moment, wenn sie sich aufrichtete, ihren Rücken streckte, sich durchs Haar fuhr, von einem anderen Leben träumte? Einem Leben, das nicht von Pflichten und Scheuern und Kochen geprägt war?

„So, jetzt muss er ruhen." Ose betrachtete nachdenklich den unförmigen Klumpen, den sie geformt hatte. „Was hast du zum Mittagessen?"

Gudrun hatte mir am Wochenende von einem Besuch bei ihrem Bruder Hirschklein mitgebracht. Er war Jäger und gab Gudrun oft zerschossenes Wild, das er nicht verkaufen konnte. Ich hatte das Fleisch langsam geschmort mit viel Zwiebeln, Wurzeln, Sellerieknolle und sogar einigen Knoblauchzehen. Willa hatte uns auf Knoblauch

gebracht, nachdem sie mit den Zöllnern, ihren Klub-
freunden und ehemaligen Kollegen eine Italienreise unternommen hatte. Das war kurz nach ihrer Pensionierung.
Sie litt sehr unter der Hitze, und hinterher murmelte sie
etwas von „ein bisschen zu viel Geschichte". Aber das
Essen gefiel ihr, und unsere Küche wurde durch Knoblauch bereichert. Natürlich waren Lorbeerblätter wichtig
und Wacholderbeeren meiner Meinung nach unerlässlich.
Wenn das Ragout schön gebräunt war, goss ich es mit einem guten Rotwein ab, gab die Brühe hinzu und ließ es
dann friedlich schmoren. Ich aß das fertige Gericht nie
sofort, sondern ließ es zwei Tage ziehen. Erst dann war
das Fleisch richtig zart, und der Geschmack kam kräftig
durch. Ich deutete auf den schweren Topf, den schon Mutter benutzt hatte, und ließ Ose unter den Deckel schauen.
    „Hirschragout."
    „Ich schäl die Kartoffeln! Hast du Rotkohl?"
    Ich nickte. Was wäre Hirschragout ohne Rotkohl?
Während Ose die Kartoffeln wusch, leise vor sich hin
summend, suchte ich im Schrank nach einem Glas dieser
kleinen Birnen. Jedes Jahr drohte Willa aufs Neue, den
alten Birnbaum nun endgültig fällen zu lassen, schob es
dann aber immer vom Frühling – „er blüht ja man noch
so hübsch" – auf den Herbst. Sie sammelte dann die kleinen Birnen und – erstaunt von der Ernte – erlaubte dem
Baum, noch ein Jahr länger zu stehen. Die Birnen brachte
sie zu mir. Willa hatte sich früh gegen Häuslichkeit entschieden und war nach dem Krieg aufs Lehrerkollegium
in Flensburg entflohen. Schon als Kind war Willa immer
in Bewegung. Wenn sie nicht rannte oder über etwas
sprang, hatte sie einen Ball in der Hand oder hing von
der Schaukel. Schier endlos konnte sie Ballspiele erfin-

den, man hatte nie Langeweile, wenn Willa dabei war. Als Sportlehrerin entzündete sie andere mit ihrem Eifer. Dann, als sie auf die Insel zurückkehrte, war sie einfachheitshalber wieder bei Mutter und Vater eingezogen, und Mutter verschonte sie von aller Hausarbeit, weil die arme Willa doch bis spät in der Nacht über den Heften der Kinder saß. Sicher, Willa unterrichtete auch Geographie, aber in der Hauptsache doch Sport. Und es war mir nie ganz klar, über was für Heften sie da Nacht für Nacht sitzen sollte. Aber so war es Willa eben gelungen, sich von der Küchenarbeit fernzuhalten, und als Mutter nicht mehr einmachen konnte, brachte sie die kleinen Birnen zu mir. Ich kochte sie ein, und wir teilten die Gläser. Auch die Gläser kamen von Mutter. Ich konnte jetzt noch sehen, wie sie sich auf den Regalen im Keller reihten.

Als Vater starb, kochte Mutter einfach für eine Person weniger, und später, als ihre Gedanken anfingen, sich zu verwirren, bestellte Willa Essen auf Rädern. Damals war sie noch in der Schule, kam mittags nur kurz nach Hause, aß und radelte wieder los, um in der Schule oder im Turnverein Sportunterricht zu geben. Als wir dann auch Mutter zur Ruhe trugen, versuchte Willa für eine Weile, sich selbst zu verpflegen. Sie hielt nicht lange durch. Nach kurzer Zeit fand sie durch ihre Freundin, Fräulein Söhnlein, eine Köchin, die ihr sechs Mahlzeiten pro Woche vorbereitete und eingefroren anlieferte. Die Kinder liebten es, wenn sie Willa besuchten. Bei Willa durften sie sich bestellen, was ihre kleinen Herzen begehrten.

Ose lachte, als ich sie daran erinnerte. Ich freute mich, dass sie ihre Niedergedrücktheit abgeschüttelt hatte.

„Weißt du, was am schwersten ist?" Sie stand über der Schublade, wo ich mein Küchenbesteck aufbewahrte. „Ich suche nach dem Kartoffelschäler, der längst mit Kuno nach Mailand emigriert ist. Oder greife automatisch nach den Weingläsern, die wir täglich benutzt haben." Sie sprach ganz sachlich. „Die großen Sachen akzeptiert man. Dass man seine Wohnung aufgibt. Dass gewisse Freunde aufhören, Freunde zu sein. Dass die Kleider in einem anderen Schrank hängen. Man allein im Bett liegt. Aber die winzigen Handgriffe, über die man nie nachgedacht hat, das sind die Verräter. Ist dies dein Kartoffelschäler?" Sie hob das kleine Gerät hoch. „Sieht ja aus wie ein Relikt aus den Zeiten von Oma Jantzen." Sie führte es probeweise über die Kartoffel. „Geht gut. Ich hab acht Kartoffeln gewaschen. Man braucht reichlich für die Soße. Hast du Petersilie?"

Es ebbte schon seit einer Weile, als Willa die Treppe hinaufpolterte. Ich goss kochendes Wasser in den Kaffeefilter.

Willa schnüffelte. „Mmm, riecht gut. Puh, man denkt nicht, dass der Frühling angefangen hat. Es ist noch kalt. Und ein Wind ist aufgekommen. Hast du gelesen, dass die Stadt nächste Woche schon die ersten Strandkörbe aufstellen will? Und sie sollen umsonst sein für die ersten Wochen. Jeder kann sich reinsetzen!" Sie schüttelte den Kopf, während ihre Augen emsig durch die Küche schweiften.

„Der Kaffee", sagte ich und deutete auf den Osterzopf, der mit Zuckerguss verziert auf einer Platte ruhte. „Und wir haben gebacken. Ich weiß nicht, warum du die Kurpromenade entlangkommen musst, wenn es so kalt ist." Wir hatten die Sturmwolken beobachtet, beim Mittagessen. Sie zogen drohend um die Insel und warteten auf die Flut, um über uns hereinzubrechen.

„Man muss sich einmal am Tag den Wind um die Nase wehen lassen." Willas Nasenflügel zitterten. „Aha." Sie hatte Mutters Topf auf dem Herd erspäht. Triumphierend lüftete sie den Deckel. „Hab ich's doch gewusst: Hirschragout." Ungeniert nahm sie sich einen Löffel und begann, Ragout aus dem Topf zu löffeln.

„Es gibt gleich Kaffee", erinnerte ich sie. „Ose wollte auch unbedingt noch mal rausgehen. Sie will um vier zurück sein. Aber wir sollen auch ohne sie anfangen, hat sie gesagt."

„Du erzählst Willa von Kuno und mir, ja, Ruth?", hatte sie gesagt, als sie sich in ihre Schals wickelte. Beim Essen war sie ruhig gewesen, aber geschmeckt hatte es ihr. Hirschragout ist eine gute Grundlage für Kummer der Art, der langsam verdaut werden muss. Der Kaffeeguss hatte sich gut gesetzt, und ich goss noch einmal mit Wasser auf.

„Fräulein Mönkelmann hat auch Besuch. Sie kamen gerade an." Willa kratzte den Rest der Soße heraus und ließ dann den Löffel in den geleerten Topf fallen. Achtlos stellte sie ihn auf einen der Küchenstühle. Sie brach eine verbrannte Rosine von Oses Osterzopf, der jetzt, geflochten und gebacken, richtig edel aussah.

„Heute ist Kartenspielen bei Fräulein Mönkelmann. Nimmst du das Tablett? Ich bring den Kaffee."

Ich hatte Weidenkätzchen auf den Tisch gestellt und ein paar von Mariannes Osterküken daran aufgehängt. Vor dem Fenster bildete der Himmel einen dramatischen Hintergrund. Wolkenberge türmten sich hinter den Halligen. Auf den Warften duckten sich die Häuser. In der Fahrrinne standen die Bojen auf Stillstand, diesem Schwebezustand zwischen Ebbe und Flut. Die Welt hielt den Atem an.

„Hier bist du, mein Schatz! Jetzt weiß ich, warum du mich nicht begrüßt hast", flötete Willa. Sie hatte Herbert entdeckt, der unsicher blinzelte. Er hatte Oses Baskenmütze erobert, die sie unvorsichtigerweise auf ihrem Korbstuhl hatte liegen lassen. Eine Weile hatte er sich um sich selbst gedreht, in dem Versuch, möglichst seine ganze Körpermasse in den Hut zu quetschen. Als ihm das nicht gelungen war, hatte er die Mütze besetzt wie ein Huhn sein Nest. Er quoll über die Ränder. Willas Liebkosungen empfing er mit einem rollenden Schnurren.

„Kuno hat Ose verlassen", platzte ich heraus.

Willa plumpste in den Stuhl und griff nach ihrem Messer. Schweigend hörte sie zu, während ich die Einzelheiten wiedergab, bemüht, nichts auszulassen.

„Das arme Kind. Es ist gut, dass sie sich uns anvertrauen kann." Willa tat so, als wäre sie voll im Bild gewesen. „Natürlich ist es gut, dass sie jetzt ihre eigene Galerie eröffnet. Sie wird es Kuno schon zeigen, wer wirklich für den Erfolg verantwortlich war."

„Ihre ... Galerie?"

„Ach, wusstest du das nicht?", fragte Willa süßlich. „Heute morgen hat sie mir's gesagt. Natürlich habe ich es ja geahnt, dass diese ganzen Heimlichtuereien mit Gudrun nicht von ungefähr waren ..."

Sie nahm sich eine Scheibe Osterzopf, bestrich diese dick mit Butter und Quark und tröpfelte Quittengelee über das Ganze. Dann fing sie an zu erzählen. Am Morgen hatte sie Ose vorm Ferienkalender gefunden. Der Ferienkalender war eine Anschaffung unserer ältesten Nichte Fritzi. Die Nichten trugen dort ein, welche Zimmer sie wann benötigten. Wer sich eingetragen hatte, hatte

Vorrang. Die anderen mussten sich begnügen mit dem, was übrig war. Für die Osterferien hatte Fritzi sowohl das Süder- wie das Osterzimmer gebucht. Natürlich könne eins der Kinder mit Ose teilen, so kompromisslos bräuchte man ja auch nicht mit Fritzis Kalender umzugehen, versicherte Willa Ose.

„Nein. Das macht nichts. Bis dahin bin ich schon ausgezogen", hatte Ose geantwortet.

Und so kam dann alles heraus. Ose hatte von Gudruns Bruder einen alten Stall gemietet und gedachte, diesen in eine Galerie umzuwandeln.

„Und hinten sind zwei so kleine Räume. Da hat ehemals der Stallknecht gehaust. Da will sie wohnen, während sie sich alles zurechtmacht, streicht und so. Strom, sagt sie, ist da. Und ein Wasseranschluss auch. Kind, hab ich gesagt, stell dir vor, wie kalt es da ist – in dem alten Gemäuer." Willa schüttelte sich, und auch mich fröstelte es unwillkürlich. „Ich weiß gar nicht, wie Gudrun so unvernünftig sein kann, so etwas in die Wege zu leiten."

Es war wohl weniger Gudruns Unvernunft, die Willa ärgerte, als die Tatsache, dass Gudrun diese Sache heimlich und ohne das Wissen Willas mit Ose arrangiert hatte. Nicht mal Fräulein Söhnlein hatte etwas erfahren. Im Stillen gratulierte ich Ose. Es war nicht oft, dass etwas Willa und ihren Spionen entging. Vieles machte jetzt Sinn. Oses lange Abwesenheit, die vielen Spaziergänge, die Tuscheleien mit Gudrun – und ja, hatte sie nicht Gudruns Bruder beim Biikebrennen gesprochen?

„Deshalb also die Auszahlung von Kuno. Damit sie ihre eigene Galerie starten kann."

Willa nickte kauend. „Stell dir vor, sie hat Frau Heinke überredet, für sie zu stricken. Sie will so viele heimische

Künstler wie möglich ausstellen. Sie meint, die Kurgäste wollen kaufen, was hier auf der Insel hergestellt wird."

„Das ist ja gut und schön." Ich sah, dass die ersten Regentropfen gegen die Fensterscheibe klatschten. Wie Spinnenbeine ließen sie ihre Spuren zurück. „Ich sehe aber nicht ein, warum sie da wohnen will."

Willa zuckte mit den Schultern. „Du kennst Ose. Stur wie ein Brett. Sie meint, sie will die Galerie noch zu Ostern eröffnen. Und das kann sie nur, wenn sie jederzeit vor Ort ist. Warum sie sich nicht im Dorf ein schönes warmes Zimmer mietet … Fräulein Söhnlein sagt auch …"

Ich meinte, Fräulein Söhnlein hätte ja nun rein gar nichts mit Oses Problemen zu tun.

Willa schnaubte, aber sie schwieg. Eine Weile kauten wir beide. Herbert hatte angefangen, leise zu schnarchen.

Ich bot Willa eine weitere Tasse Kaffee an.

„Wie geht es mit Herrn Kotzke?", fragte ich versöhnlich.

Alfred Kotzke war das Kreuz, das Willa sich selbst aufgeladen hatte. Damals, als sie ihn als Mieter angenommen hatte, war sie überglücklich. Endlich ein Mann im Haus. Alle ihre bisherigen Mieter waren ältere Damen. Willa stellte sich vor, dass sie Kotzke für kleinere Reparaturen und Handlangerdienste einsetzen könnte. Bei einem Haus wie Willas fiel immer etwas an. Immerhin gehörten vier Mietwohnungen zu dem Haus, das sie von Vater und Mutter erbte. Sie hatte wohl auch gedacht, dass er sich kavalierartig anbieten würde, die Abfalleimer rauszuschieben, die Straße zu fegen und ihr Fahrrad in Ordnung zu halten. Damals, als Kotzke zu ihr zog, fuhr sie noch Fahrrad. Aber das Problem mit Willa war, dass sie nie geheiratet hatte, sonst hätte sie gewusst, dass man bei einem Mann nichts voraussetzen kann. Man brauchte ja nur an Wilhelm zu denken – meinen eigenen Angetrauten, den man nun schon so lange nicht mehr gesehen hatte, dass sich kaum jemand erinnern konnte, wie er eigentlich aussah.

Nach Australien wollte er, der Willem, kaum dass der Krieg vorbei war und alles auf der Welt drunter und drüber ging. Er war ja wohl auch rübergefahren, aber dann hatte man nie wieder etwas von ihm gehört. „Ich hol dich nach, Ruthchen", hatte er gesagt, der Einzige, der mich je Ruthchen nannte, bevor er aufs Schiff stieg. „Warte nur ab." Er roch nach nasser Wolle in seinem eingefärbten Armeemantel und Pfeifenrauch. – Man hörte nie mehr was von ihm.

In Kotzke hatte sich Willa getäuscht, dachte ich. Kotzke war jeden Monat mit der Miete hinterher. Von einer Stelle in die nächste war er gegangen, bis er alle Arbeitgeber ausprobiert hatte. Keiner tat's ihm recht. An Reparaturen war da nicht zu denken, und mit Abfalleimern hatte er auch nichts im Sinn, er schaffte es ja nicht mal, seine leeren Flaschen so weit zu tragen. Kaum kam er mal vor die Tür, den Köm ließ er sich bringen. Das Trinken bezahlte ihm die Wohlfahrt, und solange Kotzke ihm das Geld bar in die Hand legte, holte der Enkel von Frau Pols, die in dem Hinterhaus wohnte (das früher Vaters Werkstatt war), ihm den Alkohol auch noch ins Haus. „Kotzbrocken", nannten die Nichten ihn, aber nur hinter Willas Rücken, denn sie hoffte immer noch auf eine Wende in ihm. Das hinderte sie aber nicht daran, sich bei jeder Gelegenheit bitterlich über ihn zu beschweren.

Es schien, Alfred Kotzke war mal wieder mit seiner Miete nachlässig, und obendrein hatte sich Frau Pols über sein Gegröle beschwert.

Willa sagte mir: „Um drei Uhr morgens soll er rumgebrüllt haben, obwohl ich mich ja frage, wie Frau Pols das gehört hat. Wenn ich bei ihr klingle, stellt sie sich taub und kommt nicht zur Tür. Aber ich habe ihr gesagt, dass ich mich natürlich darum kümmern werde. Ich bin eine ordentliche Vermieterin. Natürlich hätte ich sie daran erinnern können, dass es ihr Enkel ist, der ihm den Schnaps hinterherträgt. Ja, du hast Glück, deine Mieter …"

„Pensionäre", unterbrach ich sie.

„Pensionäre eben. Du hast es eben leicht. Frau Heinke – strickt den ganzen Tag. Frau Siegesdorf, nicht mal zum Mittag im Haus. Und die kleine Mönkelmann: einfach harmlos. Ich habe zu Fräulein Söhnlein gesagt, …"

Zum Glück wurde mir erspart zu hören, wie Fräulein Söhnlein diesen Fall bewertete. Es klopfte nämlich schüchtern an der Tür. Fräulein Mönkelmann trat ein und sprach mich leise an: „Bitte entschuldigen Sie, Frau Petersen. Ich sah, dass Ihre Schwester bei Ihnen ist."

Durch einen Zufall der Natur habe ich einen Mann geheiratet, der denselben Familiennamen trägt wie ich. Deshalb war ich einfach vom Fräulein Petersen zur Frau Petersen avanciert, während Willa als Unverheiratete ihr Leben lang ein Fräulein Petersen blieb.

„Wissen Sie", fuhr Fräulein Mönkelmann fort, „es ist nämlich so, dass einer unserer Kartenspieler wegen des Sturms abgesagt hat. Er kommt immer per Rad, aber er kommt gegen den Wind heut nicht an. Deshalb wollte ich fragen, ob Sie, Fräulein Petersen, vielleicht in die Bresche springen könnten. Natürlich, wenn Sie gerade Kaffee trinken …"

Außer Krocket liebte Willa nichts mehr als Karten zu spielen. In Wyk war sie als versierte Rommé-Spielerin bekannt und auch im Skat nicht zu unterschätzen. Sie hatte schon öfter mal einen Spieler ersetzt, wenn bei

Fräulein Mönkelmann jemand ausfiel. Außerdem war die Bewirtung bei dem kleinen Fräulein wohl auch sehr großzügig.

Willa genehmigte sich hastig eine letzte Scheibe Zopf, tupfte sich den Mund an der Serviette ab, und begab sich zu der Spielrunde.

„Haben Sie das Spiel am Wochenende gesehen, Fräulein Petersen?", hörte ich Fräulein Mönkelmann fragen. „Erstmals seit 24 Jahren haben wir die Bayern geschlagen! Jetzt haben wir doch echt eine Chance auf die Meisterschaft. Und haben Sie gehört, sogar eine Mannschaft aus Australien kommt zur WM. Da wird Ihr Neffe wohl aufgeregt sein, was? Also, ich persönlich meine, wir haben mit Klinsmann eine Chance ..."

Ich hörte Willas Antwort nicht mehr. Obwohl sie kein großer Fußballfan war, gab sie sich Mühe, immer informiert zu scheinen. Das war sie den Männern in ihrem Klub wohl schuldig. Und Fräulein Mönkelmann war unbeirrbar in ihrem Glauben, dass Willa wie sie an den Leiden und Freuden „unseres" HSV rege teilnahm.

Als Willa gegangen war, goss ich mir Kaffee nach. Herbert hatte die Vorderpfote über sein Ohr gelegt. Das Wasser strebte an den Strand. Der Sturm rüttelte an den Fenstern. Auf der Feuchtnarbe unterhalb des Sandstrands stand Ose. Ihre grünen Stiefel waren in den nassen Sand gesunken, und ich überlegte, dass das Wildleder einen hässlichen Salzrand aufweisen würde. Der Schal, den sie sich um den Kopf gewickelt hatte, konnte den Böen nicht widerstehen. Wie ein Eisfähnchen flatterte er im Wind. Schlank und hochgewachsen, in ihrem gegürteten Mantel, stand Ose dort. Eine einsame Figur vor dem tosenden Meer.

Sie würde es schaffen.

KERRIN

Während die Familie in Deutschland auf den Frühling wartete, fuhr Kerrin, dankbar über das etwas kühlere Wetter, nach Hause. Glücklicherweise hielten die Hitzewellen in Australien selten länger als drei Tage an. Sie ergatterte den letzten freien Parkplatz und stieg aus. Im Haus war es warm, und es roch muffig. Die Tür, die in den Garten führte, klemmte mal wieder. Sie warf die Autoschlüssel in die Schale auf dem Küchentisch, wo auch Streichhölzer, ein Straßenbahnfahrplan, eine Nagelfeile und ihre Ersatzbrille lagen, und stellte die Schultasche auf den Küchenstuhl. Nun, mit freien Händen, konnte sie den Griff benutzen, den Leo ihr gezeigt hatte, und verbunden mit einem Stoß der Schulter gab die widerspenstige Tür nach. Sofort strömte ein Duft von Jelängerjelieber, vermischt mit trockenem Gras (und einem Hauch von Hühnerdung), ins Haus. Es überkam sie eine heftige Lust, jetzt sofort das taschentuchgroße Stück Rasen mit dem Handrasenmäher zu mähen, danach Leos Gemüsebeet zu jäten, die Kletterrose hochzubinden und die Petersilie, die in Saat aufgegangen war, abzuschneiden.

Im Schatten des Baumes, dessen Äste vom Garten des Nachbarn herüberwinkten, raschelte das Huhn. Es hatte sich aus einem Häufchen brauner Blätter, die der Baum der Trockenheit wegen abgeworfen hatte, ein Nest gebaut. Das ihr zugewandte blitzblanke Auge schaute Kerrin streng an.

Statt ihrem Verlangen nach frischer Luft und Erde nachzugeben, wandte sie sich zur Küche. Am Morgen hatten Leo und sie sich mal wieder verspätet, und das Geschirr stand noch unabgewaschen da. Der Wäschekorb war beängstigend voll – mindestens eine Ladung musste sie in die Maschine stecken. Außerdem wollte sie aussortieren, was sie am nächsten Tag in ihren zwei Freistunden in der Stadt erledigen konnte. Der Garten – das Gärtchen – war ein Luxus, der bis zum Wochenende warten musste.

Kerrin band sich eine Schürze über den schwarzen Rock und die leichte Leinenbluse mit schwarzen Perlknöpfchen und Stehkragen. Die Kleidung war schlicht und ein wenig streng, aber gerade die richtige Aufmachung für eine Lehrerin im privaten Schulsystem. Den schwarzen Armreifen, den Ose ihr zu Weihnachten geschickt hatte, streifte sie ab. Er störte bei der Hausarbeit. Sie steckte ihn in die Schürzentasche. Leo hatte diese Schürze im Kunstunterricht genäht und mit einem phantasievollen Abbild seines Huhnes bedruckt. Kerrin häufte Geschirr ins Becken und wartete auf das Hämmern im Rohr, das das Aufdrehen des Wasserhahnes begleitete. Es müsste wirklich mal ein Klempner angerufen werden, dachte sie. Aber dann waren da so viele andere Reparaturen, die dringend nötig wären. Sie zog schnell die Hände zurück, als jetzt der Hahn kochend heißes Wasser ausspuckte. Damals, als sie ihr Haus mit dem großen Garten verkauften, warnte Mr. Brown, ihr hilfsbereiter Nachbar, nicht wieder etwas Altes zu kaufen.

„Die Leute in der Stadt, die sind anders. Nicht so wie wir hier auf dem Lande. Wir helfen einander", sagte er in seiner bedächtigen Art und sog an seiner Pfeife. Aber Kerrin wollte in der Stadt leben. Außer in ihrer Studienzeit hatte sie immer auf dem Lande gelebt – und dann hatte sie die kleine Nordseeinsel gegen eine viel größere, einen ganzen Kontinent, getauscht – nur um in ein winziges Örtchen eine Stunde außerhalb von Melbourne zu ziehen. Dort sagten die Füchse sich wirklich gute Nacht, zusammen mit den Opossums und Wallabys.

Es dauerte, bis man sich an die australische Landschaft gewöhnt hatte, an das fahle Grün, das triste Grau, den harten Boden, der in der Sommerhitze platzte und aufriss. Die Eukalyptusbäume waren gewöhnungsbedürftig und ließen sich nicht mit dem satten Grün der Schleswig-Holsteiner Marsch vergleichen. Im Sommer stöhnten die endlosen Weideflächen gelb und verdörrt unter der grellen Sonne, die Blätter welkten an den durstigen Bäumen und rieselten hart und ledrig herab. Die Blüten der einheimischen Gewächse waren oft zart und winzig – scheu verbargen sie sich unter dem Laub. Mit der Zeit lernte Kerrin, die Trockenheit als einen Teil des natürlichen Jahreskreises zu akzeptieren. Der verkrustete Boden schlief unter seiner Strohdecke ähnlich wie die deutsche Erde unter Eis und Schnee. Nur schlief er eben im Sommer und erwachte mit dem Herbstregen. Ein befremdendes Land, wo man Weihnachten in den Sommerferien feierte, wo es vorkam, dass die Wachskerzen, die sie an den Weihnachtsbaum steckten, in der Hitze umknickten, und wo sie „Leise rieselt der Schnee" mit Schweißtropfen auf der Stirn sangen.

Leo liebte den Busch. Wie alle australischen Kinder lernte er schnell, dass Gefahren dort lauerten, die Kerrin Angst und Schrecken einjagten – Schlangen und Spinnen, deren Bisse tödlich waren, uralte Eukalyptusbäume, die an windstillen Tagen knackten und ächzten und dann ohne Warnung einen schweren Ast abwarfen oder gar umschlugen. Mr. Brown erklärte Leo, dass die Bäume sich im Frühling so mit Wasser vollsaugten, dass sie in sehr heißen Sommern schier platzten. Er lehrte Leo, vorsichtig durch das Unterholz und nur mit festem Schuhzeug in den Garten zu gehen. Kerrin blieb der Busch immer unheimlich. Ose meinte, sie seien doch als Kinder vor den Gefahren des Meeres und des Watts gewarnt worden – was sei denn so anders? Aber auch sie zog es vor, wenn Leo im Garten spielte oder sie alle irgendwo hinfuhren, wo es zivilisiert war. Sie hasste besonders die schwarzen Riesenameisen, deren Gift einen lähmenden Schmerz und starke Schwellungen auslöste. Und die Mücken, die bei Dämmerung in Schwärmen über die Menschen herfielen, so dass sie ins Haus flüchten mussten.

Niemand von der Familie war da, als die Buschfeuer ausbrachen. Zweimal wurden Kerrin und Leo evakuiert und beobachteten aus der Ferne hilflos die schwarzen Rauchschwaden, die auf die Häuser zurasten. Zweimal hatten sie Glück – einmal drehte sich der Wind im letzten Moment, und das andere Mal gelang es den Männern, eine Schneise zu brennen, die das Feuer gegen sich selbst kehrte. Die Katastrophen wurden verhindert, aber nach dem zweiten Mal war Kerrins Entscheidung getroffen.

Sie hielt noch durch, bis Leo mit der Grundschule fertig war. Dann sah sie sich nach einer Stelle in der Stadt um. Leo war mit einem Umzug einverstanden, unter der Bedingung, dass sie in die Nähe des Strandes ziehen würden. Kerrin fand eine Privatschule in Melbourne, die eine Deutschlehrerin suchte. Privatschulen in Australien zahlten besser als die staatlichen Schulen, und sie akzeptierte.

Glücklicherweise hatten die Städter inzwischen die Gegend nordwestlich von Melbourne entdeckt und zu ihrer Spielwiese am Wochenende erkoren. Angezogen von der sanften Hügellandschaft, die wie Tupfer von Oasen aus der weiten Leere ragte, sahen sie nur die fruchtbare Erde, wo Rhododendren und Kamelien freudig gediehen und wo genug natürlicher Busch wuchs, um die Gründenker sinnig zu stimmen.

Beinahe über Nacht staubten die alten Ansiedlungen ihr verschlafenes Pensionärsimage ab.

Durch Hauptstraßen, an denen seit dem Ende des Goldrausches die Farbe von den Fassaden abgeblättert war, pilgerten plötzlich Tagesausflügler. Sie starrten durch die schmierigen Fenster der Barbierstuben, wo noch der Einheitsschnitt – kurzes Kopfhaar, Nacken und Seiten ausrasiert – angeboten wurde. Teestuben, die eben noch mit Plastikblumen dekoriert waren und Tee aus Aluminiumtöpfchen servierten, taten sich nun mit glänzenden Cappuccinomaschinen hervor. Wenn man jetzt durch die Städtchen lief, fand man Fensterfronten, die sich zur Straße hin öffneten, und Tische und Stühle, die auf die Gehsteige reichten. Die Lädchen schienen aus den Nähten zu platzen. In den Eingängen drängelten sich Antiquitäten, Bioprodukte, Seifenstücke aus eigener Produktion und Zinkeimer mit Bauernblumen. Schaufenster, die jahrelang verklebt von der Vergangenheit geträumt hatten, blinzelten erstaunt. Sie waren dekoriert mit Mode, Buchtiteln und Haushaltsgegenständen, so schick, dass sie sich geschämt hätten, in die einfachen Unterkünfte der alteingesessenen Bevölkerung einzuziehen. Sie lockten die Käufer, die als Wochenendler und Zweitbewohner gefällig waren.

Ermutigt besuchte Kerrin einen Makler, und es dauerte gar nicht lange, bis sie das Grundstück mit dem wackligen Häuschen verkauft hatte. Sie erhielt viel mehr als das Startkapital, das Helmut ihr vorstreckte, als sie sich schwanger und ohne Mann in einem fremden Land gestrandet sah. Trotzdem, ein Haus konnten sie sich in der Stadt nicht wieder leisten, schon gar nicht eins mit einem Garten. Aber die Wohnung in einem Altbau mitten in St. Kilda war erschwinglich – ebenerdig, mit einer verglasten Holzveranda, die an Willas Haus erinnerte. Und der Strand war mit dem Fahrrad erreichbar. Leo schien zufrieden.

Am Tag der Abreise drückte Mrs. Brown Leo an sich, als würde sie ihn nie wieder loslassen. Beide heulten um die Wette – und auch Kerrin und Mr. Brown hatten Tränen in den Augen. „Vergesst uns nicht", erinnerten sie einander und versprachen, sich zu besuchen. Manchmal fuhren sie hin – mit Ellie und ihrem Sohn Bill. Das waren lange, gemütliche Tage – Ellie und Kerrin saßen bei Mrs. Brown in der Küche oder auf der offenen Veranda, die sich ums Haus schlang. Die Jungen waren draußen bei Mr. Brown. Kerrins Häuschen stand nicht mehr. „War nicht gut genug für die Städter", brummelte Mr. Brown und sah Kerrin entschuldigend an. Sie gehörte jetzt auch zu den Städtern. „Wollten was *Modernes*", schnaufte Mrs. Brown verächtlich.

Das Haus in St. Kilda, das ihre Wohnung beherbergte, war für australische Begriffe alt. Gelegentlich, wenn Kerrin vor dem imposanten, eckigen Gebäude stand, in dem sie nun wohnten, stieg eine stolze Verwunderung in ihr auf.

‚Stellt euch vor‘, dachte sie dann, ‚die kleine Kerrin Petersen – hier steht sie in einem fremden Land. Den ganzen Tag spricht sie in einer anderen Sprache. Und hier wohnt sie, in einem Haus, von dem sie nicht mal hätte träumen können. Sie probiert ein ganz anderes Leben aus.‘

Für eine Weile schritt sie dann beschwingter aus, mit einer neugierigen Leichtigkeit.

Eine steinerne Außentreppe führte gewichtig die Fassade des Hauses empor, teilte sich auf halbem Wege und bog rechts und links zu den zwei Wohnungen im oberen Stockwerk ab. Weiße Geranien blühten links, rote Petunien rechts am Steingeländer. Auch die beiden Wohnungen unten hatten separate Eingänge. Die Symmetrie des Hauses wurde hervorgehoben durch die bleiverzierten Erkerfenster an der Vorderfront und durch die Schornsteine, die auf dem Dach verteilt waren. Das Haus stammte aus den zwanziger Jahren, und die Zimmer mit den hohen, stuckverzierten Decken waren großzügig zugeschnitten, nicht wie die winzigen Schlafkabinen, die man in modernen Häusern fand. Selbst das Badezimmer hatte die Größe eines normalen Raums. Schwarzweiße Fliesen schmückten den Fußboden, und die riesige Badewanne stand auf Löwenkrallen frei im Raum. Der Duschkopf war groß wie ein Suppenteller und ließ, wenn man die Dusche voll aufdrehte, einen rechten Platzregen heraus, der Unerfahrene vor Schreck aufschreien hieß.

Die ockerfarbenen Außenwände waren dick und isolierten das Haus gegen die Hitze und den Lärm. Zwei große Räume, ein Badezimmer und eine Küche gehörten zu ihrem Viertelhaus. Leo hatte das Schlafzimmer bezogen, das zwischen dem Wohnzimmer mit dem Erkerfenster und dem Bad lag. Ein altmodisches Schlafsofa, das sie bei einem Trödler entdeckt hatten und am Tag mittels einer Seidendecke und vielen bunten Kissen in eine Couch verwandeln konnten, stellten sie für Kerrin ins Wohnzimmer. Aber sie merkten bald, dass sie das Zimmer selten benutzten. Da es nach Süden und zur Straße lag, blieb es tagsüber dunkel und kühl. Auch im Winter schaffte der Kamin es nur, eine milde Wärme zu erzeugen. Nach und nach schleppten sie den Fernseher, die Sessel und ein gestreiftes Sofa in die sonnige Veranda, die an die Küche angrenzte. Die morsche Eleganz der Holzwände träumte wie alles im Haus von einer verblassten Blütezeit. Leo nannte die Veranda ihr Kuschelfernsehzimmer. Ellie entdeckte die edlen Seidengardinen mit Brokatverzierung im Secondhandshop. Sie passten wirklich gut zu den zusammengewürfelten Möbeln und gaben dem Raum das Ambiente eines viktorianischen Boudoirs. Die verblichenen Bahnen ließen sich mit etwas Geschick wegdrapieren.

Das Vorderzimmer mit dem schönen Erkerfenster wurde Kerrins Zimmer. Sie stellte sich vor, dass es einst die beste Stube in der Wohnung war. Wahrscheinlich hingen düstere Porträts an den mit Tapeten bekleisterten Wänden, die streng auf steife Rücken und verdeckte Knöchel achteten, wenn die Bewohner Besuch empfingen. Aus Respekt vor den Vorbesitzern und ihren unbekannten Ahnen ließ Kerrin die Tapete hängen und bat Willa, Fotos von ihren Vorfahren zu schicken. Die steckte sie in Rahmen, die sie auf dem Flohmarkt erstand, und hängte sie auf. Ihren Schreibtisch stellte sie in den Erker, arbeitete aber selten dort. Nachts lag sie im Bett und lauschte dem Wind, der durch die Palmenwedel strich. Die Palme war noch älter als das Haus, sagte Alistair, der oben wohnte. Majestätisch erhob sie sich genau vor der unsichtbaren

Naht, die das Haus in seine linke und rechte Hälfte teilte. Der Gartenweg wand sich als ein Rondell um den mächtigen Stamm und nötigte Anlieger und Besucher zu der Entscheidung, sich nach links oder rechts zu wenden.

Meistens saßen sie in der Küche. Der Küchentisch, etwas länger als breit, ein Erbstück eines Kollegen, das einer Modernisierungsmaßnahme zum Opfer gefallen war, bildete den Mittelpunkt ihres häuslichen Lebens. Durfte man als Familienleben bezeichnen, was eine alleinstehende Mutter und einen vaterlosen Sohn verband?, überlegte Kerrin. Egal, alles fand an diesem Tisch statt, der – kam da, was mochte – unerschütterlich auf seinen vier geschwungenen Beinen stand. Seine goldgelbe Patina strahlte eine Wärme aus, die keines Tischtuches bedurfte. Wenn Leo aus der Schule kam, aß er dort die Imbisse, die er sich künstlerisch zusammenstellte, seitdem er in der Schule einen Kochkurs belegt hatte. Während seine Freunde Cornflakes löffelten oder Pop-Tarts in den Toaster steckten, brutzelte Leo Hühnerschenkelchen oder faltete vietnamesische Gemüserollen. Die genoss er mit Appetit, während Kerrin eine Tasse Kaffee trank und mit sich kämpfte, ob es mit ihrer Mutterrolle in Einklang zu bringen war, vor Leo eine Zigarette zu rauchen. ‚Wenn du meine Lungen verpesten willst, dann kann ich dich nicht hindern‘, signalisierte Leos herablassender Blick.

Kerrin berichtete von ihrem Tag. Sie hoffte immer, dass, wenn sie offen und ehrlich über ihre Sorgen, Nöte und Freuden sprach, Leo ihrem Beispiel folgen und auch etwas erzählen würde. Aber Leo war ein verschlossenes Kind, das Information nur dann preisgab, wenn es unbedingt notwendig und unvermeidlich war.

Manchmal stieß Ellie um diese Zeit zu ihnen. Ellie, geschiedene Mutter eines behinderten Kindes, kannte die Kostbarkeit der Zeit. Wie ein Unwetter brach sie oft in Kerrins und Leos etwas verstaubte Welt ein. Alles an ihr war laut: ihre geblümten Kleider, ihr auffälliger Schmuck, ihre Haare, die wöchentlich neue Farbschattierungen bekamen, ihre Stimme. Ellies Leben glich der Achterbahn, die im Luna Park, dem Vergnügungspark an der nahen Esplanade, auf und ab brauste. Mit heftigen Gesten und ausdrucksvoller Mimik ließ sie Kerrin und Leo an den Höhen und Tiefen ihres Lebens teilnehmen. Ellie schaffte, was Kerrin nicht wagte: Sie fragte Leo geradeheraus, was ihn bewegte. Und Leo, der sich über Ellie amüsierte, antwortete ihr bereitwillig.

Wenn sie kam, breitete Ellie ihre neuesten Prospekte auf dem Tisch aus. Sie arbeitete für einen Grundstücksmakler und war für die Vermietung von Häusern und Appartements an besser gestellte Klienten verantwortlich. Ihre Kunden suchten Häuser im Kaliber von Privathotels – mit Dachterrassen, Swimmingpools mit olympischen Ausmaßen, Tennisplätzen, Tiefgaragen und mehr Badezimmern als Familienmitgliedern. Die Wünsche und Vorstellungen der Menschen, die Ellies Büro aufsuchten, wurden immer ausgefallener.

Manchmal nahm Ellie Kerrin und Leo mit, wenn sie ein Haus zur Besichtigung öffnete, und stellte sie als potentielle Mieter vor. Die Kenntnisse, die Leo durch Ellie erwarb, setzte er praktisch ein, wenn er bei Schulkameraden eingeladen war, die wohlhabender als er waren. Gelassen nahm er dann Billardzimmer und Heimkinos wahr, Saunas und Fitnessräume in weitläufigen Kellergemächern, gab sich erstaunt, wenn kein Fahrstuhl zum

Dachgarten führte (wo der Blick allerdings einen unbehinderten Blick auf die Port-Philipp-Bucht erlaubte) oder das Elternschlafzimmer weniger als eine ganze Etage in Anspruch nahm. Natürlich waren nicht alle seine Schulkameraden so entsetzlich reich – Leo besuchte eine alternative Schule, deren Programm ein außergewöhnlich großes Angebot an Theater, Musik und Kunstkursen aufwies. Auch handwerklicher und hauswirtschaftlicher Unterricht wurde dort angeboten. Das Schulgeld war erschwinglich, und die Schule kam den Eltern, die gern mit den hohen Erziehungskosten ihrer Kinder prahlten, entgegen, indem sie um hohe Sponsorenbeiträge warb.

Manchmal brachte Ellie Bill mit. Bill hockte still auf dem Boden und schnitt aus alten Prospekten Fotos von Häusern aus. Er klebte die Bilder auf Pappe, die er wie Kulissen in einem Film-Set aufstellte. Hinter den leeren Fassaden errichtete er Ansichten von Zimmern, und das Resultat seiner Arbeit war oft geschmackvoller als das Original. Manchmal setzte Leo sich dazu. Geduldig übernahm er die Rolle des Handlangers, schnitt, falzte und klebte, wo Bill ihn mit Gesten anwies. Er kam nicht immer, weil er die Woche über in einem Behindertenzentrum wohnte und nur an Ellies freien Tagen zu Hause war. Ellie hasste dieses Arrangement, aber nur so war es ihr möglich, ihren anstrengenden Beruf zu verfolgen. Sie brauste oft noch spät in der Nacht los zu einem Termin.

Ellie wusste immer genau, wie lange sie bleiben konnte. Sie spürte, wenn Kerrin zu müde war, um sich zu unterhalten, oder Leo und seine Mutter Zeit füreinander brauchten, wenn Kerrin Hefte korrigieren oder wenn sie – gegen ihren Willen – von ihrem Schreibtisch weggezerrt werden musste: zu einem Ausflug ins Grüne, ins Kino, zu

einem Strandspaziergang. Und wenn Kerrin sich nie bemüht hatte, einen neuen Partner zu finden, dann deshalb,
weil kein Mann jemals so selbstlos oder so verständnisvoll
wie eine Freundin sein konnte.

„Mama, seid ihr eigentlich *Lesbians*?", hatte Leo eines
Tages gefragt, als er elf Jahre alt war.

Kerrin stockte beim Kartoffelschälen, während Gedanken durch ihren Kopf rasten. „Lesben", korrigierte sie automatisch.

Leo nickte. „Die in der Schule haben mich gefragt,
weil doch Ellie immer mitkommt, wenn die Eltern einen
Filmabend machen oder wir was aufführen. Und weil
wir doch in den Ferien gemeinsam verreisen. Nicht, dass
es mir was ausmacht, aber ich hab eben gesagt, ich frag
dich." Ganz ernsthaft sagte er das, während er mit einem
Lineal Linien auf weißes Papier zog.

„Weißt du denn, was Lesben sind?", fragte Kerrin und
bemühte sich um einen leichten Ton. „Lesben – das sind
Frauen, die einander lieben, so wie Männer und Frau-
en, die zusammenleben oder miteinander ausgehen."
Mein Gott, hatte sie das politisch korrekt ausgedrückt?
„Manchmal heiraten sie, genau wie Männer und Frauen."

„Henry hat gesagt, sie schlafen zusammen in einem
Doppelbett. Er hat gefragt, ob ihr zusammen schlaft."
Leo betrachtete sein Blatt und radierte dann seufzend et-
was aus. „Willst du Ellie heiraten? Dann müssten wir ein
Doppelbett kaufen."

„Nein, mit deinem Papa habe ich in einem Doppelbett
geschlafen." ‚Pah, Henry!', dachte sie. „Ellie ist eine gute
Freundin, und wir haben viel Spaß zusammen. Aber ich
schlaf lieber allein. Ich will sie nicht heiraten. Du und
Henry, ihr seid doch auch gute Freunde …"

„Ja, aber ich will Henry nicht heiraten!" Leo kicherte. „Er behält seine Socken immer eine ganze Woche lang an, auch nachts." Er hielt sich die Nase zu und prustete laut.

Kerrin fiel in den Stuhl neben ihrem Sohn, und zusammen lachten sie, bis ihnen die Tränen aus den Augen liefen. Dann rieb Kerrin ihre Nase in den Nacken ihres Sohnes, der nach Seife und Erde und irgendetwas Undefinierbarem roch. Sie dankte Gott, den sie sich nicht mehr so recht vorstellen konnte, dass sie mal wieder eine Klippe umrundet hatte.

Gleich am Anfang, als sie die Wohnung kaufte, hatte sie Marianne geschrieben, dass sie mitten auf dem Kiez wohnen würden. *Es gibt lange nicht so viele Nachtlokale und Bars wie z. B. in St. Pauli. Da sind halt nur viele Huren, aber sie stehen rum, als ob sie auf den Bus warten. Und so was wie die Schaufenster in Amsterdam gibt es hier auch nicht.*

Wusste Marianne von den Schaufenstern, in dem die Huren sich feilboten? Sie strich den Satz aus und schrieb, dass die Bordelle diskret und versteckt lägen. *Natürlich gibt es viele Drogensüchtige in dieser Gegend. Aber ich hoffe, wenn Leo damit aufwächst, wenn er das aus erster Hand beobachtet, dann wird er nie den Drang verspüren, es für sich selbst auszuprobieren. Ach ja, es gibt hier auch reichlich Schwule. Alistair, der oben im Haus wohnt, ist total nett und hat sich auch schon angeboten, auf Leo aufzupassen, wenn abends was in der Schule los ist.*

Das schrieb sie, und dann zerriss sie den Brief. Stattdessen erzählte sie von der Vielfalt der Kulturen, die in diesem Viertel aufeinanderstießen. Dass hier Arme und Reiche Tür an Tür lebten, in einem bunten Wirrwarr von kleinen Geschäften und Cafés, die an Europa erinnerten. Außerdem stünde ihr Haus nur fünf Minuten vom Strand entfernt, so dass Leo die frische Luft reichlich garantiert sei. *Und oben wohnen nette junge Leute, die auch bereit sind, mal als Babysitter zu agieren.* Natürlich war das feige, aber warum sollte sie Marianne über die ohnehin große Entfernung noch mehr distanzieren, als sie es so und so schon waren?

Mit Willa und Ruth schaffte sie es, ehrlicher zu sein, frei die verschiedenen Typen zu beschreiben, auch über das unsägliche Leid der Obdachlosen, Süchtigen und Abhängigen zu sprechen.

Sie telefonierte meist spät am Abend. Um Leo nicht zu stören, setzte sie sich auf die Veranda und rauchte bei geöffnetem Fenster. Sie bemühte sich um Gerechtigkeit, rief abwechselnd bei Fritzi, Ose und Ane an, vergaß Ruth und Willa nicht, die wegen ihres Alters Vorrang hatten, zwang sich immerhin einmal im Monat zu einem Anruf in Bordelum. „Das Haus meiner Eltern, aber nicht mein Elternhaus", murmelte sie, wenn sie die Nummer wählte. Es war komisch, dass sie sich Oses neues Heim – diese zwei kahlen Räume hinter dem Kuhstall, den Ose mit viel Elan zu einer Galerie ummodellierte – besser vorstellen konnte als das Haus ihrer Eltern. Das fügte sich in ihren Gedanken nie zu mehr als zu einer von Bills Papierkulissen zusammen – von einer Fotografenhand arrangiert, ohne richtige menschliche Wärme.

Wenn Kerrin und Leo nach Deutschland fuhren, brachten sie es nie zu mehr als einem Anstandsbesuch bei ihren Eltern. Aber da Ruth und Willa sie einluden, sich die Kosten der Flugtickets teilten, entschuldigte Kerrin so die Kürze des Aufenthaltes bei Leos Großeltern.

Kerrin ließ den Schaum den Abfluss hinuntergurgeln und faltete den Abwaschlappen ordentlich zusammen. Sie hängte ihn über den stämmigen Wasserhahn, an dem grünspaniger Messing unter abgenutztem Nickel hervorlugte. Marianne hatte auf einem gefalteten Abwaschlappen bestanden. Jeden Mittag nach dem Essen gab es denselben Streit zwischen den vier Mädchen – wer war dran mit Abwaschen, mit Abtrocknen, wer fegte die Küche und wischte die Schränke ab. Die Folge waren unterdrückte Stimmen, abgewürgtes Keifen, still ertragene Kniffe, denn Helmut durfte nicht gestört werden. Und Marianne, die das stoisch ertrug, errang sich dadurch eine Mittagstunde.

Kerrin überlegte, was sie sich zum Abendessen machen könnte. Leo würde erst später nach Hause kommen. Er hatte in der Schule einen sechswöchigen Paddelkurs belegt, und heute, am Ende der sechs Wochen, fand als Höhepunkt eine Paddeltour auf der Yarra statt. Ein Mädchen namens Lou – Leo hatte sie in letzter Zeit häufiger erwähnt – wohnte am Fluss, und sie hatte die Gruppe zu einem Barbecue eingeladen. Kerrin hatte den Verdacht, dass Leo Lou mochte. Sie hatte versucht, herauszuhorchen, ob er ihren Namen mit der gleichen Lässigkeit erwähnte wie die seiner anderen Schulkameraden. Aber Leos Stimme schwankte nicht, ihr kleiner beherrschter Sohn verriet kein gefühlvolles Hoffen.

Im Kühlfach fand sie eine gefrorene Lasagne – eine der Notfallrationen, die Leo für plötzliche Anfälle von Heißhunger bereithielt. Sie würde sie ihm natürlich ersetzen.

Sie sah auf die Uhr. Erst halb sechs. Leo würde frühestens in zwei Stunden nach Hause kommen. Wie seltsam ruhig das Haus war, wenn er nicht da war. Am besten

würde sie sich an die Grammatikübungen der Neunt-
klässler setzen. Erst gestern hatte der Schulleiter dem
Kollegium mitgeteilt, dass er Zwischenzeugnisse vor den
Osterferien für angebracht hielt. Das unterdrückte Stöh-
nen, das durch das Lehrerzimmer vibrierte, überhörte er
wohlweislich. Natürlich bedeutete das, dass er auch einen
Elternabend vor Schulschluss einberufen würde. Mindestens einen, vielleicht zwei Abende, an denen sie jemanden
bitten musste, Leo Gesellschaft zu leisten. Er sträubte sich
gegen das Wort Babysitter, war ja auch zu alt dafür. Aber
allein lassen mochte sie ihn auch nicht. Vielleicht könnte
Alistair hinunterkommen, und sie würden sich zusammen
ein Video anschauen. Kerrin setzte den Kessel auf, sie
konnte den Berg der Arbeiten besser mit einer kräftigen
Tasse Tee bewältigen.

„Jedenfalls ist es kalt, kalt, kalt ... und ungemütlich."
Ose war schon seit über einer halben Stunde am Telefon. Den größten Teil der Zeit hatte sie über die Proble-
me gesprochen, die sie mit den Handwerkern hatte. Ose
war es unverständlich, dass die Maurer, Maler, Elektriker,
Tischler und Schlosser, deren Dienste sie benötigte, nicht
bereit waren, alles stehen- und liegenzulassen, um Oses
Wunsch, ihre Galerie noch bis Ostern zu eröffnen, gerecht
zu werden.
„Vielleicht solltest du alles etwas langsamer angehen",
warf Kerrin vorsichtig ein. Sie hörte Ose empört Atem
holen und fügte hastig hinzu: „Wenn sich dir so viele Hindernisse in den Weg stellen, solltest du vielleicht warten,
bis die Zeit reif ist."
Sie schielte auf den Stapel Kassetten, die auf dem Esstisch lagen. Sie hatte gerade angefangen, die Aufnahmen

ihrer Geschichtsschüler abzuhören. Sie sollten den mündlichen Anteil der letzten Klausur bilden, und die Note musste in die Osterzeugnisse. Dankbar vernahm sie den zögernden Ton, der sich in die Stimme ihrer Schwester mischte. Ose glaubte zumindest zum Teil an Fügung. Seit sie begonnen hatte, japanische Kunstgegenstände in Kunos Galerie einzufügen, achtete sie darauf, dass alle Elemente ausgewogen waren. Auch die neue – ihre erste eigene Galerie – sollte nach den Gesichtspunkten der Feng-Shui-Lehre eingerichtet werden. Ein Konzept, das die eingesessenen Föhrer Handwerker hinter Oses Rücken als „überkandidelt" bezeichneten, hatte Willa Kerrin erzählt.

„Meinst du?", fragte Ose. „Das stimmt, ich habe drei verschiedene Firmen angerufen, um eine bestimmte Anlage für das Wasserbecken zu bestellen. Hatte ich dir davon erzählt? Ein Springbrunnen soll es werden, mit Grünpflanzen und Goldfischen … Ja, und nun kann keiner vor Ende April liefern …"

„Siehst du", unterbrach Kerrin. Sie hatte Leos Schlüssel im Schloss gehört und hätte ihn gern richtig begrüßt.

„Aber ich halt es hier nicht mehr aus", quengelte Ose. „Es scheint unmöglich, Strom in die Hinterzimmer zu legen, ohne den halben Stall einzureißen. Also wird es in absehbarer Zeit nichts mit einer Heizung."

Leo hatte seine Tasche und Paddelausrüstung mit einem Bums fallen lassen und winkte fröhlich.

„Glaubst du, dass ich zu Willa fahren muss, um zu duschen? Vorgestern war die Toilette hier eingefroren! Außerdem brauch ich ja auch ein Büro und einen Raum als Stauplatz. Also kann ich hier ja gar nicht wohnen …"

„Warum mietest du dir nicht was im Dorf?"

„Ja, das dachte ich auch. Aber dann hat Willa gemeint, ich könnte ja auch bei ihr wohnen."

„Bei Willa? Aber du kannst doch nicht auf Dauer in einem Zimmer hausen! Was ist, wenn Fritzis Kinder kommen?"

„Nicht im Haus." Ose klang kleinmütig. „Jetzt, wo Kotzke ausgezogen ist, da dachte ich …"

„Der Kotzbrocken ist ausgezogen?" Kerrin setzte sich auf. Leo stand in der Küche und baute sich einen Eisbecher. Bananen- und Erdbeerscheiben wechselten sich mit Eiskugeln ab. Er sah zufrieden aus. Ein paar Minuten länger am Telefon würden nichts ausmachen.

„Na ja – wohl eher: abgeholt worden. Die Frau Dingsbums vom Hinterhaus …"

„Frau Pols?"

„Ja, genau. Die hatte ihn wohl mehrere Tage nicht gesehen und nichts von ihm gehört, was wohl noch bedeutsamer war. Da ist Willa dann hin und hat an die Tür gehämmert. Als er dann auch nicht geantwortet hat, hat sie die Leute von diesem Verein angerufen, die schon seit einer Weile versuchen, ihn zu catchen."

„Die Anonymen Alkoholiker?"

„Eben. Die sind dann gekommen und haben einfach die Tür aufgebrochen. Ja, und da lag er dann. In der eigenen Kotze."

Leo streute Mandelblättchen auf seinen Eisbecher und begoss das Ganze mit Schokosoße aus der Flasche. Er plumpste neben seiner Mutter auf die Couch. Kerrin drückte auf den Lautsprecher, und gemeinsam hörten sie zu, wie Ose nun in drastischen Einzelheiten den Zustand Kotzkes und seiner Wohnung beschrieb. „Vollkommen zugemüllt hatte der sich, stapelweise Zeitungen und natürlich Flaschen. Der Teppich war total verkorkst – es stank wie in einer Bierbrauerei. Und alles verdreckt – das Bad ... bäh. Jedenfalls sieht es so aus, als sei Willa ihn jetzt los. Die werden ihn wohl eine Weile in Breklum behalten. Und die Schweinerei, die er zurückgelassen hat, ist in keinem Mietvertrag zulässig. Aber diese Leute" – Ose sprach von den Anonymen Alkoholikern wie von einer bislang unentdeckten Gattung von Erdbewohnern – „haben sich immerhin angeboten, das Gröbste wegzumachen. Sie wollen nicht, dass Willa den Kotzer verklagt. Die meinen, er hat's eh schon schwer genug, die trockene Kurve zu kriegen. Willa war aber auch echt sauer. Sie hat gedroht, dass sie einen Container bestellt und seinen sämtlichen Schrott da reinschmeißt. Da haben die ruckzuck reagiert."

„Willas Schützling", erinnerte Kerrin Ose.

„Natürlich. Ruth nennt ihn ,das Kreuz, das Willa sich aufgeladen hat'! Ja, und jetzt ärgert sie sich, dass sie bei dem so danebengetippt hat. Aber Fräulein Söhnlein hat gesagt, das beweist, dass man sich auf niemanden verlassen kann."

Leo kicherte, als Ose Willas Tonfall nachahmte.

„Ey, Leo, bist du auch da? Grüß dich. Jedenfalls hat Willa gefragt ... oder, na ja ... ich hab ihr vorgeschlagen, dass *ich* die Wohnung übernehme. Natürlich würde ich richtig Miete zahlen und so ..."

Kerrin ging plötzlich durch den Kopf, dass Oses Klagen und Beschwerden, die bis dahin den Großteil des Gesprächs ausgemacht hatten, alle dazu bestimmt gewesen waren, sie auf diese Nachricht vorzubereiten. Und es stimmte – sie war schockiert. Ose wollte bei Willa einziehen! War es nicht genau wie in ihrer Kindheit? Wie raffiniert hatte Ose es damals eingefädelt, dass sie und

Ane bei Willa leben durften, als Marianne und Helmut aufs Festland zogen? Andererseits – natürlich war es auch gut, wenn eine von ihnen bei Willa wohnte. Ruth hatte Gudrun. Aber Willa war allein, und Kerrin hatte bei den Besuchen, die sie dem Pflegeheim mit ihren Schülern abgestattet hatte, gemerkt, wie schnell ältere Leute hilfsbedürftig werden konnten. Leo – hatte er ihren Zwiespalt gespürt? – übernahm nun den Hörer.

„Toll, Ose", sagte er mit Nachdruck. „Wenn wir kommen, wohne ich bei dir. Kaufst du dir jetzt ein Auto?"

„Das muss ich wohl. Es ist ein bisschen weit, jeden Tag mit dem Fahrrad ... Moment mal, der Glaser kommt. Zwei Stunden Verspätung! Kerrin, ich ruf am Wochenende noch mal an, ja?" Ose legte auf.

Kerrin blickte sich nach ihren Zigaretten um und nahm stattdessen ihre Brille ab. Sie putzte sie an einem Zipfel von Leos T-Shirt. „Weißt du", sie versuchte es mit einer Erklärung, „wir haben in dem Häuschen gewohnt, noch bevor Ose und Ane geboren waren. Ich kann mich nicht erinnern, wie wir alle Platz haben konnten. Da war nur ein Wohnzimmer und ein Schlafzimmer. Aber am Abend schien die Abendsonne in die Küche. Da hatte unser Opa noch nicht das Bad eingebaut, und Marianne hat uns in so einer Zinkwanne gebadet. Fritzi und ich schliefen in den Kinderbetten, die Opa gebaut hatte. Meins hatte einen Stern am Kopfende, an dem war die oberste Spitze abgebrochen ... Ob die Nachbarn immer noch die Stachelbeeren haben? Wir konnten uns aus dem Fenster beugen und sie pflücken. Dicke, saftige Stachelbeeren ..."

Leo schlug die Hand vor den Mund. „Mama, wirklich. Ihr habt geklaut!"

„Fritzi hat mich angeführt!" Und dann gurgelte das Lachen in ihr hoch. Und sie war froh – froh, dass sie Leo hatte, der so ernst neben ihr saß und den Kopf schüttelte, froh, dass sie den kurzen Aufruhr ihrer Eifersucht unterdrückt hatte. Warum sollte Ose nicht in das Häuschen ziehen? Und natürlich tat es ihr ja auch leid, dass Kuno sie verlassen hatte. Später, im Bett, würde sie darüber nachdenken, ihre Gefühle ausloten, mal wieder mit sich hadern – die Vor- und Nachteile des Lebens auf einem fernen Kontinent abwägen. Die Abwesenheit ihrer Schwestern in ihrem Leben war irgendwie erträglicher, solange auch Fritzi, Ose und Ane woanders als auf Föhr lebten. Dann war alles, wofür die Insel stand, eher ein Kindheitstraum, weniger eine Möglichkeit ...

Leo streichelte seiner Mutter kurz über die Wange. Sie konnte ihm ihre komplizierten Gedankengänge nicht erklären. Er, der ein Einzelkind war, konnte kaum die Eifersüchteleien verstehen, die zwischen vier Geschwistern herrschten. Aber es tat gut, dass er ihre Verwirrung fühlte. Sie setzte ihre Brille wieder auf.

„Ich glaube, Miss Lucy muss in ihr Ställchen. Es wird jetzt früher schummrig. Gestern hat sie sich wieder auf den Zaun gesetzt." Sie sammelte ein paar Rosenblätter auf, die auf den Teppich gefallen waren. „Wie war's denn auf dem Fluss? Seid ihr weit gepaddelt?"

„Bis zum Fairfield-Bootshaus! Es war super! Und ich bin keinmal umgekippt!"

„Hast du genug gegessen? Da ist noch Lasagne ..."

„Nee, Lous Vater hat Barbecue gemacht. Er hat Spieße gegrillt – mit Lamm und Huhn und Steak!" Er grinste. „Aber sie hatten auch Würstchen, und Lou isst nur vegetarisch. Sie hatten so Gemüsefrikadellen, auch nicht schlecht. Ma, kannst du Miss Lucy rumtreiben? Ich mach schon mal die Tür auf."

Seitdem Leo Miss Lucy als winziges Küken von der Schule mit nach Hause gebracht hatte, stellte sie gesonderte Herausforderungen an den Haushalt.

Miss Lucy und ihre Geschwister waren ein Projekt der Psychologielehrerin, die den Kindern anschaulich vermitteln wollte, was es bedeutete, für ein anderes Lebewesen verantwortlich zu sein. Mit dem Einverständnis der Eltern hatte eine Gruppe von Schülern befruchtete Hühnereier bekommen. Die meisten hatten ihre Eier im Brutkasten ausbrüten lassen. Leo hatte sein Ei selbst bebrütet. Tagsüber trug er es in einem Wollsocken in seiner Hosentasche herum, streichelte es regelmäßig und bettete es abends auf eine Wärmflasche, deren warmes Wasser er nächtlich zweimal erneuerte. Ja, er hatte sogar ein durchaus echt klingendes Glucken hervorgestoßen, das Miss Lucy scheinbar durch die Eierschale wahrgenommen hatte und auf das sie immer noch mit aufgeregten Kehlgeräuschen reagierte.

Nach gebührlicher Zeit knackte Miss Lucy ihre Eierschale und wackelte sofort auf unsteten Beinen zu Leo. Als sie zu groß und zu neugierig für ihren strohgefüllten Schuhkarton geworden war, hatte Leo ihr ein Ställchen gebaut. Manchmal dachte Kerrin, wenn das Experiment die Schüler hatte lehren sollen, was es bedeutete, auf ein Baby und Kleinkind aufzupassen, und sie so zu verantwortungsvollem Beischlaf zu inspirieren, dann hatte dies bei Leo die väterliche Ader wohl eher zu früh geweckt. Miss Lucy war zu einem Prachtexemplar von einem Huhn gediehen, das vor Gesundheit strotzte und seinem Pfleger in ergebener Hingabe verbunden war. Pünktlich legte sie jeden Morgen ein kleines braunes Ei, pickte manierlich an ihren Körnern und trank geziert mit kleinen Schlückchen an Leos Goldfischteich – ähnlich einem Weinkenner, der jeden Tropfen nachdenklich auf der Zunge rollt. Wenn sie im Garten kratzte, glich sie einer Ballerina, die ihre Knickse und Spagate übte. Wenn sie ihren Kot fallen ließ, untermalte sie dies mit einem besorgten Gackern und hektischen Kopfnicken. Wenn sie Miss Lucy ein huhn- gerechtes WC zur Verfügung gestellt hätten, hätte sie dies nur begrüßt.

Kerrin begab sich in den Garten, um Miss Lucy ums Haus herum und in den schmalen Gang zu scheuchen, den Leo mit Maschendraht abgegrenzt hatte. Hinter die- sem Zaun befand sich Leos privater Garten, ein schma- ler Streifen, den man nur durch sein Fenster erreichen konnte. Er hatte sich zu dem Zweck eine Trittleiter so umgebaut, dass Stufen von beiden Seiten zum Fenster- sims führten. Während Miss Lucy am Morgen gern ihr Ställchen verließ und ohne Aufforderung durch die kleine Schwingtür schlüpfte, die ihr den Zugang zum Hinter- garten erlaubte, scheute sie die Rückkehr. Das bedeutete, dass Leo die Klappe von innen hochhalten musste, wäh- rend Kerrin das aufgeregte Huhn wie einen Fußball zum Tor steuerte. Im Prinzip hätte Miss Lucy auch über Nacht im Garten hocken können, in St. Kilda gab es keine wil- den Tiere, die sie bedroht hätten. Aber neuerdings setzte sie sich auf den Zaun, der die Trennwand zum Gärtchen der rechten Haushälfte bildete. Dort wohnten Carol und John. Im Haus wurden sie nur die Yuppies genannt. Sie waren junge Spitzenverdiener, die sich keinen Wunsch verwehrten und für die cooler Chic die Religion ersetzte. Ihre Haushälfte war aufs Feinste renoviert. Rigoros hatten sie modernisiert. Sie hätten auch die bleiversetzten Fenster herausgerissen, wenn nicht eine Auflage der Stadt es verboten hätte. Seit Monaten lagen sie im Streit mit den anderen Besitzern, weil sie die uralte Palme vor dem Haus rausreißen und durch eine Parkfläche für ihren schnittigen BMW ersetzen wollten. Sie hatten ihren Hintergarten zu einem Innenhof umfunktioniert, der musterhaft nach dem neuesten Trend der Gartenarchitektur ausgepflanzt war. Schon zweimal hatte Carol mit einem angeekelten Aufschrei Miss Lucys Dung auf ihren importierten italienischen Steinfliesen registrieren müssen. Es ginge nun doch zu weit, hatte sie laut geschimpft. Haustiere seien eine Sache, aber Geflügel – und es klang, als spräche sie von Großwild, welches man höchstens auf Safari zu sichten erwartete – gehöre kaum in einen zivilisierten Stadtteil. Da ihre Nasenflügel bei diesen Worten gefährlich zuckten, fürchtete Kerrin täglich den Besuch eines Gesundheitsinspektors, und den konnten sie sich nicht leisten. Nicht nur Leos und Miss Lucys wegen. John hatte Alistair kürzlich gefragt, ob er auch schon den Geruch von Moder wahrgenommen habe. Er erwähnte zwar nicht ausdrücklich ihre Veranda, aber Alistair hatte Kerrin gewarnt. „Dem ist es doch egal, ob eure Veranda verrottet oder zusammenbricht. Aber er könnte drohen, von einer Meldung bei der Baubehörde nur dann abzusehen, wenn du für seinen Parkplatz stimmst."

Kerrin hatte nicht vor, sich von dem Kerl erpressen zu lassen.

Sie schloss die Tür zur Veranda und schaltete die Stehlampe ein. Sie würde zwar nicht mehr dort sitzen, aber sie liebte das warme Licht, das durchs Fenster in die Küche strömte. Mit einer frischen Tasse Rotbuschtee setzte sie sich an den großen Tisch und schaltete noch einmal den Kassettenrekorder an.

Eine Greisenstimme erzählte ausschweifend vom Leben auf dem Lande mitten im Zweiten Weltkrieg. „Meine Brüder waren weg. Einer kämpfte in England, einer in Singapur. Ich war als Einzige zu Hause. Meine Mutter war Witwe. Zusammen haben wir die Farm bearbeitet. Schwer war es natürlich … sich in einer Männerwelt durchzusetzen. Aber wir haben es geschafft. Und wir waren ja nicht die Einzigen. Wir Frauen haben zusammengehalten. Auch hinterher, da haben wir einfach weitergemacht. Die Brüder kamen nicht zurück, einen hat es bei einem Bombenangriff auf London erwischt. Der andere ist an der Burma Railway verreckt. Die mussten sie für die Japaner bauen – grausame Bedingungen. Nicht, dass ich nicht gern mit unsren Jungs losgezogen wäre. Ich hätte das denen schon gezeigt! Mich hätten die nicht kleingekriegt …“

Die dünne Stimme stieß ein gackerndes Lachen hervor, das in einem trockenen Husten endete. Kerrin war sich nicht klar, wer „die“ waren, die sie nicht kleinbekommen hätten. Die Army, die Japaner, die Deutschen? Und wie hatten die beiden Frauen sich behauptet in einer Männerwelt? Der Junge, er hieß Thomas Bluntley, hakte nicht nach. Überhaupt hätte er mehr aus dem Gespräch machen können. Die Fragen klangen abgelesen, er schien uninteressiert, und ein paarmal unterbrach er die alte Frau ziemlich rüde. Das war eigentlich gar nicht Thomas' Art. Normalerweise war er gut vorbereitet, und im Unterricht stellte er interessierte Fragen. Allerdings war er in letzter Zeit ruhiger gewesen. Er schien über etwas zu grübeln. Kerrin fiel ein, dass er neuerdings auch immer allein in die

Klasse kam und am Ende rumtrödelte, bis alle gegangen waren. Sie musste mal mit seinem Klassenlehrer sprechen, vielleicht war er da auch auffällig. Gut, dass bald der Elternabend war. Wenn seine Eltern kamen, konnte sie sich vorsichtig erkundigen, ob etwas nicht in Ordnung sei. Kerrin notierte eine niedrige Note und schrieb ein paar Zeilen auf das Bewertungsblatt.

Auf dem nächsten Band erzählte eine resolut klingende Frau von ihrer Arbeit als Krankenschwester in Malaya. Man konnte sich vorstellen, dass sie mit dem Dreck, den unzureichenden Mitteln, mit Durchfall, Fieber und eitrigen Wunden fertiggeworden war, ohne mit der Wimper zu zucken. Ein interessantes Interview. Verena würde im Abitur gut abschneiden. Auch ihr schriftlicher Bericht war interessant und forsch geschrieben. Man konnte sich Verena gut als Journalistin oder Moderatorin vorstellen. Eine gute Zensur war gerechtfertigt.

Kerrin griff mit einem Seufzer zur letzten Kassette. Es war mal wieder spät geworden. *Elisabeths Interview mit Mrs. Gisela Perkins* stand auf dem Etikett. Dieses Band brauchte sie sich nicht noch einmal anzuhören. Zwar hatte Frau Perkins durch das Interview halbwegs angefangen, Deutsch zu sprechen, aber Elisabeth war auch eine von Kerrins besten Deutschschülerinnen. Sie hatte in der elften Klasse an einem Schüleraustausch nach Deutschland teilgenommen, und sie war eine jener Schülerinnen, die wirklich von ihrem Besuch profitiert hatten. Sie sprach fast fließend Deutsch. Außerdem hatte sie Kerrin am Ende des Interviews dazugeholt, um sie der alten Frau vorzustellen.

Frau Perkins – glücklich und aufgeregt, dass sie endlich wieder einmal Deutsch sprechen konnte – hatte noch einmal all das wiederholt, was sie schon Elisabeth erzählt hatte. Wie ein Wasserfall waren die Geschichten aus ihr herausgesprudelt. Beinahe hätten sie den Bus zurück zur Schule verpasst. Eigentlich sollte sie Frau Perkins mal der Deutschklasse vorstellen. Sie könnten sie zu einem ihrer Konversationsnachmittage einladen, die sie einmal im Monat mit ihrer Klasse abhielt. Oder vielleicht gab es noch andere Deutsche im Heim, und die Schüler konnten so eine Art Patenschaft übernehmen? Die Schüler könnten Kontakt mit den Bewohnern aufnehmen. Sie musste mal mit der Heimleiterin sprechen … Ein kribbelndes Schuldgefühl überfiel sie.

Sie hatte versprochen, die alte Mrs. Perkins zu besuchen. Die Frau war ganz allein in Australien. Die Heimleiterin erzählte, dass sie keine Freunde im Heim hätte und eher zurückgezogen lebte. Und sie hatte ein schweres Leben gehabt. Ausgebombt worden war sie. Alles hatte sie verloren. Von ihrem ersten Mann – einem überzeugten Nazi bis zum Schluss – hatte sie sich scheiden lassen. Mit den Eltern hatte sie in den Schrebergärten gelebt. Direkt am Kanal, fast nichts zu essen und nichts zu heizen. Und ständig die Angst. Vor den Bomben, vor den Engländern, vor den Russen, vor den Nazis … vor Verrat. Mit ihrem zweiten Mann war sie nach Australien gekommen. Kurz darauf waren ihre Eltern beide gestorben. Kerrin hätte ihr so gern eine Freude gemacht, ihr gesagt: Das Grab besteht noch. Meine Schwestern haben es besucht und Blumen niedergelegt. Schade, dass Fritzi und Ose es nicht gefunden hatten. Bestimmt wäre es tröstlich für sie gewesen. In der nächsten Woche musste sie beim Heim vorbeifahren. Sie könnte ihr etwas Leckeres zu essen mitbringen. Vielleicht ein Stück richtigen deutschen Käsekuchen von der Bäckerei, die sie und Leo kürzlich entdeckt hatten.

Um halb elf schaute Kerrin bei Leo rein. Er hatte sich einen Pullover übergezogen (es war der blaue mit dem Zopfmuster, den Fritzi ihm gestrickt hatte) und saß auf der Fensterbank. Seine Füße ruhten auf der obersten Sprosse der Außenleiter. Im Fenster hatte er die Osterküken, die Marianne ihm geschickt hatte, wie ein Mobile an Fädchen aufgehängt. Auf dem Schoß hielt er Miss Lucy, die den Kopf in die Federn gesteckt hatte und gleichmäßig atmete. Ihr gefederter Brustkorb hob und senkte sich.

„Sie konnte nicht einschlafen", sagte Leo.

Kerrin nickte. Leo hatte immer schon Schwierigkeiten gehabt, einzuschlafen. Sie war sich ziemlich sicher, dass auch er seinen Kopf in Miss Lucys Federn gesteckt hatte. Wahrscheinlich hatte er ihr die Ereignisse des Tages in die flauschigen Daunen geflüstert.

„Geh bald schlafen, Schatz." Sie legte eine Hand leicht auf seine Schulter und freute sich, als sie den antwortenden Druck seiner Finger spürte.

„Nicht mehr lange bis Ostern", sagte Leo leise.

„Nein. Ellie und Bill freuen sich auch schon. Hast du dir überlegt, ob du noch jemanden einladen möchtest?"

Er zuckte mit den knochigen Schultern. „Mal sehen …" Er begann aus dem Fenster zu krabbeln, das braune Huhn wie ein riesiges Wollknäuel in seinen Armen.

„Ma." Leo drehte sich noch einmal um. „Wenn du morgen einkaufen gehst, bringst du Fischfutter mit? Es ist fast alle. Und Miss Lucy hätte gern ein bisschen Getreide."

Als sie seine Tür schließen wollte, hallte seine Stimme dumpf aus dem Ställchen. „Vielleicht nehm ich Henry mit. Er hat schon gefragt. Wir wollen wieder Vogelstimmen aufnehmen."

Henry also.

Dann war Lou wohl doch nur eine Paddelkameradin. Henry war ein freundlicher Junge. Sie hatten ihn schon öfter in das Ferienhäuschen mitgenommen, das sie mit Ellie und Bill mieteten.

Auf einmal sehnte Kerrin sich heftig nach dem kleinen Ort am Meer, der sie an Föhr erinnerte – endlose Strandspaziergänge, späte Frühstücke, Jeans und T-Shirts statt Kostüme. Und Bill akzeptierte Henry. Kerrin überlegte, was die drei Jungen alles mitnehmen würden: Bodyboards, Tauchanzüge, Angeln …

Mitten in der Nacht wachte sie auf. Der Wind rüttelte an den Fensterscheiben und Regen prasselte auf die Palme. Für einen Moment fühlte sie sich nach Föhr versetzt: ins grüne Zimmer, wo die Kinder einst bei Willa übernachteten. Immer der Reihe nach, jedes Wochenende ein Kind. „Wie gut, dass die Häuser hohl sind", sagte Willa, wenn im Herbst die Stürme ums Haus heulten und an den Dachpfannen zerrten. Die Kinder rutschten tiefer unter die Decken und wussten sich behütet und beschützt. Kerrin hatte von Ose geträumt. Ose, die nun bei Willa wohnen würde. In dem Häuschen, das ihre – Kerrins – Kindheit beherbergte. Sie rollte sich fester in die Decke ein und lauschte dem Regen. Als die Schluchzer in ihrer Kehle würgten, drückte sie die geballte Faust an ihre Zähne. ‚Kleine Kerrin Petersen – war so weit gekommen und heulte in der Nacht vor Heimweh.'

Am Morgen hatte sie ihren Traum und das kurze Wachen vergessen.

OSTERN

Herbert wurde nicht gern in seinem Schlaf gestört. Liebkosungen waren allgemein nicht erwünscht. Umso erstaunter war er, als Ane den Korbstuhl wählte, in dem Ose so gern saß, und ihn, der sich dort ausgestreckt hatte, kurzerhand aufsammelte und auf ihren Schoß verpflanzte. Er sträubte sich mit allen Gliedern. Die Augen aufgerissen, von tiefer Panik erfasst, sah er mich hilfesuchend an. Aber Ane hatte Erfahrung mit widerspenstigen Kindern, und sie hielt Herbert so, dass er sich ihr nicht entwinden konnte. Gleichzeitig kraulte sie ihn auf eine Weise – an der Stelle links unterm Ohr –, die ihn immer in eine ekstatische Entzückung versetzte. Langsam entspannte er sich. Sein Schnurren steigerte sich in der Lautstärke, bis es einer surrenden Nähmaschine in Höchsttempo glich.

Ane hatte sich einen Becher Kakao gemacht. „Ich bin total durchgefroren, Tante Ruth, das glaubst du gar nicht, wie kalt das bei Ose ist."

Ich hatte Ane von den Osterplätzchen angeboten, die die Kinder gebacken hatten, aber Ane meinte, erst Mal bräuchte sie eine vernünftige Käsestulle.

„Gibt sie dir denn nichts zu essen, Kind?"

„Ose? Sie legt mir eine Liste hin mit den Sachen, die getan werden müssen. Irgendwann kommt sie reingebraust, schimpft über die Handwerker, teilt uns mit, was ihr außerdem noch eingefallen ist, und rast wieder los."

Herbert rekelte sich genüsslich und versuchte, sich auf den Rücken zu drehen, damit Ane ihm auch noch den Bauch kraulen konnte. „Nein, sieh nicht so erschrocken aus, Tante Ruth. Du kennst ja Ose. Und, gut, ich habe mich breitschlagen lassen und helfe ihr beim Renovieren – aber ich mache nebenbei auch Ferien! Gestern waren wir doch alle im Schwimmbad, und heute Morgen haben wir Drachen gebaut. Nein, ich hatte eh keine definitiven Pläne für die Osterferien. Eigentlich hatte ich mich ja zum Dienst eingeteilt, aber als das Heim überraschend leer war …"

Ane, unsere jüngste Nichte, biss mit Appetit in ihre zweite Stulle. „Und ab und zu hilft Ose auch. Gestern hat sie sogar fast eine ganze Wand vorgestrichen, bevor sie wieder rausfahren musste, um sich mit jemandem über den Fußboden zu unterhalten."

Sowie Ose entschieden hatte, dass sie Alfred Kotzkes Häuschen übernehmen würde, hatte sie sich mit Feuereifer in die Doppelbelastung – Vorbereitungen für ihren Umzug und die Eröffnung der Galerie – gestürzt. Wie ein Wirbelwind hastete sie vom Stall in Goting zum Häuschen in Wyk.

„Ach ja, sie hat sich jetzt doch für einen Holzfußboden in der Wohnung entschlossen. Und morgen fahren sie und Willa nach Niebüll, um sich Vorhangstoffe anzusehen. Weil die Kinder dann doch sowieso bei dir sind."

Ich nickte. Es war abgemacht zwischen uns, dass Fritzis Kinder mindestens einen ganzen Tag bei mir verbrachten, wenn sie auf Föhr waren.

Ane zwinkerte. „Ich habe Ose überredet, Willa mitzunehmen. Sie ist lieb und will immer helfen, aber … ich möchte mal einen Tag in Ruhe arbeiten. Übrigens haben sie entschieden, sie wollen Bratwurst essen. Mit Himmel und Erde."

Fritzi ernährte die Kinder nicht ganz fleischlos, Hajo würde das nicht akzeptieren. Aber sie nahm viel aus dem Bioladen mit, wo sie arbeitete. Und die Würstchen, so Ose, schmeckten wie Sägemehl. Deshalb bestellten die Kinder immer Bratwurst, wenn sie hier bei uns waren. Und Kartoffelmus und Apfelmus gehörten nun mal dazu.

Ane beobachtete durchs Fenster Fritzis Kinder, die versuchten, ihren Drachen steigen zu lassen. Finn war dran, mit der Schnur über den Strand zu laufen. Der Drachen schleifte und hüpfte hinter ihm über den Sand, gefolgt von Olmi, der auf seinen kurzen Beinen schwerfällig hinterherstolperte. Plötzlich hob ein Windstoß ihn mit seinem flatternden Papierschwanz in die Höhe. Finns dünne Arme hatten Schwierigkeiten, die gespannte Schnur zu halten, und in seinen Gummistiefeln hopste er auf und ab, aber er war stolz wie ein Gockelhahn, dass es ihm gelungen war, den Drachen zum Fliegen zu bringen.

Ose hoffte nun auf die Eröffnung ihrer Galerie zu Pfingsten. Wir atmeten alle auf, als sie nicht weiterhin darauf bestand, in den zwei Kammern des Stallknechts zu campen. Denn so war es ja wohl. Fräulein Söhnlein hatte uns eine lebensnahe Beschreibung geliefert, die sie aus erster Hand von der Nichte des Elektrikers gehört hatte. Auf einem Feldbett habe Ose geschlafen. In einem Schlafsack mit mindestens fünf Decken oben drauf. Mittels einer Verlängerungsschnur, die sie durchs Garagenfenster bei ihrem Nachbarn Kalle Schneider eingestöpselt hatte, konnte sie entweder einen Campingkocher erhitzen oder ein Heizöfchen. Recht peinlich sei es dann wohl gewesen, als auch noch die Toilette einfror – wer hätte auch so spät im März mit Frost gerechnet! Immerhin hatte Ose mit ihrem Trotz den Respekt der Dorfgemeinschaft gewonnen, die in Oses Durchhaltevermögen eine friesische Tugend erkannte. Sturheit wird bei uns gern als Sich-nicht-unterkriegen-Lassen ausgelegt. Genauso wie es auch respektiert wird, dass man auf seine älteren Angehörigen aufpasst, obwohl Willa Oses Einzug in ihr Haus natürlich nicht als Altenpflege betrachtete. Sie würde jedem an die Kehle springen, der es auch nur wagte, so etwas vor ihr anzudeuten. Zum Glück kennen ihre Freunde sie gut genug. Die Buhls, die Zollmanns und Elsa Söhnlein priesen Willa, wie geschickt sie Ose ihr dummes Zeug ausgeredet hatte.

Natürlich war es nun ein bisschen eng bei Willa. Johanna musste das grüne Zimmer mit Ose teilen. Britta und Finn wohnten mit Kruse, dem Kaninchen, im Osterzimmer.

Finn war sehr glücklich darüber. „S-stell dir vor, Ruthchen, wir s-schlafen im Osterhasenzimmer!", hatte er mir erzählt. Vor Aufregung lispelte er besonders stark.

Ane wohnte bei mir, im Zimmer Nummer drei, das neben Fräulein Mönkelmanns Zimmer liegt und das Gudrun immer für Kururlauber bereithält, obwohl es Ane sicher auch nicht gestört hätte, wenn sie irgendwo auf dem Fußboden hätte schlafen müssen. Ich sagte zu Ane, dass, wenn ihr Fräulein Mönkelmanns Fernseher zu laut sei, jetzt, wo es doch mit der Fußballsaison langsam losging, sie natürlich auch in Frau Jantzens altem Schlafzimmer schlafen könne. Aber sie versicherte mir, dass das bisschen Lärm ihr nichts ausmache.

„Wenn man mit Kindern arbeitet, ist man gegen einen gewissen Lärmpegel gefeit! Du solltest mal hören, wie es zugeht, wenn wir mit den Kindern in die Sommerfrische fahren! Wir planen übrigens wieder eine Reise nach Föhr in den Sommerferien. Wir haben die Wohnungen gebucht. Alle freuen sich schon."

Sie wärmte ihre klammen Finger in Herberts orangegestreiften Fell. An ihrem weißen Shetlandpullover klebten winzige Farbspritzer. Ose ließ sie das Schlafzimmer dunkelgrün streichen und das Wohnzimmer altrosa. Nur die Küche durfte weiß bleiben. Wegen des weiß-blauen Geschirrs, das sie von unserer Mutter geerbt hatte, sagte Ose. Derselbe Tischler, der auch für sie in der Galerie arbeitete, hatte sich bereiterklärt, ihr Küchenregale für das Geschirr zu zimmern – aus altem Holz, das sie oben im Dachboden über Frau Pols Haus gefunden hatte, da, wo Vater einst sein Holz lagerte. Helmut musste es übersehen haben, als er damals alles verkaufte.

„Jedenfalls wird es richtig gemütlich, mit warmen Farben – eine richtige Ose-Höhle."

Als Kind hatte Ose immerzu Höhlen gebaut. Auch damals hatte Ane ihr als Handlanger zur Seite gestanden, hatte Decken und Stühle herangeschleppt, Zwieback aus Mariannes Küche stibitzt. „Und sie hat sich in einer Zeitschrift so große, bauschige Gardinen ausgeguckt. Es wird ganz anders als in Kunos steriler Wohnung da am Rand von Hamburg. Die hat mich immer an einen Kühlraum im Schlachterladen erinnert. Fehlten nur noch die Fleischhaken!"

Eine Weile beobachteten wir beide den Strand. Die Ebbe war eingetreten. Der breite Sandstreifen der vordersten Sandbank war schon freigespült. Die Kinder liefen dort mit ihrem Drachen auf und ab. Ihre Gummistiefel zogen

Spuren über den feuchten Sand. Ein Fischkutter mit ausgebeulten Netzen tuckerte vorbei.

„Hat sie dir erzählt, dass sie den Stallboden so lässt, wie er ist, uneben, ein wenig holprig? Er wird jetzt nur versiegelt. Ose meint, es ist nun mal ein Stall, und anstatt es zu vertuschen, hebt sie es heraus. Die Wände sollen jetzt auch nur frisch gekalkt werden." Sie fügte lächelnd hinzu: „Gestern, als die Buhls bei Willa zum Kaffeetrinken waren, hat Frau Buhl sich über den Namen für Oses Galerie mokiert. ‚Galerie im Stall?‘, hat sie gesagt. ‚Ich weiß ja nicht, wie das heutzutage geht, aber zu unserer Zeit hing Kunst in Museen. Und man machte sich fein, wenn man sich Gemälde ansah.‘ Sie war richtig ein bisschen empört, als Willa ihr erzählte, dass Frau Heinke für Oses Galerie strickt." Ane nippte an ihrem Kakao.

Die Buhls und Willa hatten sich zusammengesetzt, um den Start ihrer Krocketsaison zu planen. Da die Zöllners aber verreist waren (Palästina und Jerusalem zu Ostern), hatten sie die Spieltermine nur vorläufig festlegen können.

„Ich habe auch Lust, Drachen steigen zu lassen", stellte Ane fest. „Ich glaube, die brauchen jemand mit Erfahrung da unten." Britta war gerade dran, aber der Drachen hielt sich nur ein paar Sekunden in der Luft. Ane stand auf – ohne Rücksicht auf Herbert. Er fiel mit einem gedämpften Plumps auf den Boden. „Bis gleich, Tante Ruth!"

Ane war die Einzige, die mich Tante Ruth nannte. Ich meinte immer, sie war von unseren Nichten diejenige, die mit beiden Beinen im Leben stand. Ose schlitterte durchs Leben, schien Katastrophen geradezu anzuziehen. Fritzi haderte mit sich und der Welt. Allen wollte sie es recht machen und kam dann selbst zu kurz. Wie mit diesem Wellnessurlaub, den sie wegen Hajo mitmachte, wo sie doch viel lieber bei ihren Kindern geblieben wäre. – Und die ernsthafte Kerrin, die auszog, die Welt zu verbessern. Sie legte so viel Entfernung zwischen sich und ihre Mutter und war Marianne doch so ähnlich. Auch Marianne wollte retten, wo nichts mehr zu retten war. Bei Ane gab es keinen Unsinn, da ging's geradeaus. Und doch hatte sie sich eine kindliche Freude erhalten. Ich sah sie wenige Minuten später mit den Kindern den Strand entlangtoben. Ihr langer Zopf wehte im Wind, sie rutschte aus, fiel in den Sand und warf den Kopf zurück in lautlosem Gelächter. Im nächsten Moment fielen Finn und Britta über sie her, während Johanna sie wie ein kleiner Indianer mit dem wirbelnden Drachen umkreiste.

Heute hatte sie mir einen bunten Blumenstrauß mitgebracht. So wie ich Blumen liebte: lose zusammengebunden, wie man sie selber im Garten oder am Feldrand pflücken würde. Ich hatte den Strauß in einen Krug auf den Tisch gestellt. Er erinnerte mich an die Blumen, die Mutter zum Friedhof trug. Damals, als sie so oft ohne Erklärung verschwand.

Ich war ihr gefolgt – den Rebbelstieg entlang, der da noch nicht gepflastert war und sich sandig und gähnend an Feldern und Äckern vorbeiwand. Alles war offen – ich konnte mich schlecht verbergen, aber Mutter wandte sich nicht um.

Als sie die Chaussee überquerte, dachte ich, sie wolle ins Dorf. Aber sie ging Richtung Friedhof. Sie nahm den Pfad, der an Heckenrosen entlang zu einem Seitentor führt. Sie ließ die Pforte hinter sich offen stehen, so dass kein Quietschen mich verriet.

Anstatt sich zu den Gräbern ihrer Familie zu wenden, hielt sie inne, da, wo einfache weiße Holzkreuze die Gräber der heimatlosen Soldaten markieren. 62 sind es. Das Meer hat ihre leblosen Körper an unsere Strände geschwemmt, oder sie sind im Lazarett ihren grausamen Wunden erlegen. Hier haben sie ihren letzten Ruheplatz – fern von ihrer Heimat und ihren Familien. Da stand Mutter. Nachdenklich starrte sie auf ein Kreuz, das ein Datum im Jahre 1943 trug. Als mein Schatten vor sie fiel, schaute Mutter erschrocken auf. Aber ich hatte schon begriffen, was sie dort machte.

Ich schritt um das Kreuz herum und legte meine Hand auf ihren Arm. Stumm hielt sie mir die Blumen entgegen. Gemeinsam gingen wir die Reihen entlang und legten auf jedes Grab eine Blume. Schweigend. Ich wusste, was Mutter hierher getrieben hatte. Sie hoffte, dass jemand da irgendwo in dem fernen Russland das Gleiche für ihren Sohn tun würde.

Deshalb verstand ich es auch, als Ane mir von dem Ausflug zum Friedhof erzählte, den Ose, Fritzi und die Kinder gemacht hatten. Man sollte die Toten nicht vergessen.

Wir erhielten die Nachricht, dass Helmut vermisst war, an einem trüben, verregneten Tag. Die Wolken hingen niedrig über dem Wald, und die Tannen trieften vor Nässe.

Vermisst ... was bedeutete das eigentlich?

Ich vermisse euch alle, vor allem Mutters Küche, hatte Helmut geschrieben.

„Ich vermisse meinen kleinen Schraubenzieher", sagte Vater, wenn er wusste, dass Mutter ihn ausgeliehen hatte, um die Rillen im Backofen auszukratzen.

„Verschwunden", sagte Willa störrisch beim Mittagessen. „Wenn sie gesagt hätten: verschwunden. Das bedeutet weg. Vermisst – das ist wie verlegt. Wenn man was verlegt, dann ist es nicht da, weil man sich nicht erinnern kann, wo man es hingelegt hat. Sie vermissen Helmut, weil sie nicht wissen, wo er gerade jetzt ist …"

Vater, der fast nie ärgerlich wurde, schlug so hart mit der Faust auf den Tisch, dass die Suppe aus den Tellern schwappte. Die Gesellen, alte Männer, einer mit einem Klumpfuß, der andere mit einem Stück Schrapnell im Bein vom letzten Krieg, starrten auf ihre Hände. Nur Mutter aß weiter, tauchte den Löffel in die Suppe, hob ihn zum Mund, schluckte. Automatisch geschah das, wie alles, seitdem wir das Telegramm bekommen hatten. Ihre Augen sahen blank aus wie ein Spiegel. Undurchdringlich. Sie tat alles, was von ihr erwartet wurde. Putzte, kochte, legte frische Wäsche raus. Nur wenn man mit ihr sprach, schreckte sie zusammen, wurde ärgerlich, wenn man sie aus ihrer Stille hervorlocken wollte. Als ob sie anderen Stimmen lauschte, die nur sie hören konnte. Wenn wir am Sonntag in die Kirche gingen, konnte es vorkommen, dass sie auf einmal aufstand und leise aus der Bank glitt. Wenn sie den Gang hinunterlief, senkten die Köpfe sich tiefer in die Gesangbücher, Augen wichen ihr aus. Vater seufzte dann und schüttelte leicht den Kopf, wenn ich ihn fragend ansah. Die schwere Tür schlug mit gedämpftem Hall hinter ihr ins Schloss, und der Pfarrer setzte seine Lesung fort. Seine Hände zitterten leicht.

Ich glaube, Vater war der Erste, der Helmuts Tod akzeptierte. Ich sah es an seinem Gesicht. Es wurde hart und fest und irgendwie enger. Als ob er sich der Freude, der Hoffnung, dem Schönen nie wieder ganz so öffnen würde wie früher.

Wahrscheinlich hatten die Männer mit ihm gesprochen. Ihn zur Seite genommen, in der Loge, auf der Arbeit, nach der Kirche. Hatten ihm reinen Wein eingeschenkt. Von Minenfeldern hatten sie ihm erzählt. Ein falscher Schritt – und wummm – da blieb nichts, was man noch begraben könnte.

Und dann starb das Licht – dieses blanke, spiegelnde Licht – in Mutters Augen. Anstatt nach innen zu schauen, wo sie sich an ihre Hoffnung klammerte, irrte ihr Blick durch die Räume, blieb an nichts haften, strich über die Dinge, über uns und schien dann im Leeren hängenzubleiben. Wenn wir zu Weihnachten singen … *übers schneebedeckte Feld wan-dern wir, wan-dern wir …*, dann denke ich immer an Mutter. Damals, als wir Helmut tot glaubten, da kam sie mir vor wie eine einsame Figur, die, eingehüllt in schwarzer, dann grauer Trauer, über ein schneebedecktes Feld wandert, durch eine riesige, stille Einsamkeit, in der nichts und niemand einem den Weg weisen kann. Langsam kehrte sie zu uns zurück, aber auch sie war nicht mehr dieselbe.

Nur Willa hielt an dem Glauben fest, dass Helmut noch lebte. Für die Dauer dieses absurden Krieges und danach. An seinem Geburtstag stellte sie Blumen auf den Tisch, schmückte Helmuts Platz mit einem Blütenkranz, obwohl Vater die Stirn runzelte. Am dunkelsten Tag des Jahres, den wir Kerzentag nannten, stellte sie Kerzen in die Fenster.

„Sie sind für alle, die noch nicht heimgekehrt sind", sagte sie, und nicht einmal Vater konnte es ihr verwehren.

Vielleicht war es, weil wir so fest an Helmuts Tod geglaubt hatten, dass er nie wieder richtig ins Leben eintrat, als ob jeder Tag, an dem wir an seinem Leben zweifelten, ihn ein wenig mehr aushöhlte. Jedenfalls war das, was da zurückkehrte, nicht mehr unser Bruder.

An einem ungemütlichen Tag kam Helmut nach Hause. Der nordwestliche Wind trieb graue Wolken übers Meer und hüllte die Insel in schmutzige Watte.

Ich hatte Vater ans Telefon gerufen, dieses gewichtige, schwarze Gerät, dessen Klingeln für uns noch so ungewohnt war, dass wir jedes Mal erschraken. Ich war in die Werkstatt gelaufen, um Vater Bescheid zu sagen. „Es rauscht so komisch in der Leitung", sagte ich. Es war der Kapitän auf der „Hilligenlei", dem Dampfer, der zwischen Wyk und Dagebüll pendelte. Jemand an Bord hatte Helmut erkannt. Über das Schiffstelefon rief er an. Bestand darauf, nur mit Vater zu sprechen.

„Kumm mal lever rünner. Dat süht so ut, as wenn dien Söhn op dat Schipp is." Auch er war sich unsicher. *Das sieht so aus, als ob dein Sohn auf dem Schiff ist.*

Und Vater spannte seine Fahrradklammern um die Hosenbeine. Sagte nur, er müsse mal runter an den Hafen.

Manchmal denke ich, es wäre besser gewesen, wenn Helmut seinen Verwundungen erlegen wäre. Wenn er im Schnee, in der Kälte umgekommen wäre, wie so viele. Oder später in dem Lager für Kriegsgefangene. Denn das, was zurückkam, war kaum noch menschlich. An ein verängstigtes Tier erinnerte er mich.

Die Einzige, die nicht zurückschreckte, war Willa. Sie kroch zu ihm, wenn er nachts von Alpträumen geschüttelt wurde. Sie war es, die ihn langsam ins Leben zurücklockte. Ihn fütterte, streichelte, wusch und wärmte. Mit ihm spazieren ging, stundenlang.

Langsam lernte er, wieder wie ein Mensch zu funktionieren. So wie die armen Kerle, denen sie die Beine amputieren mussten. Sie lernten zu laufen auf ihren künstlichen

Gliedern, aber Gefühl hatten sie nicht darin. So kam Helmut mir vor, wie jemand, der mechanisch die menschlichen Bewegungen nachvollzog, ohne etwas zu spüren.

Als er Marianne traf, da in diesem Heim, wo er hingeschickt wurde zur Rehabilitation, nahm sie ihn so, wie er war. Dachte wohl, sie könne ihn wieder heilmachen. Und er war einfach froh, dass da jemand war, der für ihn entscheiden konnte. Ich glaube, insgeheim waren wir alle froh.

Vielleicht brauchte Marianne jemanden, der gefügig war. Oder sie hatte Angst, eine alte Jungfer zu werden, wie Willa und ich es geworden sind. Obwohl da ja mein Willem war. Und auch bei Willa hat der eine oder andere angeklopft. Nur wurde eben nie was daraus.

Als Ane mir erzählte, dass Ose und Fritzi einen Nachmittag lang den Friedhof abgesucht hatten, da konnte ich es verstehen. Damals, als wir Helmut tot glaubten, da wäre uns das Wissen um ein Grab eine Erleichterung gewesen. Ein Trost wäre es uns gewesen, dass jemand Blumen auf sein Grab legte.

„Ruth, Ane hat sich ein Projekt für uns ausgedacht!" Britta kam die Treppe hochgestürmt, gefolgt von Olmi. Zumindest versuchte er zu stürmen, aber seine kurzen Beine und seine Behäbigkeit erlaubten nur ein unbehändes Kraxeln.

„Projekt", bestätigte Johanna, die kurz hinter Britta ankam.

Die Mädchen setzten sich auf den Treppenabsatz und entledigten sich ihrer Anoraks, Mützen und Gummistiefel. Alles landete in einem bunten Haufen, der an die Osternester erinnerte, die Ose und Ane in Willas Garten versteckt hatten und die die Kinder mir zum Begutachten mitbrachten.

Wie immer hatte Fritzi reichlich gesundes Zeug mitgeschickt – Haferkekse, Gelee-Eier ohne Zucker, Tofuschokolade – alles Sachen, die Willa als Schnickschnack bezeichnete und beiseitelegte für ein andermal. Statt dessen hatte sie all das eingekauft, was Kinder wirklich lieben, und hatte obendrein noch dreißig Eier gefärbt. „Stell dir vor", erzählte sie mir, „sogar Eierfarbe gibt es von irgend so einem Bioverein. Die hab ich natürlich nicht benutzt. So ein blasser Kram. Die Eier müssen doch leuchten." Ich hatte überlegt, woher sie wohl wusste, dass die Biofarbe nicht leuchtet. „Das schmeckt doch alles so fade. Wie sollte es mit Farbe anders sein?", kam Willas schlagfertige Antwort.

Finn polterte auf seinen etwas zu großen Gummistiefeln die Treppe herauf. Er hatte die alleinstehenden Damen begrüßt, die an diesem regnerischen Morgen etwas länger im Frühstückszimmer über ihrem Kaffee trödelten.

„Ich habe ihnen noch schnell mein Drachenbuch gezeigt", erklärte er und bat dann, „Ruthchen, hilfst du mir mal mit dem Rei-ss-ver-sschluss? Der klemmt immer." Ich kniete mich hin und schnupperte seinen Geruch von nassem Gummi und Nivea-Creme. „Ich muss gleich noch mal runter, Ane hat nämlich in ihrem Zimmer was versteckt. Nur für mich."

Olmi hatte die letzte Stufe erreicht. Er wirkte wie ein Bergsteiger, den nur noch ein letzter Zug vom Gipfel trennt. Eine dicke Pfote ertastete vorsichtig den Treppenabsatz. Es rutschte, schnaufte und ächzte. Dann erschien die zweite Pfote. Japsend zog er sich mit letzter Kraft nach oben. Weiter schaffte er es nicht. Er lag flach auf dem Boden und hechelte.

„Ane will heute den ganzen Morgen malen", verkündete Finn.

„Sie will die Türen malen. Dabei darf sie nicht gestört werden", erklärte Britta. „Willa ist mit Ose nach Niebüll gefahren."

„Sie wollen sich Gardinenstoffe angucken", sagte Johanna. Ein Hauch von Sehnsucht schwang in ihrer Stimme mit, sicher wäre sie gern mitgefahren. Sie liebte Stoffe, drapierte sie mit Geschick, stellte Farben und Muster mit sicherer Hand zusammen.

„Dann ist es ja gut, dass heute der Tag ist, an dem ihr bei mir eingeladen seid. Habt ihr schon überlegt, was ihr zu Mittag essen wollt?"

„Pfannkuchen!", rief Finn.

„Finn – wir haben das doch schon entschieden. Es gibt Himmel und Erde." Britta knuffte ihn hart. Da wir ihn noch nicht aus seinem Anorak geschält hatten, schmerzte es ihn nicht sonderlich. „Pfannkuchen mit Himmel und Erde", nickte er.

„Himmel und Erde und Bratwurst." Ich hatte Gudrun schon zum Einkaufen geschickt.

„Ane hat gesagt, wenn sie fertig ist mit dem ganzen Malen, dann gehen wir in den Pfannkuchen!" Das war auch so eine Einrichtung, dass Willa mit den Kindern ins Pfannkuchenhaus am Südstrand ging.

Finn war endlich fertig, und auf besockten Füßen machte er sich auf, um Anes Überraschung zu finden. Fritzi strickte aus ihren Wollresten immer bunte Ringelsocken für ihre drei Kinder. Manchmal dachte ich, dass die Kinder heutzutage so schlau waren und so schön über vieles berichten konnten. Und wenn man dann ihre kleinen Füße sah, dann merkte man doch, wie wacker sie ins Leben traten.

„Kommst du auch mit zum Pfannkuchenessen? Ose hat gesagt, sie fährt uns in ihrem neuen Lieferwagen! Wir dürfen alle drei hinten im Laderaum sitzen." Britta war besonders begeistert von dem kleinen roten Lieferwagen, den Ose gebraucht gekauft hatte. Ein blauer Schriftzug auf einem weißen Stall warb für die ‚Galerie im Stall'. Der Wagen hatte vorher einem Elektrogeschäft gehört und hatte hinten so einen kleinen gewellten Aufbau. Er hatte nur Platz für zwei Personen, aber Ose sagte, er sei fast hundertprozentig verlässlich. Ich versuchte mir vorzustellen, wie Ose und Willa in dem kleinen Gefährt in Richtung Niebüll schaukelten.

„Wir wissen schon, was die Überraschung ist, die Ane für Finn versteckt hat. Wir waren dabei, als sie es gekauft hat", vertraute Johanna mir an. Sie lehnte sich über das Geländer und beobachtete Finn, der auf Zehenspitzen den Türgriff erreichte, der den Weg in den Flur zu Fräulein Mönkelmanns Zimmer und zu Zimmer Nummer drei freigab.

„Das ist, weil Finn nicht bei unserem Projekt mitmachen kann. Dafür muss man nämlich schreiben können", erklärte Britta. Sie und Johanna schleppten ihre Rucksäcke in die Veranda.

Ich ging in die Küche und füllte eine flache Schale mit Wasser. Die stellte ich dem Hund vor die Nase. Dankbar schlappte er an der Schüssel. Unfähig, sich dafür aufzurichten, trank er im Liegen. Finn kam wieder die Treppe hoch, halb versteckt von einem mittelgroßen Paket. Es raschelte ominös.

„Wenn du etwas gefunden hast, dann bring es doch in die Veranda und pack es dort aus", schlug ich vor. „Wir sind schon so gespannt, was es ist."

„Okay", kam dumpf seine kleine Stimme.

Am großen Tisch hatte Johanna angefangen, ihre Rucksäcke zu leeren. Britta hatte sich zu Herbert aufs Bett gesetzt. Herbert mochte Kinder nicht, und Britta respektierte das, nur hoffte sie eben, dass er irgendwann doch einmal auf ihre sanften Worte einging.

Johanna sah mich erwartungsvoll an. Fotokarton in verschiedenen Farben hatte sie ausgebreitet und eine Keksdose gefüllt mit Kleber, Scheren, einem Lineal, einem Locher und allerhand anderen Schreib- und Malutensilien dazugestellt. Und dann stand da noch ein alter Karton aus schwarzer Pappe, vorn mit einem Metallschildchen versehen, in das jemand ein beschriftetes Etikett gesteckt hatte. Der Karton war abgestaubt worden, aber man sah ihm das Alter an. Auch das Etikett war vergilbt, und als ich es genauer betrachtete, sah ich, dass es in Sütterlinschrift beschrieben war. *Familienfotos* stand dort – in Mutters krakeliger Schrift.

„Wir haben ihn auf Willas Boden gefunden!", rief Johanna aus.

„Gestern durften wir raufklettern – weil doch so ein Regenwetter war!", setzte Britta hinzu. „Wir durften *eine* Sache mit runterbringen. Eigentlich wollten wir nur den Bauernhof holen, aber dann hat Ane gesagt, sie hat noch nie diese Fotos gesehen, und da haben wir den Karton auch noch mitgebracht!"

„Ich war nicht mit." Finn hatte den etwas quengeligen Ton, der die anderen warnte, gleich könne ihm einfallen, dass seine Mama weggefahren war und er eigentlich traurig sein müsse.

Johanna nahm ihn schnell in den Arm. „Deshalb haben wir doch den Bauernhof runtergeholt. Und Ane hat eine Überraschung eingekauft."

„Nur für dich. Außerdem war es sowieso langweilig auf dem Boden. Ganz dunkel und alles voller Spinnen." Britta tat ihren Teil, Finn abzulenken. Alle starrten jetzt gespannt auf das Päckchen, das er unter Anes Bett hervorgezogen hatte. „Mach's auf, Finn!"

Finn kostete es aus, im Mittelpunkt zu stehen. Mit spitzen Fingern löste er vorsichtig die Streifen Tesafilm und schlug das Papier zurück. Drinnen lag ein Werkkasten aus Plastik, wie ihn Handwerker für kleineres Werkzeug benutzen. Der Deckel öffnete sich in der Mitte und klappte zu beiden Seiten auf. Ein Tragegriff ermöglichte leichten Transport.

„Opa Helmut hat auch so einen", sagte Finn ehrfürchtig. Johanna schlug ihm vor, ihn einmal aufzuklappen. Drinnen lag ein zweites Paket. Finn öffnete es und quiekte vor Freude. Ane hatte einen Satz Eidechsen gefunden, aus einem wabbeligen Gummizeug, das sie durchaus echt erscheinen ließ.

„Lurche! Eine ganze Lurchenfamilie, guck mal, Ruthchen!"

Ich war kein großer Freund von Krabbelgetier, aber es schien, dass heutzutage alle Kinder, spätestens wenn sie in den Kindergarten kamen, eine Dinosaurierphase durchmachten. Finn besaß schon eine Bande Dinosaurier. Nun also auch noch Lurche. Ich bewunderte sie gebührlich.

Finn rannte hinaus und holte seinen Rucksack. Er schüttelte ihn, bis die große Dose herausfiel, in der Mutter die kleinen Holzteilchen verwahrt hatte, die zusammengesteckt Zäune, Häuser und Stallungen für einen ganzen Bauernhof bildeten. Auch kleine geschnitzte Tiere waren dabei. Früher war Mutter auf den Boden gestiegen und hatte die Dose für Helmuts Kinder heruntergeholt. Davor hatten wir damit gespielt. Ich konnte mich nicht erinnern, wie und wann sie in unsere Familie gekommen waren. Vielleicht hatte Helmut sie mal geschenkt bekommen.

„Ich werde jetzt ein Haus für die Lurche bauen. Und die Dinosaurier kommen in den Wald." Finn setzte sich glücklich mit seinen Schätzen auf den Boden.

In diesem Moment richtete Herbert sich auf. Wie der rote Rächer erhob er sich. Seine Barthaare zitterten, seine Augen funkelten, und ein zischendes Fauchen entfuhr seiner Kehle. Ich hätte mich nicht gewundert, wenn es von einem Feuerstoß begleitet worden wäre. Olmi hatte seinen Kopf um die Ecke gesteckt und kroch schwanzwedelnd auf Britta zu. Und nun vollbrachte Herbert einen jener Kunstsprünge, für die er in der Welt der Kater sicherlich gerühmt und besungen wird. Aus seiner sitzenden Stellung erhob er sich in die Luft, streckte sich zu einer Art Katapultgeschoss, das im Tiefflug Olmi ansteuerte. Mit einer feisten Pfote traf er Olmi an der Nasenspitze, bevor er seinen Kurs änderte, einem Hubschrauber ähnlich senkrecht aufstieg, unter der Decke mühelos in die Gerade wechselte und dann leichtfüßig oben auf dem Bücherschrank landete. – Olmi jaulte laut auf und schoss unters Bett. Herbert hockte über uns. Aufrecht, mit gestreckten Vorderbeinen. Seine bebenden Barthaare und böse glitzernden Augen drückten die Empörung aus, die er über die Hundeinvasion empfand.

„Weißt du, was wir machen werden, Ruth?", fragte Johanna, unbeeindruckt von Herberts Kunststück.

Ich gab zu, dass ich keine Ahnung hatte.

„Also, das ist das Projekt. Es ist ein Geschenk für Willa. Wir wollen ihr ein Fotoalbum kleben. Mit diesen alten Fotos!"

„Ja, und du musst uns helfen", unterbrach Britta. Aufgeregt hopste sie vom Bett auf ihren Stuhl. „Ane hat gesagt, wir können zu jedem Foto eine kleine Geschichte schreiben. Wer das ist und was die Leute gerade machen!" Sie riss den Deckel von dem Fotokasten und zog ein Foto hervor. Ich erkannte Opa Petersen. Ernst und überlegen saß er auf dem Kutschbock, die Zügel locker in den Händen.

„Wir können schreiben: *Hier sitzt ...*"

„Opa Petersen", sagte ich schnell.

„Ja, *Opa Petersen auf ...*"

„Seiner Kutsche!", rief Johanna. „Er hat so feine Kleider an, nicht, Ruth? Was glaubst du, will er machen?"

„Oh, ich denke, sicher einen Ausflug. Oder vielleicht will er die Damen zur Kirche fahren."

„Nee, Kirche – das ist langweilig. Wir schreiben, sie machen eine Ausfahrt!" Sie drehte das Bild um. „Bei einigen steht hinten was drauf, aber Ane konnte das auch nicht lesen. Sie hat gesagt, dass ist so eine Schrift aus alter Zeit."

Ane hätte sich nichts Besseres für die Kinder ausdenken können. Den ganzen feuchten Vormittag verbrachten sie vergnügt, indem sie Fotos aussuchten, sich die Leute von mir identifizieren ließen, die Fotos auf Karton klebten und in Schönschrift beschrieben. Dann malten sie vorsichtig Girlanden oder sonstige Einrahmungen um die Bilder.

Bei einigen Fotos fanden wir hinten auch eine Aufschrift, die uns weiterhalf. Zum Beispiel *Vater und Helmut zu Rundföhr*. In anderen Teilen Deutschlands hieß der Tag Christi Himmelfahrt, aber bei uns war es üblich, an dem Tag rund um die Insel zu laufen. Das Schönste daran war das Abkochen, das zu Mittag stattfand. Mutter bewahrte extra einen verrußten Topf für uns auf. Für das Feuer sammelten wir Treibholz und Schafdung. Die Kinder wollten mir natürlich nicht glauben, dass der etwa neunjährige Junge ihr Opa Helmut war. Auf einem anderen Bild sahen sie Willa und mich in Friesentracht.

„Da wurden wir konfirmiert! Ganz lange Zöpfe hatten wir, seht ihr sie unter dem Kopftuch? Kurz darauf schnitten wir sie ab."

Wie hatten Willa und ich den Tag herbeigesehnt, an dem wir unsere Zöpfe abschneiden durften!

Johanna war besonders an der Kleidung und den Hüten interessiert und wollte wissen, ob denn die Röcke sehr heiß und die Blusen wirklich so steif gewesen waren, wie sie aussahen. Britta bemerkte oft Einzelheiten im Hintergrund, die uns entgangen waren. Ein Hündchen, das sich hinter Tante Annettes Rockzipfel versteckte. Ich hatte ihren asthmatischen, zappeligen Pinscher vergessen, der mit Pralinen gefüttert wurde und uns hinterlistig in die Knöchel biss, wenn Tante Annette grad nicht hinsah.

Britta erkannte auch den Birnbaum, der heut alt und knorrig in Willas hinterem Garten stand, immer bedroht von baldiger Ausrottung, aber der damals noch jung genug war, um abgestützt zu werden.

Die ganze Zeit summte Finn glücklich vor sich hin. Der Bauernhof war inzwischen bis unter den Tisch gewachsen. Olmi hatte er unter dem Bett hervorgezogen und auf einer kleinen Anhöhung – Herberts Sofakissen – platziert. Er spielte überzeugend den Ur-Urgroßvater der Dinosaurier, der schnarchend auf einem Felsen lag, bei Gefahr aber ein tödliches Gebrüll ausstoßen sollte. Nicht ganz ein Gebrüll, aber immerhin ein grollendes Knurren stieß er aus, als Gudrun die Treppe hochstieg. Vielleicht hat Fritzi ja doch recht, und Olmi ist zu etwas nütze. Sie behauptet ja immer, er würde die Kinder bis zum letzten Blutstropfen verteidigen.

Gudrun stellte die schwere Einkaufstasche auf den Boden und blickte interessiert auf den Tisch. Ich hatte angefangen, die Fotos nach Jahren zu sortieren.

„Hallo, Gudrun. Wir basteln ein Fotoalbum für Willa", sagte Johanna ernsthaft. Sie hantierte mit dem Lineal.

„Herbert sitzt oben auf dem Schrank. Olmi hat ihn vorhin erschreckt", fügte Britta erklärend hinzu. Sie rubbelte nachdenklich den Klebstoff, der an ihren Fingern klebte, zu kleinen Kugeln.

„Er hat wahrscheinlich auch Angst vor meinen Lurchen und Dinosauriern", kam Finns Stimme von unterm Tisch.

Gudrun warf vorsichtig einen Blick unter den Tisch. Auch sie war nicht allzu begeistert von dem, was da kreuchte und krabbelte. Vergewissert, dass nichts an ihren Beinen hochschlängelte, hob sie ein kleines Foto auf, das vom Stapel gerutscht und auf den Boden gefallen war. Sie legte es achtlos auf den Tisch.

„Holst du Herbert vom Schrank runter, Gudrun?", fragte Britta besorgt.

Der Kater hatte sich dicht an die Kante gelegt, so dass er das Geschehen unten bequem beobachten konnte, und war dabei in einen erschöpften Schlaf gefallen. Eine Pfote hing schlapp über den Rand des Schrankes.

Gudrun würdigte ihn kaum eines Blicks. Seitdem er ihr abtrünnig geworden war und meine Gesellschaft vorzog, ignorierte sie ihn genauso wie er sie.

„Er fühlt sich doch wohl dort oben. Außerdem muss ich jetzt Mittag kochen für meine Damen." Sie verließ den Raum, aber der Gedanke ans Mittagessen regte sich in den Köpfen der Kinder. Johanna warf plötzlich Lineal und Schere von sich und erklärte, sie hätte jetzt erst Mal genug.

„Ich helfe dir Äpfel schälen, Ruth. Ich kann Ringe schneiden. Hast du einen Kartoffelschäler?"

„Ich auch! Wir dürfen doch die Äpfel schälen, nicht, Ruth? Du kannst ja die Kartoffeln machen!", bot Britta großzügig an.

Bevor ich sie ans Aufräumen erinnern konnte, waren sie mir schon in die Küche entwischt. Die schwere Einkaufstasche, die Gudrun an der Tür abgestellt hatte, nahmen sie mit. Seufzend packte ich ihre Utensilien zusammen. Dabei fiel mir noch mal das kleine Foto mit dem gezackten Rand in die Hand, das Gudrun vom Boden aufgehoben hatte.

Ich musste meine Lesebrille zurechtrücken, um es richtig zu sehen. Auf dem Foto stand eine kleine Gruppe junger Frauen, die alle altmodische Kittel mit langen Schürzen trugen. Um die Köpfe hatten sie Tücher gelegt und im Nacken geknotet. Das Foto war an einem windigen Tag aufgenommen worden. Man sah, dass die jungen Frauen sich gegen den Wind lehnten und dass der an ihren langen Schürzen zerrte. Sie hatten einander die Arme um die Schultern gelegt, und jemand musste etwas Lustiges gesagt haben, denn alle sahen fröhlich aus. Die, die in der Mitte stand – eine kleine Plietsche mit einem schelmischen Gesicht –, krümmte sich vor Lachen. Dabei hielt sie ihr Gesicht aber hoch, bedacht, dass die Kamera sie nicht verpassen sollte. Auch die anderen lachten, nur die, die außen rechts stand, hielt besorgt an ihrem Kopftuch fest. Alle waren identisch angezogen, nur die in der Mitte hatte ein gepunktetes Tuch um den Hals gebunden. Ich erinnerte mich an diese Tücher. Man kann sie jetzt wieder in Läden kaufen, die echte Finkenwerder Fischerhemden und dergleichen verkaufen. Rote Vierecke mit weißen Pünktchen.

Ich erkannte die Frauen nicht. Ich drehte das Bild um. Nichts war dort vermerkt. Ich zögerte. Ich war mir ziemlich sicher, dass es niemand aus unserer Familie war. Auch keiner der Kurgäste, die damals oft Zimmer für den ganzen Sommer nahmen und manchmal mit uns fotografiert wurden, wenn ein wandernder Fotograf an der Haustür klingelte. Die Kurgäste waren immer sehr fein gekleidet. Diese jungen Frauen waren eindeutig Arbeiterinnen.

„Guck mal, Ruth, da stehen ja Betten draußen vor", sagte Britta, die leise hereingekommen war und sich über meine Schulter beugte.

Das Kinderschloss. Die breite Terrasse, die ordentlich aufgereihten Betten.

„Was ist ein Kinder-sschloss?", fragte Finn und stolperte über die S-Klänge.

Hatte ich laut gedacht?

„Oh, es war eigentlich ein Kinderheim für kranke Kinder noch vor dem Zweiten Weltkrieg. Sie waren zu schwach, um zu spielen. Den ganzen Tag mussten sie in ihren Betten liegen. Aber wenn die Sonne schien, wurden sie nach draußen geschoben. Sie kamen aus einer großen Stadt, Berlin, damit unsere gute Luft sie wieder gesundmachen konnte."

„Wir kommen aus einer großen Stadt", sagte Finn besorgt.

„Aber wir wohnen auf dem Land. Mama sagt immer, es ist gut, dass wir auf dem Land wohnen. Das stimmt doch, Ruth, oder?", fragte Britta.

„Natürlich, eure Mama hat recht. Damals, als die Kinder hierhergeschickt wurden, da war alles ganz anders. Es gab nicht genug zu essen, und die Kinder mussten oft in dunklen Hinterhäusern wohnen, wo es feucht und kalt war. Und sie durften nur in Hinterhöfen spielen, wo nie ein Sonnenstrahl hinkam."

„Dann haben sie sich bestimmt gefreut, dass sie auf ein S-Schloss kommen durften."

„Ja, Finn. Das glaube ich auch."

Finn fand das Thema schon langweilig, er widmete sich wieder seinen Tieren. Aber Johanna, die wissen wollte, wo wir blieben, musste nun auch etwas über dieses Kinderschloss hören.

Ich erzählte ihnen, dass wir damals, als wir Kinder waren, jeden Sonntag mit unseren Eltern spazieren gingen. Meistens ging es die Kurpromenade entlang. Willa und ich in unseren feinen Kleidern, Helmut in seinem Matrosenanzug.

„Genau wie ihr heute, rannten wir meistens ein Stück voraus. Manchmal hatte Helmut einen Stecken mit, und damit malte er dann eine Linie in den Sand, und wir mussten genau dem Strich folgen." Schlangenlinien, Schnecken und Zickzacks malte er, und wehe, wir liefen nicht genau auf dem Strich! „Das war, wenn wir schon am Südstrand angekommen waren, da, wo die breite Treppe nach oben führt und man entweder weiter auf der Promenade entlanglaufen kann oder oben auf dem Sandweg. Wenn es windig oder kalt war, gingen wir oben entlang."

Der Vater trug seinen Hut, zog ihn höflich, wenn er eine bekannte Familie traf. Mutter stöckelte auf ihren ungewohnten Absätzen, die Handtasche baumelte am freien

Arm, den anderen hatte sie unter Vaters geklemmt. Wir Kinder, durch unser Sonntagszeug nur teilweise bezähmt, bildeten die Vorhut. Versteckten uns hinter Büschen oder Mauervorsprüngen und in Tornischen, um den gemessen spazierenden Eltern aufzulauern. Jedes unserer Verstecke musste ihnen bekannt sein, und doch heuchelten sie Staunen oder Erschrecken, wenn wir plötzlich hervorsprangen.

Jedes Mal Mutters besorgte Ausrufe, wenn wir auf den Strandmauern balancierten, und Vaters ausgestreckte Hand, die bereit war, ein stürzendes Kind aufzufangen. Manchmal blieben wir zurück, um Strandnelken zu pflücken, die sich zu einem Kranz winden ließen, oder Pusteblumen, die zu Pustewettstreiten aufforderten.

Nur wenn wir die hohe Mauer erreichten, die das Kinderschloss einkreiste, schlossen wir unwillkürlich auf, drängten uns näher an die Eltern, suchten die Erwachsenenhände.

Die Stille, die über die Mauer hinüberdrang, legte sich wie ein feuchter Nebel über die Sonntagsfamilien. Nicht nur wir Kinder spürten es, auch der Eltern Schultern versteiften sich. Mutter presste ihre Lippen fest zusammen, hätte gern auch uns gewarnt, wenn nicht etwas ihr die Worte stahl. Vater sah starr geradeaus, und wenn er nun jemanden grüßen musste, wirkte seine Verbeugung eckig, sein Gruß knapp. Mutter hielt ihren Blick auf den verstaubten Fußspitzen. Jeder wusste, hinter diesen Mauern verbarg sich etwas Übles. Eine schleichende Krankheit, die keine Unterschiede machte, Kinder und Erwachsene gleichsam überfiel. Die einen kerngesunden Menschen angriff, in ihn eindrang, ohne dass derjenige sich dessen bewusst war, und dann ihren üblen Schabernack trieb. Der Angegriffene wurde matt und schwach. Langsam, aber sicher sog ihm die Krankheit das Leben aus. Vampirähnlich zehrte sie am gesunden Blut, ließ endlich eine blasse Hülle zurück, deren Haut so durchsichtig war, dass man die Venen und Adern zitternd pulsieren sah. Bis endlich auch der letzte Atem davonflatterte, der letzte Herzschlag so sanft nachhallte, dass er kaum noch die Brust rührte. Wenn meine Mutter ein Zeichen gekannt hätte, das ihre Kinder gegen diesen Feind feite, sie hätte es sicher benutzt.

Für Willa und mich jedoch barg das Kinderschloss eine seltsame Faszination. Ehrfürchtig schritten wir vorbei an der Stille, die ununterbrochen war von all dem, was man normalerweise mit Kindern verbindet. Kein Schrei, kein Ruf, kein Lachen. Hier gab es keine rennenden Schritte, keinen Ball, der in regelmäßigen Abständen an eine Wand prallte oder über Pflastersteine hüpfte. Geläutert schritten wir die Länge der roten Backsteinmauer ab, wussten, dass wir es nie verdienen könnten, näher an die Wesen, die so geschützt dort ruhten, heranzukommen. Nur aus der Ferne hatten wir sie gesehen. An schönen Sommertagen, wenn wir statt oben unten am Strand entlanggeführt wurden. Dann standen ihre Betten draußen. Aufgereiht auf der weitläufigen Steinterrasse. Die Terrasse selbst hatte Ausmaße, die nur einem Schloss gebührlich waren. Und was sonst konnte das hohe, mehrstöckige Gebäude darstellen, mit seinen hunderten von Fenstern, dem grünen, kupfernen Dach, den Türmchen, die an den Enden thronten, den Fahnen, die dort wehten? In jedem gerade gerichteten, ordentlich bezogenen, faltenlosen Bett lag ein Kind. Nur ihre Köpfe unterbrachen das gestärkte Weiß der Bettlaken. Ihre blasse Haut war wie der Alabaster, von dem die Märchen erzählten. Ihr Haar stellten wir uns vor wie Ebenholz, ihre Lippen rot wie Rosen in den bleichen Gesichtern. So zerbrechlich und kostbar waren sie. Zwischen den Betten glitten Wesen in steifen Uniformen, die den Kindern ministrierten, ihnen den leisesten Wunsch von den Lippen ablasen, diesen zarten Geschöpfen, die, gleich der Prinzessin auf der Erbse, die kleinste Unregelmäßigkeit bis in ihre Seele spürten.

Wir bangten und wünschten um einen Blick von ihnen, erhofften ein winziges Zeichen. Aber diese wundersamen Geschöpfe lagen in ihren Betten gleich Raupen, die Gedanken nach innen gerichtet, auf den Tag harrend, da sie sich wie Schmetterlinge entfalten würden. Denn dessen waren Willa und ich uns gewiss, besprachen es oft des Nachts: Diese zierlichen Prinzen und Prinzessinnen erwarteten den Tag, an dem sie sich von ihren Betten erheben würden, um ihre silbernen Roben anzulegen, ihre goldenen Kronen aufzusetzen und ihren Thron zu besteigen. Gleich den Märchenkönigen würden sie dort weise und erhaben regieren.

„So stellten wir uns das Leben von Königskindern vor. Und so haben wir es immer genannt – das Kinderschloss. Willa muss das Foto in dem Jahr gemacht haben, als sie ihr Pflichtjahr im Lazarett hatte. Im Krieg wurde das Heim ein Lazarett."

„Gibt es das immer noch – dieses Kinderschloss?"

„Ja, aber es ist nun ein Heim für besondere Kinder. Solche, die ein bisschen mehr Hilfe brauchen oder mehr beschützt werden müssen."

„Die Polizei kann doch die Kinder beschützen", sagte Finn und baute die Mauer zwischen den Dinosauriern und den Schafen etwas höher.

„Ruth meint doch so ein Heim wie das von Ane", sagte Johanna abwertend.

„Das ist in einem Gutshof, und das ist doch beinah ein Schloss, nicht, Ruth?"

„Ja, ich glaube. Aber jetzt hat Gudrun unser Mittagessen gebracht, und wir wollen mal lieber anfangen zu kochen, was?"

„Ja … Olmi hat Hunger. Und die Dinosaurier und die Lurche. Was essen Lurche eigentlich?"

„Oh, Salat, glaube ich. Und Gras. Und Fliegen."

„Salat und Gras und Fliegen", sang Finn glücklich, während er auf seinen Ringelsocken vor mir her in die Küche hüpfte. „Salat und Gras und Fliegen … essen sie im Kinderschloss."

Beim Singen lispelte er nicht.

Als Willa zurückkehrte, saß ich mit den Kindern in der Veranda. Wir buken Waffeln zum Kaffeetrinken. Wir hatten alle Appetit auf Waffeln, und vom Mittagessen war noch genügend Apfelmus da, um es dazu zu essen.

Draußen nieselte es immer noch, und Willa schüttelte ihren Umhang so schwungvoll aus, dass auch wir nass wurden.

„Wir haben dein Schiff tuten hören!", begrüßte Finn sie. Er saß wieder unter dem Tisch, weil er sich entschlossen hatte, den Bauernhof in ein Schloss mit einem Wildpark umzubauen.

„Wir konnten nicht an den Strand kommen und winken, weil es doch immer noch regnet", fügte Britta hinzu. Sie schob sich den Hut aus der Stirn, der ihr immer wieder über die Augen rutschte. Sie und Johanna hatten in der Mittagsstunde in Frau Jantzens altem Kleiderschrank gekramt und sich mit langen Röcken, Spitzenblusen und Hackenschuhen verkleidet. Brittas Hut war mit einem Sträuchlein Kirschen verziert, während Johanna ein Hütchen gewählt hatte, das ihre Augen hinter einem Netz verbarg.

„Zwei feine Damen erscheinen zum Nachmittagstee", hatten sie ihren Auftritt angekündigt. Finn und ich hatten es uns auf meinem Bett gemütlich gemacht. Erst hatten wir sein Drachenbuch angesehen, dann das Schlangenbuch, das Frau Siegesdorf ihm in der Bücherei ausgeliehen hatte, und darüber waren wir dann beide eingeschlummert. Die feinen Damen hatten uns geweckt, als es Zeit war, ans Kaffeetrinken zu denken.

„Habt ihr einen schönen Stoff gefunden?", fragte Johanna und blinzelte unter ihrem Netz hervor. Gleichzeitig passte sie das Waffeleisen. Wenn die kleine Lampe grün wurde, hob sie den Deckel und lüftete die Waffel geschickt heraus.

„Gardinenstoff?", fragte Willa, als ob sie an etwas ganz anderes gedacht hatte. „Ach so, nein. Nichts, was uns gefiel. Ose hat dann gemeint, das, was sie schon in Wyk gesehen habe, sei viel schöner. Das sagt Fräulein Söhnlein ja immer, sie versteht gar nicht, warum die Leute für so was aufs Festland fahren wollen. Aber Kinder ..." Ihre Augen blitzten, und überhaupt war da etwas Erregtes in ihrer ganzen Art. Offensichtlich hatte sie uns etwas mitzuteilen. Gewichtig zog sie ihren Stuhl hervor, plauschte erst einmal Herberts Kissen auf, das am Morgen Olmis Dinosaurierfelsen dargestellt hatte, und plumpste dann in den Sitz. Jetzt holte sie Luft, um ihre Meldung zu machen, aber Herbert hatte genau diesen Moment abgewartet, um aus seiner Höhe geschickt auf ihren Schoß zu springen. Ich hätte es nicht gern gehabt, wenn jemand mit dem Gewicht eines kleinen Bierfasses auf mir gelandet wäre, aber Willa vergibt Herbert ja alles. Olmi verzog sich schnell wieder unters Bett.

„Wir haben genug Waffeln zum Anfangen", verkündete Britta, die verantwortlich war für den Teller, auf dem sich die gebackenen Waffeln stapelten. „Für jeden eine. Finn, kommst du raus?"

„Gleich!", kam seine fröhliche Stimme. „Ich muss nur noch den Zaun für die Königspferde etwas höher bauen. Sonst springen sie rüber und machen den Lurchen Angs-st. Dann muss der König extra aus seinem S-schloss rauskommen." Er machte leise schnalzende Geräusche, die wohl die Pferde beruhigen sollten, während er baute.

Für eine Weile waren wir beschäftigt. Britta reichte die Teller mit den Waffeln herum, wir nahmen uns Apfelmus und Schlagsahne, und Johanna berichtete stolz, dass sie und Britta die ganzen Äpfel geschält hätten.

„Und wir haben den Waffelteig angerührt!"

„Dann muss ich ja gleich einmal kosten." Willa teilte ihre Waffel in einzelne Herzchen. Sie häufte Apfelmus und Schlagsahne darauf und probierte. „Doch – ausgezeichnet! Sogar ein bisschen Zimt habt ihr reingetan? Sehr gut, wirklich sehr gut. Besser als der Kuchen, den wir in Niebüll hatten, der war bestimmt von vorgestern! Ihr werdet nicht glauben …"

„Mama sagt immer, man soll Tiere nicht am Tisch füttern!", unterbrach Britta Willa streng. Diese hatte ihren kleinen Finger in die Schlagsahne getippt, um den Kater daran schlecken zu lassen.

„Ich bin ja *unterm* Tisch", piepste Finn. „Aus-ßerdem ist dies der Wildpark von der Königin, und jetzt ist die Futterzeit."

„Ich mein ja nicht dich, Finn. Ich mein Herbert."

„Da – schon fertig", sagte Willa gutmütig. „Außerdem ist Herbert eine herrliche Kreatur Gottes, und er verdient es, ein bisschen verwöhnt zu werden."

Die herrliche Kreatur starrte uns keck an und beugte sich dann herunter, um seine Pfote abzuschlecken, wie immer, wenn er etwas Ungewöhnliches gegessen hatte.

„Olmi ist auch eine Kreatur Gottes", stellte Britta fest und hielt die Hand mit einem Eckchen Waffel in Olmis Richtung. Gierig hechelnd, streckte er seine Schnauze hervor und nahm es dankbar entgegen.

„Gott hat alles geschafft!", sagte Finn ernsthaft von unterm Tisch. „Ss-ogar die Lurche."

„Er hat im Kindergarten gerade etwas über Adam und Eva und das Paradies gelernt", klärte Johanna uns auf.

„Oh – guckt mal, da kommt Ane! Gut, dass wir reichlich Waffelteig haben."

Tatsächlich sahen wir Ane Willas altes Fahrrad durch das Gartentor schieben. Sie sah zu uns hinauf und winkte. Britta holte schnell einen Stuhl aus der Küche, und wir rückten ein wenig näher zusammen.

Das Fett brutzelte im Waffeleisen, ein behaglicher Duft verbreitete sich im Zimmer und alle widmeten sich ernsthaft dem Schmaus. Ane war zufrieden mit dem Ablauf ihres Tages. „Die Malerei ist fertig. Wenn Ose ihre Möbel abgeholt hat, kann sie einziehen. Ich möchte meine Waffel mit Zucker und Zitrone. Reichst du mir mal den Zucker, Britta?"

Am besten bestäubte man die Waffeln, indem man Puderzucker in ein Teesieb löffelte und leicht dagegentappte. Der Zucker fiel dann als feine Wolke heraus.

„Finn, soll ich dir auch mal eine machen?", fragte Ane.

„Ja, aber ich muss hierbleiben. Die Pferde sind unruhig, und die Lurche haben auch Hunger. Guck mal, Ane – ich habe einen schönen Käfig für meine Lurche gebaut."

Ane bewunderte die Lurche und erkundigte sich dann bei Willa, wie der Einkauf abgelaufen war.

„Nichts, was uns gefiel. Aber es ist ja gut zu wissen, dass die Insel eben doch alles bieten kann! Deshalb waren wir dann früher fertig, als wir dachten. Ose hatte die Nachmittagsfähre gebucht, also haben wir überlegt, was wir noch machen könnten." Sie legte eine Pause ein, um sich unserer Aufmerksamkeit sicher sein zu können. „Tja, da sind wir dann zu Cousine Bertha gefahren. Zum Mittagessen."

„Zum Mittagessen? Was gab es denn?", fragte ich.

„Kalbsfrikassee. Die macht Bertha ja sehr gut. Allerdings tut sie immer ein bisschen zu viele Kapern in die Soße. Dazu Böhnchen und gestowte Kartoffeln. Gar nicht schlecht. Da fällt mir ein, hast du etwas zum Mittagessen gefunden, Ane?"

„Mmm, ja. Du hast ja leckere Sachen in deinem Kühlfach! Ich hab mir eine Kohlroulade rausgeholt!"

„Gut. Ja, Elsbeth kocht gut. Ich kann mich nicht beschweren. Fräulein Söhnlein hat mich gut beraten damals, als sie mir die Köchin empfahl. Natürlich kommt sie aus der Familie Clausen, und die sind bekannt …"

„Willa, kann Frau Clausen auch für uns Kohlrouladen machen? Mama kocht nie Kohlrouladen. Sie sagt, das ist ihr zu nervig!", unterbrach Britta.

„Ja, sicher. Wir werden es bestellen. Aber", sie hob die Hand gebieterisch, um weitere Unterbrechungen zu untersagen, „du wirst nie erraten, Ruth, was ich herausgefunden habe!"

Johanna und Britta sahen mich gespannt an. Sie hofften wohl, ich würde es erraten.

„Berthas Rezept für gestowte Kartoffeln?" Diese waren in der Familie berühmt.

„Was? Nein. Natürlich nicht. Du weißt doch, wie geheimnistuerisch Bertha in der Beziehung ist. Das Rezept wird sie mitnehmen in ihr Grab. Nein: Ich weiß, wo Emmi und Carla sich aufhalten!"

Für eine Sekunde hatte ich keine Ahnung, von wem sie sprach.

„Wer?"

„Die Lüttköks. Emmi und Carla. Du hast sie doch beim Biikebrennen getroffen. Und bei ihrem Haus waren sie nicht aufzufinden? Du wolltest doch wissen, wo sie sind. Also wirklich, Ruth, manchmal frag ich mich, wo deine Gedanken sind!"

„Ach so. Sind sie nach Haus gekommen? Hat Margot dir Bescheid gesagt?" Ich erinnerte mich, wie Willa und Margot Buhl, Momme Buhls Schwägerin, um das Haus in Boldixum gestrichen waren. „Oder hat Fräulein Söhnlein dir Bescheid gegeben?"

„Margot? Nein. Und Fräulein Söhnlein? Wie soll die das denn wissen?"

„Na ja, sonst findet sie doch auch alles heraus."

„Also, Ruth. Als ob Elsa nichts Besseres zu tun hätte, als sich um anderer Leute Dinge zu kümmern." Willa schmatzte empört.

Ane hatte sich verschluckt, und Britta musste ihr auf den Rücken klopfen.

„Lüttköks – das ist ein komischer Name", meinte Johanna und kratzte den letzten Rest vom Teig aus der Schüssel.

„Ruth ist mit ihnen zur Schule gegangen." Willa hob Herbert, der sich auf ihrem Schoß zusammengerollt hatte, auf sein Kissen. Sie streckte sich, um den Kaffeetopf zu greifen. „Bertha hat herausgefunden, wo sie sich aufhalten."

„Bertha?"

„Ja, sie hat die Lüttköks in Husum getroffen. Sie haben sich dort Schuhe gekauft. Scheint, dass Emmi seit ihrer Hüftoperation eine Erhöhung braucht. Und das lässt sie in Husum machen." Willa goss sich eine Tasse Kaffee ein. Innerlich triumphierte sie natürlich, dass sie so viel über die Schwestern wusste.

„Warum machen sie das denn nicht in Wyk?", fragte ich spitz.

„Weil sie eben auch gern mal von der Insel wegkommen", gab Willa zurück. „Aber das erklärt nicht, warum ihr Haus so einsam und verlassen dalag. Nein – das hat einen ganz anderen Grund. Und den haben sie Bertha genannt." Sie ließ mich wieder warten, während sie gemächlich Milch und Zucker in ihren Kaffee rührte und dann noch eine Haube Schlagsahne daraufsetzte. Sie nahm ein Schlückchen und tupfte geziert den Sahneschaum mit der Serviette von ihren Lippen. „Die Lüttköks sind nicht zu Hause, weil sie in Utersum sind!"

„Na", sagte ich, um meine Überraschung zu verbergen.

„Ja – und *du* hättest dir das eigentlich denken können."

„Ich?"

„Ja, als du sie beim Biiken gesehen hast. Warum sonst waren sie beim Gotinger Feuer und nicht bei ihrem eigenen?"

„Wir waren ja auch nicht bei unserem Feuer", erwiderte ich schwach. „Und warum waren sie dann nicht beim Utersumer Feuer?"

Willa wehrte meinen Einspruch mit einer Handbewegung ab. „*Wir* hatten einen Grund. Ose wollte Gudruns Bruder sprechen. Aber Emmi und Carla waren dort, weil sie nämlich auf eine alte Dame aufpassen." Johanna und Britta wurde es allmählich langweilig. Sie rutschten von ihren Stühlen und krochen zu Finn unter den Tisch. „Das machen sie jetzt. Sie pflegen alte und bettlägerige Verwandte von Leuten, die sonst nicht verreisen könnten." Willa begann umständlich zu erklären, dass dies eine Familie aus Hamburg sei – Zugezogene –, deren Mutter seit einem Schlaganfall halbseitig gelähmt sei. „Die Mutter hat da in Utersum allein gelebt, bis sie den Schlaganfall hatte. Da ist ihre Familie gekommen. Aber jetzt sind sie zurück, um ihre Wohnung aufzulösen. Deshalb kennt Fräulein Söhnlein sie auch nicht. Ja, und während die Tochter und der Schwiegersohn in Hamburg sind, passen Emmi und Carla auf die Mutter auf."

Willa lehnte sich zurück. Ihre Augen blitzten. Wieder einmal hatte sie es geschafft, mir meine Unzulänglichkeit zu beweisen. Ich musste zugeben, mir wäre es nie gelungen, so viel über die Schwestern ausfindig zu machen.

Unterm Tisch erklärte Finn den Mädchen die Aufteilung seines Wildparks.

„Die Hängebauchschweinchen dürfen frei rumlaufen. Dann kaufen die Eltern so kleine Tüten mit Futter und geben sie den Kindern. Die füttern dann die Schweinchen."

Fritzi hatte mir erzählt, dass in dem Wildpark ‚Schwarze Berge‘, der in der Nähe ihres Dorfes lag, kleine vietnamesische Hängebauchschweinchen frei herumliefen und dass Finn und Britta diese besonders gern fütterten.

„Sollen Britta und ich dir die Tütchen basteln, Finn?"

197

„Ja. Aber ihr könnt auch ein biss-schen Gras für die Lurche schneiden."

Die Mädchen holten wieder die Basteldose hervor und liehen sich Papier von meinem Notizblock, um Tüten zu basteln. Britta meinte, sie würde nach unten gehen und Gudrun um etwas Katzenfutter bitten. Das würde dann echt aussehen.

„Salat und Gras und Fliegen …", murmelte Finn und rückte seine Lurche näher an die Nussschale, die er ihnen als Futtertrog hingestellt hatte. Er hatte etwas grünes Ostergras hineingetan.

„Und warum machen die das? Passen auf alte Leute auf?", fragte Ane und legte wohlig seufzend ihre Kuchengabel aus der Hand.

„Sie waren Krankenschwestern. Dann haben sie auf Altenpflege umgesattelt."

„Salat und Gras und Fliegen … essen sie im Kinderschloss", sang Finn.

„Natürlich!" Ich schlug mir mit der Hand gegen die Stirn. „Emmi und Carla. Du hast mit ihnen damals gearbeitet. In der Küche waren sie. Auf dem Foto, das sind Emmi und Carla!"

Willa sah mich mitleidig an.

„Die Kinder haben ein Foto gefunden, heute morgen. Sie wollten wissen, wer das war. Wo hab ich's noch mal hingetan?" Suchend schaute ich im Zimmer herum. Dann fiel mir ein, dass ich es in die Tasche meiner Wolljacke gestopft hatte, weil ich Willa danach hatte fragen wollen. Ich zog es heraus.

„Hier. Das ist es." Ich legte es auf den Tisch. Und nun fiel es mir auch gar nicht schwer, die Lüttkökschwestern zu identifizieren. Willa starrte auf das Foto.

„Gib mal deine Brille. So kann ich gar nichts erkennen … Ach ja, da ist Emmi. Hat Angst, dass der Wind ihr Kopftuch mitnimmt. Typisch Emmi, immer akkurat. Und das da ist Carla. Der Wind pustet ordentlich unter ihre Schürze. Und da, das muss dieses junge Mädchen von Amrum sein. Später hat sie einen Föhrer geheiratet. Ich muss mal Fräulein Söhnlein fragen, was aus ihr geworden ist. Wie hieß sie noch gleich …"

„Und wer ist das?", fragte Ane und zeigte auf die junge Frau mit dem Pünktchenhalstuch, die in der Mitte stand.

Willa runzelte die Stirn. Wie ich drehte sie das Foto um, um zu sehen, ob dort etwas vermerkt war. „Anke …", murmelte sie dann. „Anke … so hieß die Amrumerin. Aber die da in der Mitte … Damals im Krieg kamen so viele Leute dazu. Arbeitsdienst, Pflichtjahr. Da kamen allerhand Auswärtige. Nicht allen gefiel es hier auf der Insel …" Ungern gab Willa zu, dass sie jemanden nicht erkannte. Sie stippte mit dem Finger auf die Betten. „Das Heim diente da ja schon als Lazarett. Lungenschüsse kriegten wir und arme Kerle mit Knochentuberkulose. Da lagen sie, auf der Terrasse, um unsere gute Luft zu atmen." Sie setzte sich auf und stöhnte.

„Kinder, mir tun sämtliche Knochen weh. Dieses Lieferauto, das Ose sich da gekauft hat, ich schwöre, es hat kein bisschen Federung. Jetzt bezahl ich für jeden Hubbel auf der Straße. Wie wär's, wenn ihr eure alte Tante nach Hause bringt?"

Hinter der Brille sahen ihre Augen groß und verschwommen aus.

„Unsere Tüten sind noch nicht fertig!", rief Britta.

„Mein Wildpark … ich muss noch …" Finn fiel nicht ein, was er noch musste.

„Ruth, ich wollte dir doch noch was vorflöten. Mama hat gesagt, ich soll jeden Tag üben, sonst ..."

Es war die übliche Jammerei, wenn die Kinder nach einem Tag bei mir nach Hause gehen sollten. Willa und ich sahen uns hilflos an. Ane griff ein.

„Wenn ihr noch nicht fertig seid mit Spielen, dann bleibt eben hier. Dann muss ich euch später nach Hause bringen. Nur schade, Willa, du hättest sicher gern ein Kind mitgenommen auf deinem Mobil. Und hattest du nicht Fleischsalat gekauft fürs Abendbrot? Na ja ..."

„Ich will auf Willas Mobil mitfahren! Ich tu nur schnell die Lurche in ihren Kasten. Ruth, wo ist mein Rucksack?" Finn fing an, hastig seine Figuren einzusammeln. Wie so oft, wenn ein Kind eine Entscheidung traf, zogen die anderen mit. Auf einmal fiel Britta ein, dass Olmi noch gar nicht draußen gewesen war, und Johanna, dass sie auch Willa und Ose mit einem Flötenstück beglücken könnte. Und so begann der allgemeine Aufbruch, etwas verzögert, weil die Mädchen sich noch ihrer Kostüme entledigen mussten.

Ich stellte das Kaffeegeschirr auf das Tablett und beobachtete, wie Willa und die Kinder aufbrachen. Willa kletterte auf ihr Mobil. Während sie ihren Umhang enger um sich zog, prüfte, ob ihr Hut fest saß, und die Enden ihres Schals schwungvoll nach hinten warf, hüpfte Finn vor Aufregung von einem Bein aufs andere. Endlich wurde er herangewunken und kletterte behände vor Willa auf das Mobil. Olmi, der Willas Gefährt mit großem Misstrauen beäugte, fing an zu kläffen, sowie sie den Motor anließ. Britta konnte ihn nur mit Mühe halten. Röchelnd hing er in seinem Halsband, entschieden, dieses unbekannte Verkehrsmittel anzugreifen. „Es erinnert ihn an das Motorrad des Postboten. Das will er auch immer überfallen. Der Postbote weigert sich schon, zu unserem Haus hinaufzufahren", hatte Fritzi Olmis offensichtliche Mordlust entschuldigt.

Willa ließ sich nicht erschrecken. Ohne Olmi zu beachten, der mit gebleckten Zähnen und gespitzten Ohren seltsame vierbeinige Luftsprünge unternahm, fuhr sie davon. Johanna und Britta liefen hinterher. Einige Meter schaffte Olmi es, in einem kurzbeinigen Galopp das verhasste Mobil zu verfolgen, dann fiel er erschöpft zurück.

Als sie auf der Kurpromenade ankamen, beriet die kleine Gruppe sich kurz. Dann sprangen Johanna und Britta von der Promenade hinunter auf den Strand. Sie liefen mit Olmi, der nun eifrig im Seetang schnüffelte, am Wassersaum entlang. Willa und Finn hielten oben auf der Promenade mit ihnen Schritt. Als sie am Leuchtturm ankamen, drehten sie sich um und winkten.

„Übrigens – ich habe die Lüttköks zum Kaffeetrinken eingeladen. Da kommst du auch", hatte Willa zum Abschied gesagt.

Es gab einige Sachen, denen ich mich nicht entwinden konnte.

Allerdings dauerte es, bis wir zu dem Kaffeetrinken kamen. Die Pflegestelle in Utersum zog sich länger hin als erwartet. Ose hatte längst ihre Möbel aus der Wohnung am Rande Hamburgs abgeholt und war in ihr Häuschen eingezogen. Zu Pfingsten hatte sie ihre Galerie eröffnet, und da ihre Schwestern sie dabei natürlich unterstützen wollten, hatte Fritzi das Schwesternwochenende kurzerhand für die Pfingsttage organisiert. Der Juni verstrich, mal kalt und regnerisch, mal heiter und sonnig. Willas

Krocketklub traf sich zu den ersten Spielen der Saison. Fräulein Mönkelmann belagerte ihren Fernseher und analysierte den Ausgang jedes Spiels der Fußballweltmeisterschaft ausführlich mit dem Postboten. Der Juli empfing uns mit heißem Sommerwetter, und Deutschland erlitt eine herbe Niederlage im Fußball.

Und inzwischen war wieder ein Brief von Kerrin eingetroffen.

ANE

Ane schloss die Wagentür auf und ließ sich mit einem Seufzer in den Sitz fallen. Für einen Moment genoss sie einfach die Stille. Durch die großen Tore der Autohalle hörte sie die Möwen kreischen, der Fahrtwind rauschte immer noch in ihren Ohren, und sie fühlte die Sonne auf ihrem Gesicht, den leicht salzigen Geschmack auf ihren Lippen.

Es war eine jener ganz besonderen Überfahrten gewesen. Das Meer spiegelglatt, die Sandbänke sattgelb im Wasser, die Sonne, deren Licht vorsichtig durch einen zarten Schleier von Dunst filterte. Die schwere Fähre stampfte langsam voran, bemüht, den Zauber des Tages so wenig wie möglich zu stören. Fritzi und Ane hatten auf dem Oberdeck gesessen, die ganze Fahrt, hatten die Insel an sich vorbeistreifen sehen – den Sandwall mit dem Musikpavillon, erst die Mittelbrücke, wo eine Familie in gelben „Friesenpelzen" winkte, dann die Seglerbrücke. Am Strand Fußgänger, die aufgereihten Strandkörbe. Bei Olhörn standen sie beide an der Reling und winkten mit ihren Tüchern, sahen, wie Ruth einen Schal aus dem Fenster wehen ließ, und lachten, weil sie sich zurückversetzt fühlten in ihre Kindheit. Die Fähre schwenkte aus, ihr dicker Leib drehte sich behäbig und folgte dem Verlauf der Fahrrinne, von Bojen und Pricken markiert, mitten durch das Wattenmeer. Fritzi trug ein türkisfarbenes Stirnband, aber Ane ließ den Wind an den feinen Locken zerren, die sich an ihrem Haaransatz kräuselten. Ihr dicker Zopf bot dem Wind seinen eigenen Widerstand. Sie stieß Fritzi an und deutete auf die schwarzen Klumpen, die sich auf der Sandbank rekelten. Fritzi lächelte – ein wenig wehmütig. Finn und Britta hätten sich so über die Seehunde gefreut. Aber Fritzi sah entspannter aus, dachte Ane, viel besser als am Donnerstag, als sie verhetzt in Dagebüll eingetroffen war und sie beinah die Fähre verpasst hätten. Natürlich war Hajo erst im letzten Moment nach Hause gekommen, und sie war viel zu schnell über die Autobahn geprescht.

Die Tage ohne die Kinder hatten ihr gutgetan, und Hajo, das musste man ihm anrechnen, hatte seine freien Tage mit den Kindern gut ausgefüllt. Zweimal hatte Fritzi zu Hause angerufen – unnötigerweise, meinte Ane –, und jedes Mal hatten die Kinder fröhlich berichtet, was sie mit dem Papa gemacht hatten. Im Wildpark waren sie gewesen, eine Fahrradtour hatten sie gemacht bis zu dem Restaurant an der Wassermühle. Sie hatten alle im Garten gearbeitet und auf einem Feuer aus dem letzten Herbstlaub und Tannenzapfen Würstchen gegrillt.

„Er hat sogar erlaubt, dass Marie bei Johanna übernachtet, und er hat Kruses Stalltür repariert."

Ja, Fritzi sah entspannt aus – die langen Spaziergänge und die ausführlichen Gespräche hatten ihr mehr geholfen als der Besuch auf dieser albernen Wellnessfarm und die Stunden bei der Therapeutin.

Ein Hupen riss Ane aus ihren Gedanken. Fritzis leicht verbeulter Opel war hinter ihr aufgefahren. Mit Handzeichen deutete Fritzi an, dass sie vorfahren würde und Ane ihr folgen solle.

Ane ließ den Motor an und freute sich über das ruhige Brummen. Sie fuhr als Einzige der Schwestern ein neues Auto. Sicher, sie hätte sich auch einen Gebrauchten kaufen können, manchmal hatte sie das Gefühl, man hätte es von ihr erwartet, weil sie sich so wenig aus neuer Kleidung machte. Aber Ane hatte sich immer für Autos interessiert, konnte, was ihre Schwestern erstaunte, einen Ölwechsel vornehmen und tauschte selbst ihre Reifen für den Winter. Jetzt stellte sie das Autoradio an, ganz leise, einen klassischen Sender. Die Musik sollte sie nicht von ihren Gedanken ablenken, nur ihre Ungeduld bremsen. Ane fuhr gern zügig, aber Fritzi war eine hektische und übervorsichtige Autofahrerin, deren Bremsfuß immer bereitlag und oft aus unerklärlichen Gründen in Einsatz trat. Auch jetzt wartete Fritzi viel zu lang, bevor sie den zweiten Gang verabschiedete. Der Opel stieß Rauchwolken aus und hüpfte über das Pflaster. Ane lächelte, lehnte sich zurück und ließ den Abstand zwischen den Wagen etwas größer werden.

„Lass uns zum Parkschuppen hochlaufen", hatte Ane gebeten, als die Fähre in Dagebüll angelegt hatte. „Ich finde, der Shuttlebus verdirbt alles. Shuttlebus in Dagebüll – also wirklich!"

Sie liefen die Mole hoch, in Richtung des Deiches, wo die Schafe grasten, der Wind das harte Gras bog und die Seevögel kreisten. Auf der anderen Seite lag schlammig und stinkend das Watt.

„Manchmal frag ich mich, warum Leute in Dagebüll Urlaub machen und nicht das Stückchen weiterfahren bis zu den Inseln", meinte Ane, auf die wenigen Strandkörbe deutend, die am Deichrand standen. „Aber wenn man hier so entlangguckt und den Deich verfolgt, ab und zu mal ein Gehöft – dann ist das beinah ein richtiges Nolde-Erlebnis, nicht? Wie Lenz das in der ‚Deutschstunde‘ beschrieben hat. Ich glaub immer, gleich muss ich den Vater – diesen Polizisten – sehen, der sein Rad den Deich hinaufschiebt und dann stur gegen den Wind strampelt, sein schwarzer Umhang bauscht sich auf …“

Ane hielt inne. Sie wusste, dass ihre Phantasieflüge nicht immer von ihren Zuhörern verstanden wurden. Dass einige ihren Gedankengängen nur schwer folgen konnten.

Aber Fritzi erinnerte sich an den Roman. „Ja, manchmal läuft es mir kalt den Rücken runter, wenn ich das hier sehe. Das Meer ist so weit, nicht? Irgendwie viel bedrohlicher, als wenn man es von Föhr aus ansieht. Und dann Noldes Himmel darüber …“ Sie deutete auf den verschwommenen Himmel mit der vergilbten Sonne.

„Stell dir vor, du gehst da den Deich entlang, dann spazierst du irgendwann nach Dänemark hinein. Immer weiter kannst du dann gehen bis zur Spitze Jütlands. Und triffst wahrscheinlich kaum eine Menschenseele. Wenn man hier Urlaub machen würde, dann könnte man mal richtig allein sein. Oder man könnte zu den Inseln fahren und zu den Halligen. Ich kenne einen, der geht von hier aus zu Fuß übers Watt nach Oland und Langeneß. Das wär doch auch toll. So riesig lange, einsame Spaziergänge.“

„Fehlt dir das? Die Einsamkeit?“ Fritzi hatte sich umgewandt. „Guck mal, da liegt es, unser kleines Föhr.“ Ein dunkler Streifen am Horizont. „Warum halten wir nicht irgendwo unterwegs noch mal an, bevor du nach Kiel abbiegst? Wir trinken eine Tasse Kaffee und lassen die freien Tage ruhig auslaufen.“

Ane war froh, dass Fritzi nicht auf einer Antwort auf ihre Frage bestanden hatte. Jetzt, während sie auf dem Sommerdeich, der die Köge trennte, entlangfuhren, nagte eine Sehnsucht an ihr, die sie noch nicht richtig in Worte fassen konnte. Sie hätte das Gefühl gern auf die zwei kurz aufeinanderfolgenden Besuche auf der Insel geschoben. Aber es war mehr als die paar freien Tage. Sie hatte Kollegen, die nie dahin zurückkehrten, wo sie geboren oder aufgewachsen waren. Die es nicht verstehen konnten, dass sie statt nach Mallorca oder auf die Fidschi-Inseln an die Nordsee fuhr.

„Warum sparst du dir nicht deinen Urlaub auf – und weiß Gott, du machst genug Überstunden –, du könntest doch mal für sechs Wochen nach Australien fliegen und deine Schwester besuchen." Rainer hatte das gesagt.

Warum war er so wütend gewesen? Sie konnte sich nicht mehr erinnern. Der Tag hatte so schön angefangen. Sie hatten eine Fahrradtour die Förde entlang gemacht bis an die Ostsee. Und dann die Enttäuschung, die sie jedes Mal traf, wenn sie das Meer erreichten und es eben nicht die Nordsee war. Sie musste wohl etwas gesagt haben, oder Rainer hatte ihren Gesichtsausdruck richtig interpretiert.

„Keine Gelegenheit lässt du aus, in Lobgesänge über dies nördliche Meer auszubrechen", hatte er gepoltert. „Das ist ja beinah wie von einem Heiligtum, wenn du von deiner Insel laberst."

Wie konnte sie dies Gefühl erklären, das sie ergriff, wenn sie in Dagebüll stand – vor sich die graue See, Föhr am Horizont? Rainer konnte nicht verstehen, dass sie es liebte, alte Kindheitsverstecke wiederzuentdecken, dieselben Wege abzulaufen, sich an denselben Aussichten nie sattsehen konnte. Wenn sie auf die Insel kam, fiel alles von ihr ab. Auf Föhr blieb trotz einiger Veränderungen alles dasselbe. Das Leben lief in ruhigen Bahnen – isoliert und abgetrennt von der Außenwelt.

Rainer war heftig in die Pedalen getreten, und Ane hatte den Abstand absichtlich immer größer werden lassen. Bis er sich nur noch als ein schwarzer Punkt in der Entfernung bewegte. Wenn sie ehrlich war, dann war es nicht nur die Beziehung zu Rainer – die momentan im Leerlauf lief –, die sie unzufrieden machte. Ihre Arbeit ließ ihr wenig Zeit zum Alleinsein, zum Entspannen. Und seitdem sie Heimleiterin war, hatte sich die Beziehung zu ihren alten Kollegen geändert. Ein gewisser Abstand machte sich bemerkbar. Sie spürte es, wenn sie ins Dienstzimmer kam, wie die Gespräche manchmal verstummten. Dass sie nicht automatisch mit eingeschlossen wurde, wenn jemand einen Kneipenbesuch vorschlug oder zum Grillen einlud. Und sie trug die Verantwortung für das Heim immer mit sich herum, auch wenn sie freie Tage hatte. Ein bisschen wie Fritzi, die ihre Mutterrolle nicht abstreifen konnte. Nicht, dass es auf Föhr immer leicht war. Willa und Ruth waren auf ihre Art auch anstrengend. Dass sie sich auch ständig in die Haare kriegen mussten! Das war bei Ose und ihr nicht so, obwohl Ose manchmal ganz schön viel von einem verlangte. Auch Fritzi und Kerrin stellten Ansprüche, aber letzten Endes waren sie eben Schwestern.

Sie fuhren an einem strohgedeckten Bauernhaus vorbei, das sich hinter den Deich duckte. Die Tür und die Fensterrahmen waren im Friesenblau gestrichen, und neben der Tür stand ein Fliederbusch mit dicken lila Dolden. Ane erinnerte sich, wie sie als Kind ihr Gesicht in den Flieder getaucht und den Duft tief eingeatmet hatte. Am

Zaun standen Heckenrosen, und bald würde der Garten sich mit Margeriten, Fingerhut und Glockenblumen füllen. Das Haus sah einladend aus, sicher wohnte dort eine fröhliche Familie.

Und auf einmal wusste Ane, was sie seit Dagebüll gefühlt hatte – diese seltsame Sehnsucht. Es war der Wunsch, irgendwo dazuzugehören. Nach Hause zu kommen und zu wissen, *hier bin ich.*

Sie stellte sich Ose vor, in ihrer molligen, plauschigen Wohnung. Nur ein paar Wochen waren vergangen, seitdem sie ihre Möbel aus Kunos Wohnung am Rande von Hamburg abgeholt und hinten im Häuschen bei Willa aufgestellt hatte. Und all die Sachen, die vorher wie edle Schaustücke ein bisschen verloren herumgestanden hatten, ergaben auf einmal ein Ganzes. Ose begnügte sich mit einem schmalen Bett. Hatte es im kleinen Zimmer aufgestellt, so dass auch der Schreibtisch noch reinpasste. Er stand unter dem Fenster, das auf die Quitte schaute. Ane stellte sich vor, dass Ose dort einen bunten Bauerngarten anpflanzen könnte, so ähnlich wie der, an dem sie gerade vorbeigefahren waren. Wahrscheinlich würde sie Fritzi dazu überreden, einen Garten für sie anzulegen, wenn sie und die Kinder in den Sommerferien kamen. Und wie hatte Ose gewusst, dass die orangen und schwarzen Streifen der Überdecke sich nicht an dem Dunkelgrün der Wände stoßen würden? Dass die Grafiken, die sie am Ende ihrer Studienzeit einem Kommilitonen abgekauft hatte, der knapp bei Kasse war, so ausgezeichnet an die Wand passen würden? Es war doch wirklich beinah so, als ob es hätte sein sollen, wie Ose sagte.

Ane dachte an ihre eigene kleine Wohnung. Separat vom Gutshof bewohnte sie zwei Räume über den alten

Ställen, die jetzt als Garage benutzt wurden. Sie hatte ihre eigene Küche und aß nicht immer im Heim. Und doch, wenn sie bei einem Besuch bei Ruth Frau Siegesdorf traf, dann fragte sie sich, ob sie nicht auch schon vom Heimleben geprägt war. Sie wusste, dass Rainer sich um eine Stelle als Hausvater in einem Heim in Mecklenburg beworben hatte. Er hatte angedeutet, dass der Träger ein Ehepaar vorziehen würde. Dachte er an Ehe? Er war noch ein recht neuer Kollege, ihr Stellvertreter, mit progressiven Ideen und einer netten Art mit den Kindern. Und sie hatte sich spontan in ihn verliebt, er sich in sie – aber fühlte man sich so, wenn man heiraten wollte? Wusste er denn eigentlich genug von ihr oder sie von ihm, um ein Leben miteinander zu teilen? Und darauf kam es doch an: auf das Teilen. Dass jeder den anderen akzeptierte.

„Vergiss nicht den Respekt!", hatte Ose gesagt. „Man muss den anderen respektieren, ihn so lassen, wie er ist. Das hab ich jetzt erst gemerkt, dass Kuno und ich uns eigentlich ganz anders wollten. Immerzu haben wir aneinander rumgemäkelt. Dabei ist er doch ein ganz netter Typ. In vielen Dingen passten wir gut zueinander. Schade, jetzt ist es zu spät. Na ja, jetzt hat er seine Olle da in Milano." Ose betonte das ‚la‘ und das ‚no‘ und gab sich cool. „Hab ich euch erzählt, dass die ein Kind von ihm bekommt? Hab ich von Doro gehört."

Styropor knackte und zerbrach, als Fritzi aufsprang. Ane zog ihre nassen Hände aus dem Wasserbecken, in dem sie gerade den Wasserspender anschloss. Sie hatten Ose gemeinsam in die Arme genommen. Und dann hatte Ose gesprochen. Sie redete sich den ganzen Schmerz, ihre Empörung über Kunos Verrat von der Seele. „Stellt euch vor, sie wollen heiraten! Und nicht mal so schnell um die Ecke rum auf dem nächsten Standesamt – nee, eine Riesenaffäre wird das, mit Traumkleid und Schleier und hundert Gästen." Ose heulte Rotz und Wasser, aber etwas löste sich in ihr. Lange saßen sie dort inmitten der Unordnung. Fritzi erzählte von Hajo und ihrer Therapie, Ane sprach über Rainer, und zum Schluss erhoben sie sich wie geläutert und befreit. Sie fuhren in den Wrixumer Hof, weil Ose meinte, nach solchem Gefühlsakt müsse man sich mit kräftiger Hausmannskost stärken.

Ein Kind mit Rainer bekommen – Ane versuchte sich das vorzustellen und fühlte keine verlangende Wärme in sich aufsteigen. Es war nicht ein Mann – jedenfalls nicht Rainer – oder ein Kind, was sie vermisste. Es war das, was Ose zur Insel zurückgetrieben hatte. Dieses Gefühl des Heimkommens.

Ganz vage und leise formte sich in ihr der Gedanke, beim nächsten Besuch mal zu schauen, wie es um die Arbeitsmöglichkeiten dort stand. Sie stellte sich ein Häuschen in einem der Dörfer vor. Wo die Fenster den ganzen Sommer offenstanden und die Vorhänge sich fröhlich bauschten. Vielleicht würde Helmut ihr helfen. Er hatte Kerrin Geld für ihr Häuschen in Australien gegeben und Ose etwas, um ihre Galerie zu starten.

Beinahe hätte sie Fritzi verpasst, die plötzlich in einer Staubwolke und mit schlitternden Reifen in eine Parkbucht eingebogen war. Ane setzte zurück und kurbelte ihr Fenster herunter.

„Wollen wir bei Cousine Bertha Kaffee trinken oder hast du Lust auf den Speicher?"

„Lass uns zum Speicher gehen. Auf Cousine Bertha hab ich heut keine Lust."

„Gut. Dann kann ich gleich ein Geschenk für Moni Kleine einkaufen. Sie hat nächste Woche Geburtstag."

Ane seufzte. Typisch Fritzi, sie konnte sich nicht einfach mal selbst was Gutes tun, sie musste einen Cafébesuch mit einer guten Tat verbinden. Aber der Speicher war eine gute Idee. Das Café war gemütlich, servierte ausgezeichneten Kuchen, und die angeschlossene Galerie verkaufte hübsche, abwechslungsreiche Kunstartikel.

Die Kaffeestube war gut besetzt. Fritzi schlängelte sich zielbewusst an einem Ehepaar vorbei, das gleichzeitig mit ihnen angekommen war. Der Aufmachung nach – und nach ihrem schicken Mercedes Sport zu schließen – hatten sie die Pfingsttage wohl eher auf Sylt als auf Föhr verbracht. Fritzi besetzte den letzten freien Zweiertisch und winkte Ane herüber.

„Die Kuchen sehen lecker aus", Ane griff nach der Teekarte, „und ich möchte einen schönen Tee."

„Ich nehm einen Milchkaffee. Hast du dir schon einen Kuchen ausgesucht?"

„Ja, die gedeckte Apfeltorte. Aber wir können teilen, die Stücke sind eh riesig."

Fritzi entschied sich für eine Stachelbeer-Käsetorte und bat die Kellnerin, ein Messer mitzubringen.

„Du hast Farbkleckser auf deinem Pullover." Fritzi zupfte an Anes weißem Überzieher.

„Ja, die stammen noch von Ostern. Als ich bei Ose gestrichen habe. Ich kann mich nicht überwinden, den Pullover rauszuschmeißen. Und für Juni ist es ja noch echt kühl."

Fritzi nickte. Sie war froh, dass sie ihre blaue Weste mitgenommen hatte.

„Ich kann dir gern mal wieder einen Pullover stricken. Hast du das Muster gesehen, das ich gerade ausprobiere? Ich habe es von Frau Heinke. Es gefiel mir so gut, was sie für Oses Galerie gestrickt hat. Aber es ist ganz schön schwer, man muss teuflisch aufpassen, dass man sich nicht verzählt."

Die Kellnerin brachte die Bestellung, und Fritzi teilte die Kuchenstücke gerecht in zwei Teile. „Oses Wohnung ist echt hübsch geworden. Die Farben für die Wände sind so warm und die Vorhänge – ich hätte das nie gewagt! Echt Ose!"

„Ach ja, du hattest die Wohnung ja noch gar nicht gesehen."

„Nee. Die Kinder bestehen neuerdings darauf, von Dagebüll allein rüberzufahren. Johanna bettelt sogar, dass ich sie in den Sommerferien in Niebüll absetze, damit sie mit der Kleinbahn fahren können!"

„Und das tust du dann wohl auch."

„Na ja. Es ist gut, wenn sie lernen, selbständig zu werden."

Ane trennte säuberlich ein Stück ihrer Apfeltorte ab und verzehrte es dann genüsslich. Sie lehnte sich zurück und ließ ihren Blick durch das Café streifen. ‚Sie genießt das so richtig, während meine Gedanken schon wieder zu den Kindern hetzen', dachte Fritzi und beschloss, den Cafébesuch zu ihrer Einladung zu machen.

„Ach, es war schön, ein paar Tage mit euch zu verbringen!"

„Dabei haben wir ganz schön gearbeitet! Ich dachte, Ose hatte gesagt, alles wäre fertig für die Eröffnung …"

Wie immer hatte Ose übertrieben, und die Schwestern hatten sie in einem Chaos von Kartons, Packpapier und Holzwolle vorgefunden. Zwischendrin saß Ose, auf ihrem Schoß eine Rolle mit Preisschildchen, in der Hand einen Spiegel, und probierte ein Ohrgehänge aus feinem Silber und zartgrünen Jadesplittern aus.

„Das hab ich gerade ausgepackt. Ist es nicht toll? Ich glaube, ich behalte gleich ein Paar für mich selbst."

„Ose, wenn du anfängst, Stücke für dich selbst auszusortieren, dann kannst du dem Profit Adieu sagen." Ane hatte einen Spiegel und ein Aquarell entdeckt, die unter Oses rotem Mantel an der Wand hinter dem Schreibtisch lehnten.

„Wenn du nicht das Auszeichnen übernommen und Kalle organisiert hättest, um Ose beim Aufhängen der Bilder zu helfen, dann wär's wohl gar nicht zu einer Eröffnung gekommen."

„Ja, der Kalle ist ein netter Kerl, vielleicht nicht ganz Oses Typ."

„Schwer zu sagen. Ich hätte nie gedacht, dass Kuno Oses Typ sei …" Fritzi brach ab. War Hajo ihr Typ? War es das, worauf die Therapeutin hinauswollte? Sie hatte in letzter Zeit Fragen gestellt, die Fritzi zwangen, sich gerade darüber Gedanken zu machen. „Ich finde, Ose sollte auch ein Café aufmachen. Dann haben die Besucher doppelt Grund, bei ihr reinzuschauen. Sie könnte eins der Hinterzimmer zu einer kleinen Küche umbauen, und vorn, da wo sie jetzt die Schals und die Postkarten hat, da könnten zwei oder drei Tischchen stehen."

„Oh, Mann", stöhnte Ane. „Lass sie erst Mal mit dem fertig werden, was sie jetzt hat. Wenn sie noch mal anfängt umzubauen …" Sie ließ den Satz in der Luft hängen.

Aber Fritzi erwärmte sich an der Idee. „Im Sommer könnte sie vor den Stalltüren Gartentische aufstellen. Das würde einladend aussehen. Viele Fahrradfahrer kommen da entlang, die halten nicht unbedingt für eine Galerie an, aber für eine Kleinigkeit zu essen … Ich glaub, ich bestell mir noch mal einen Kaffee. Du auch?"

„Nee, danke. Ich hab noch reichlich Tee. Das mit den Skulpturen und den Blumenkübeln war eine gute Idee von dir. Die halten jedenfalls jedes Wetter aus."

„Ja, das hab ich bei uns im Bioladen gelernt! Nichts Verderbliches vor der Tür, wenn das Wetter unbeständig ist. Ich muss mir allerdings unbedingt so ein Feng-Shui-Buch kaufen. So wie Ose das mit den Farben arrangiert, das finde ich gut."

Ane kicherte. „Hast du gemerkt, wie viele Leute sich noch für Pfingsten feinmachen?"

„Mmm. Zu Pfingsten ein neues Kleid. Erinnerst du dich nicht? Vielleicht war das bei dir und Ose nicht mehr so toll. Aber ich erinnere mich, dass Kerrin und ich jedes Jahr zu Pfingsten unsere neuen Sommerkleider kriegten. Immer die gleichen Kleider. Ein Jahr hatte Marianne echt danebengegriffen. Da hatte sie so karierte Dinger gekauft. Meines war blau, Kerrins rot. Ganz ekliger, kratziger Stoff mit irgendwas imprägniert, so dass die Röcke abstanden wie fliegende Untertassen! Ich hab mich geweigert, das anzuziehen!"

„Du? Ich dachte, du warst immer so brav! Du wurdest uns doch immer als leuchtendes Beispiel vorgehalten: Wenn ihr es nur wie Fritzi machen würdet … Immer: Fritzi dies, Fritzi das." Ane ließ ein Stückchen Kandis in ihren Tee fallen und horchte auf das zarte Knistern. „Ose und ich wurden auch immer gleich angezogen. Mir hat das eigentlich nichts ausgemacht. Sogar Zwillingspuppen hat Marianne für uns gekauft. Erinnerst du dich? Und für die hat sie gestrickt. Und für uns. Ich frag mich, wie viele dunkelblaue Wolljacken mit Zopfmuster Marianne wohl gestrickt hat."

Ane quetschte ihre Kuchengabel auf die letzten Krümel, die noch auf ihrem Teller warteten. Fritzi dachte wieder an ihre Kinder.

„Oh Gott, wenn ich nach Hause komme, ist es aus mit der Ruhe. Da wird die Bande gleich über mich herfallen. Wollen mir alles erzählen, was sie gemacht haben. Was Hajo anders gemacht hat. Was sie für die Schule brauchen …"

„Du freust dich doch drauf", sagte Ane und dachte: ‚Wie meinst du, wird es bei mir sein? Wenn ich Glück habe, lassen die Mitarbeiter mich bis morgen früh in Ruhe. Aber wenn irgendwas los war, werden sie noch heute Abend an meine Tür klopfen. Und irgendwas ist immer los.'

‚Ich kann's nicht länger aufschieben', dachte Fritzi. ‚Gleich wird sie aufbrechen wollen. Das Café leert sich auch schon, und ich wollte noch was für Moni besorgen …'

„Ane", sagte sie zögernd und streckte die Hand nach ihrem Beutel aus. Anes Gesicht verdunkelte sich, als sie sah, dass Fritzi den Brief mit den ausländischen Briefmarken auf den Tisch legte. „Bitte … kannst du das nicht für mich übernehmen? Es eilt ja gar nicht. Kerrin hat nur gesagt, es wäre nett, wenn eine von uns diese Cousine mal besuchen könnte."

„Und du bist diejenige, die praktisch in Hamburg wohnt und die sie gefragt hat. Ich weiß echt nicht, was das mit mir zu tun hat. Immerhin seid ihr doch schon über den Friedhof getrabt, um dieses Grab zu suchen. Wenn ihr das schon nicht gefunden habt, was soll dann ein Besuch bei einer Cousine noch erreichen?"

„Den Kontakt zu einer Verwandten wieder herstellen … vielleicht weiß die was."

„Warum schreibt die Frau ihrer Cousine nicht selbst?"

„Komm, du weißt doch, wie das ist, wenn die Leute älter werden. Kerrin schreibt, dass die Frau manchmal ganz schön durcheinander ist, wenn sie sie besucht. Mit Schreiben ist es da wohl nicht mehr so weit. Den Namen von der Cousine hat Kerrin doch auch ganz zufällig entdeckt, als sie sich die alten Fotoalben hat zeigen lassen. Ehrlich gesagt glaub ich, Kerrin sieht sich selbst in dieser Frau. Eines Tages sitzt sie vielleicht auch so einsam und verlassen in irgendeinem Altersheim. Ohne Familie."

„Kerrin hat Leo."

„Diese Frau hatte auch mal ein Kind. Eine kleine Tochter", murmelte Fritzi.

„Ach Mann, Fritzi." Ane war ärgerlich, aber Fritzi sah, dass sie gewonnen hatte.

„Ane, ich würd ja selber hingehen. Aber ich habe mir jetzt grad fünf Tage freigenommen. Drei Tage muss ich im Laden aufholen. Und du weißt, wie labil die Fahrgemeinschaft ist. Frau Neuntze hat eine Weisheitszahnbehandlung, die fällt nächste Woche garantiert aus. Und am Wochenende – das kann ich Hajo nicht antun, jetzt, wo er grad allein mit den Kindern war. Johanna hat demnächst ein Flötenkonzert, und Britta ist in den Kleintierverein eingetreten …"

„Aber du wohnst viel näher", versuchte Ane ihre Schwester umzustimmen. „Ich muss extra aus Kiel kommen."

„Wir fangen jetzt mit den Partnergesprächen bei der Therapeutin an“, sagte Fritzi leise. „Es war ganz schön schwer, Hajo dazu zu überreden. Deshalb möchte ich im Umfeld so wenig Stress wie nur möglich machen.“

Sie hob ihre Tasse mit beiden Händen, trank aber nicht. Ihr Blick schien in die Weite zu rutschen, während ihre Hände dankbar die Wärme des Porzellans streichelten.

„Also gut, ich mach es. Aber ich kann nichts versprechen. Und ich weiß auch noch nicht, wann ich es schaffe. Immerhin muss ich ja an meinem freien Tag da hinfahren.“ Fritzi nickte dankbar. „Außerdem hast du nicht mal eine Adresse von dieser Frau. Vielleicht lebt die gar nicht mehr, oder sie ist umgezogen.“

„Ich hab schon im Telefonbuch nachgesehen. Der Nachname ist ja ziemlich ungewöhnlich. Da gibt es nur fünf. Und zwei wohnen in der Altonaer Gegend, wo wohl diese Frau Perkins auch gelebt hat. Also vielleicht fängst du mit denen an.“

Fritzi wühlte in ihrem Beutel und zog einen Zettel heraus, auf dem fünf Namen mit Adressen und Telefonnummern standen. Ane nahm den Zettel mürrisch entgegen.

„Da soll ich einfach anrufen und mit der Geschichte von dieser Cousine ins Haus schneien?“

„Frag doch deine Sekretärin. Die kann ja die Vorgespräche machen.“

Fritzi zerrte an dem Stirnband, das sie beim Eintritt ins Café über ihre zerzausten Haare geschoben hatte. Sie suchte nach einem Kamm und erinnerte sich, dass sie ihn Johanna geliehen hatte. Mit ihren Fingern fuhr sie sich durch die Haare und versuchte, ihre windverwehten Locken auszukämmen.

„Also, ich kann doch kaum der Sekretärin so was Privates zuschieben. Frau Kramer wird sich ganz schön bedanken."

„Dir wird schon was einfallen." Es war klar, dass Fritzi das Thema für abgeschlossen hielt. Ane überlegte, dass Fritzis Haar etwas länger gewachsen war und es ihr stand. Sie steckte den Zettel in die Tasche ihres Anoraks, wo sie ihn prompt vergaß und erst lange suchen musste, bis ihr einfiel, was sie an dem Nachmittag im Café getragen hatte. Draußen verabschiedeten sie sich mit einer Umarmung, die beiden versöhnlich schien. Ane fuhr als Erste aus dem Parkplatz, und auf der Autobahn verloren sie sich aus den Augen.

Das Haus stand in einer Straße in der Nähe des Altonaer Bahnhofs. Es war mehrstöckig, aus bräunlichem Stein, mit rechteckigen Fenstern, deren Holzrahmen Farbe brauchten. Auf der Höhe des Fußwegs hatte das Haus vergitterte Fenster, die einst zu Kohlenkellern und Kellerwohnungen geführt hatten. Fahrräder waren an die Gitter gekettet oder lehnten an der Hauswand. Eine gedämpfte Stille lag in der Luft, und Ane hatte das Gefühl, als ob Vorhänge hinter Pelargonien und Pantoffelbäumchen zitterten und unsichtbare Augen ihre Bewegungen registrierten.

„Ich wohne im Hochparterre", hatte die Frau am Telefon gesagt, und Ane hatte die abgewetzten, aber sauberen Steinstufen schnell entdeckt.

Ihr Versprechen, die Cousine von Kerrins australischem Schützling zu besuchen, war ihr eingefallen, als sie zwei Wochen nach Pfingsten in ihrem Terminkalender eine Verabredung fand, die sie mit einer der Behinderten-Werkstätten in Hamburg arrangiert hatte. Sie hoffte, dort eventuell einen Platz für eins der älteren Heimkinder zu sichern.

Nach einigem Zögern hatte sie die erste der beiden Altonaer Nummern angerufen. Eine junge Frau hatte geantwortet.

„Ach, Sie meinen meine Tante. Ich heiße Angelika, deshalb das A. Moment – ich guck mal eben, irgendwo hab ich Tante Adas Telefonnummer … Sie rufen an wegen ihrer Cousine? Na, da bin ich gespannt, so viel ich weiß, hat sie die seit Jahren nicht gesehen. Da wird sie sich bestimmt freuen. Australien, sagten Sie? Na, so was. Am besten rufen Sie am Spätvormittag an, da kann man sie am ehesten erreichen."

Ermutigt wählte Ane die angegebene Nummer, obwohl es spät am Nachmittag war. Das Telefon läutete lange, und Ane wollte gerade aufgeben, als eine brüchige Stimme sich meldete.

„Guten Tag", sagte Ane verwirrt. „Sie kennen mich nicht, aber Ihre Nichte Angelika hat mir Ihre Telefonnummer gegeben."

„Angelika?" Die Stimme zögerte. Im Hintergrund hörte man laute Musik, vermutlich aus dem Fernseher – Ane erkannte eine Melodie aus dem ‚Vogelhändler'. Sie hatte die Operette vor langer Zeit mit Willa auf einer Flensburger Bühne gesehen.

„Angelika?" Die Musik wurde leiser.

Ane erklärte, dass sie nicht Angelika sei, nur die Nummer dort erhalten hatte. Die Stimme nahm einen misstrauischen Ton an.

„Sind Sie von der Fürsorge? Rufen Sie wegen dem Essen auf Rädern an? Ich habe Angelika gesagt, ich will das nicht. Ich koche sehr gut für mich selbst. Und ich will auch nicht, dass irgendwelche wildfremden Leute hier vorbeikommen."

Ane fiel schnell ein, bevor die erregte Frau die Verbindung unterbrach: „Nein, nein. Ich hab nichts mit der Sozialhilfe zu tun. Ich rufe an wegen Ihrer Cousine."

Schweigen füllte die Leitung. Wenn im Hintergrund nicht jemand singend erklärt hätte, sie sei die *Christl von der Post*, hätte Ane gedacht, die Frau hätte doch aufgehängt. Ane brach die Stille.

„Sie haben doch eine Cousine, die in Australien lebt. Frau Perkins. Gisela."

„Sie rufen von der Gisela an? Na, da soll doch einer …" Es war eher Schreck als Freude, was da durchklang. Dann kam erneut Misstrauen auf. „Sind Sie vom Amt?", fragte die Frau barsch. „Dann können Sie Gisela sagen, dass alles geklärt worden ist damals. Ich hab das auf Papier. Alles rechtmäßig und abgestempelt. Das braucht sie nicht noch mal zu versuchen, nein, das nicht."

Verflixt, was hatte Fritzi ihr da aufgehalst? Entweder war die Alte verrückt, oder sie war direkt in irgendeinem Familienstreit gelandet.

„Ich weiß nicht genau, wovon Sie sprechen", versuchte Ane es noch einmal vorsichtig. „Aber ich bin nicht vom Amt, ich bin Lehrerin. An einem Behindertenheim. Ich komme aus Kiel. Ich heiße Ane Petersen."

„Petersen? Ich kenne keine Petersen."

„Genau. Ich kenne Sie auch nicht. Aber meine Schwester, die lebt in Australien. Und da hat sie Ihre Cousine getroffen. Sie ist sehr alt und krank", improvisierte Ane. „Und da hat meine Schwester gedacht, es wäre nett für Ihre Cousine, wenn sie etwas von Ihnen hört. Wie es Ihnen geht und so …"

Sie ließ den letzten Satz als Aufforderung im Raum stehen. Sprachen alte Leute nicht gern über ihre Krankheiten? Sie schien recht zu haben, denn die Stimme ereiferte sich.

„Mir? Mein Gott, den Ärger, den ich hab mit meinen Beinen … aber darum hat Gisela sich doch nie gekümmert, wie es anderen Leuten geht. In Australien, sagen Sie? Da ist sie also gelandet. Und Ihre Schwester? Die kennt die Gisela?"

Ane erklärte geduldig, wie Kerrin Frau Perkins getroffen hatte und beim Ansehen eines Fotoalbums auf das Foto der Hamburger Cousine gestoßen war. Wieder herrschte eine Weile Schweigen.

„Vielleicht könnten wir uns mal treffen, und Sie könnten mir ein bisschen von Ihrem Leben erzählen, vielleicht haben Sie ein Foto, das wir Ihrer Cousine schicken können. Sie würde sich sehr über eine Nachricht aus der Heimat freuen."

Die Frau am anderen Ende seufzte. Ihre Stimme klang matt. „Wissen Sie, das mit der Gisa, das ist doch alles so lange her. Ich dachte, das war abgeschlossen. Ich seh gar nicht ein, was man da noch groß zu sagen kann. Geschrieben haben wir uns nie. Ich will da gar nichts mit zu tun haben."

„Genau das habe ich meiner Schwester auch gesagt. Die hätte eigentlich den Kontakt mit Ihnen aufnehmen sollen. Aber dann hat sie mich dazu überredet. Und wenn ich jetzt geh und sag, ich hätte nichts erreicht, dann denkt sie, ich hab's erst gar nicht versucht … Sie wissen ja, wie das ist in Familien, nicht?"

‚Ich rede viel zu viel', dachte Ane. Zu Ihrer Überraschung lachte die alte Frau.

„Ja, das weiß ich. Meine Geschwister, die sind ja nun tot. Aber als die noch lebten … Und nun kommt die Angelika, meine Nichte, wissen Sie, und will über mich bestimmen, genau wie meine Schwester. Die sagt immer: ‚Mach dies, Tante Ada, mach das …‘"

Nach einer kurzen Pause sagte die Frau am anderen Ende: „Also gut. Aber nicht am Telefon. Wenn Sie mir was über die Gisa erzählen wollen, dann kommen Sie vorbei. Dann mach ich ne anständige Tasse Kaffee, und Sie können sagen, was Sie zu sagen haben. Und dann ha'm Sie Ihre Ruh und ich auch."

Ane jonglierte das Kuchenpaket, das sie sich in einer Bäckerei in der Nähe der Werkstätten hatte füllen lassen, und drehte an dem altmodischen Klingelknopf. Es war genau drei Uhr. „Kommen Sie um drei", war ihr befohlen worden. Sie wollte gerade ein zweites Mal klingeln, als sie hörte, dass drinnen eine Tür ins Schloss fiel. Gleichzeitig setzte ein lautes Kreischen an.

Ane hörte etwas den Korridor entlangschlurfen, dann öffnete die Haustür sich so weit, wie die Kette es erlaubte. Das Kreischen wurde ohrenbetäubend und hörte dann ebenso plötzlich auf. Etwa in Höhe der Türklinke erschien ein verrunzeltes Gesicht.

„Ja?", fragte die Frau.

„Ich bin Ane Petersen. Wir haben telefoniert und uns verabredet … für heute …"

Ane wies ihr Kuchenpaket wie eine Eintrittskarte vor.

Die Tür schloss sich, aber sie vernahm das Klirren, das das Lösen der Kette versprach.

Die Frau war sehr klein und gebeugt und lehnte über einem Gehwagen, aber Ane stellte erleichtert fest, dass sie sich feingemacht hatte – sie trug ein geblümtes Kleid mit einem Seidentüchlein am Hals und hatte sich reichlich mit Kölnisch Wasser bestäubt. Sie winkte Ane, ihr zu folgen. Die Gummireifen des Gehwagens quietschten den schmalen Flur entlang bis zu einer Tür, die die Frau mit etwas Mühe öffnete, da sie gleichzeitig ihr Gefährt rangieren musste. Sie traten in ein Wohnzimmer – „Wie man sich ein Wohnzimmer gar nicht mehr vorgestellt hätte", berichtete Ane später Fritzi. „Alles Plüsch und Häkeldeckchen und vollgepackt mit Nippes." In den beiden Fenstern rankten Topfblumen, und dazwischen stand, von einer hohen Zimmerpalme beschattet, ein Vogelkäfig. Der war groß und leer. Der Vogelkäfig und ein Ohrensessel, der gut bestückt war mit Kissen, gegen die sich noch vor kurzem jemand gelehnt hatte, waren beide auf eine mammutartige Fernsehscheibe ausgerichtet. Dort flickerte eine Dame mit hochtoupiertem Haar und in einem engen schwarzen Kleid, das sich bemühte, den üppigen Busen im Zaum zu halten. Den Mund hielt die Frau leicht geöffnet, die Brust vorgeworfen – sie setzte anscheinend gerade zu einer höheren Note an.

„Die Lustige Witwe"", nickte die Frau in Richtung des Fernsehers. „Wir mögen die Operette, Hansi und ich."

In diesem Moment brach das laute Gekreisch wieder los, und ein Vogel, den Ane erschrocken als einen ausgewachsenen Papageien wahrnahm, peilte im Sturzflug ihre Schulter an.

„Hansi!", schrie die kleine Frau und wehrte den Vogel mit den Armen ab. „Er mag es nicht, wenn ich die Musik mittendrin unterbreche. Und die ‚Lustige Witwe' ist sein Lieblingsstück. Sie sollten mal hören, wie er ‚Vilja, das Waldmägdlein' flötet. Tränen treibt's mir in die Augen.

Angelika besorgt uns die Filme." Sie griff stolz nach einer überdimensionalen Fernbedienung und löschte das Bild. Der Vogel setzte sich mit einem beleidigten Schrei auf die Rückenlehne ihres Sessels.

„Setzten Sie sich doch. Ich nehm Ihnen das ab." Die knorrigen Hände, die Ane zuvor in einem knubbeligen Handschlag gespürt hatte, griffen gierig nach dem Kuchenpaket. Trotz ihrer Steifheit rissen die Finger geschickt das Papier auf und hoben die Kuchen mit einem silbernen Heber auf die bereitstehende Platte.

„Sie können den Kaffee einfüllen", sagte die Frau ungnädig, während ihre scharfen Äuglein das Gebäck taxierten. Ane gehorchte und sah, dass flugs ein Stück Obsttorte, eine Cremeschnitte und eine Rosinenschnecke auf dem Teller der alten Dame landeten. Sie brach ein Stückchen vom Tortenboden ab und legte es auf ihre verkrümmte Hand. Der große Papagei beugte sich gurrend herunter, nahm die angebotene Gabe mit seiner grauen Kralle auf und steckte sie sich in den Schnabel. Ein rundes Auge blickte Ane ernsthaft an.

„Possierlich, nicht? Mein Mann, der arbeitete am Hafen – beim Zoll. Da hat er den Hansi gefunden. Ein Seemann hatte ihn eingeschmuggelt und ihn dann einfach ausgesetzt. Und dabei kommt er aus Australien. Er hat vielleicht gefroren, der arme Kerl, hier in Hamburg – bis er sich eingelebt hat. Wissen Sie, wie lange Papageien leben? Nein? Sechzig Jahre, einige sogar bis zu hundert Jahren. Hansi hat Vati schon um siebzehn Jahre überlebt."

Der weiße Vogel mit seinem gelben Kamm hob den Kopf und krächzte etwas, das wie „Wo ist Vati?" klang.

„Ja, wo ist Vati?" Sie streichelte die Federn unter seinem Kinn. Dann klatschte sie in ihre Hände, was Hansi als

Zeichen deutete, dass die Mahlzeit für ihn beendet war. Er breitete seine Flügel aus und flog auf die Deckenlampe. Von dort verfolgte er das Gespräch; ab und zu äußerte er kreischend einen Kommentar.

Die Frau schien vergessen zu haben, warum Ane hier war. Sie widmete sich mit Eifer ihren Kuchen. Ane unterdrückte einen Seufzer. Hatte ihr Besuch überhaupt einen Sinn – am Telefon hatte die Frau schon ziemlich durcheinander geklungen. Aber der Kaffee war wirklich gut, und sie sah auch nicht ein, dass sie der Alten sämtliche Kuchen überlassen sollte.

„Sie haben es sehr gemütlich", setzte sie an. „Wohnen Sie schon lange hier?"

Die Frau griff hastig nach einem weiteren Stück Hefegebäck. Sie kaute nachdenklich. „Eigentlich mein Leben lang. Ich kenne die Gegend hier in- und auswendig. Meine Eltern wohnten im Haus nebenan, dort bin ich geboren. Ich und meine Geschwister – zu fünft waren wir. Ja – da staunen Sie, was? Das kann man sich heute nicht vorstellen, dass eine Familie mit fünf Kindern in eine Wohnung passt, nicht viel größer als diese hier. Meine Eltern hatten einen Fuhrbetrieb", sagte sie stolz. „Wenn Sie genau hinsehen, können Sie noch die Schrift an der Mauer sehen. Mein Vater, der war jeden Tag unterwegs, von früh bis spät. Aber meine Mutter – die war die Geschäftsfrau. Die kannte sich mit den Zahlen aus. Das Geschäft wär ja an einen meiner Brüder gegangen, aber was ist passiert? Einen verloren wir an einem Ort in Russland, dessen Namen wir nicht mal aussprechen konnten. Da liegt er, wir haben's uns nie leisten können, ihn nach Hause zu bringen. Der Zweite hat den Krieg nicht lange überlebt. Das war so ein Zarter, gar nicht geschaffen für das, was er da mitansehen musste. Die Nerven, wissen Sie, der war fix und fertig hinterher. Ich sag's Ihnen, das war keine gute Zeit. Eine Schwester dann auch noch – an Tuberkulose. Das war die Beste von uns. Ein guter Mensch, das war die Lisbeth. Die war zu gut für diese Welt. Dann waren nur noch ich und meine Schwester, die Mutter von der Angelika, übrig."

Sie sah Ane scharf an. Als ob sie ihre Beteuerung, dass sie nicht von der Fürsorge kam, bezweifelte. Was sie aber sah, schien sie zu beruhigen.

„Dann traf ich meinen Mann. Erst war meine Mutter misstrauisch. Der hat ja so einen komischen Nachnamen, hat sie gesagt, kriegst noch Ärger mit dem. Aber der Ewald, der war deutsch, hatte halt nur so Vorfahren, die aus dem Osten kamen. Und später, da mussten wir ja alle beweisen, wo wir herstammten, nicht?" Das runzlige Gesicht wandte sich Ane zu. „Und immerhin war er Beamter, und das hat meine Mutter dann überzeugt. Als ich den Ewald geheiratet hab, 1938 war das, da haben wir eine Wohnung im Haus gegenüber bekommen. Nein … da brauchen Sie gar nicht gucken. Das steht nicht mehr. Die ganze Straßenseite war zerbombt. Nichts mehr da."

Für eine Weile hing die alte Frau kopfschüttelnd ihren Erinnerungen nach.

„Da macht man am Morgen die Tür auf, und jedes Mal ist man aufs Neue erschrocken. Da, wo eine ganze Häuserreihe stand und man die Leute kannte, straßauf, straßab – alles weg. Nur noch ein Trümmerfeld und blauer Himmel."

Draußen heulte ein Motorrad auf und fuhr mit knatterndem Motor davon. Beide erschraken unwillkürlich.

„Junge Leute! Ja, so war es – bei jedem Geräusch fuhr man zusammen. Aber wir hatten Glück – kamen noch rechtzeitig raus. Im Luftschutzkeller haben wir gehockt, und draußen regneten die Bomben nieder. Gerettet haben wir nichts. Nur die nackte Haut und das, was wir auf dem Leibe trugen. Nach dem Krieg, da kriegten wir diese Wohnung hier. Schön dumm, haben sie gesagt, hättet ihr gewartet, dann hättet ihr eine neue Wohnung in einem schönen Neubau bekommen."

Ane hatte das Gefühl, dass die alten Augen die Gardinen durchdrangen und den Neubau aus den fünfziger Jahren abschätzten, der auf der gegenüberliegenden Straßenseite hochragte.

Die Alte zuckte verächtlich mit den gebeugten Schultern, und der Papagei, der gleich seiner Herrin sein Köpfchen gewandt hatte, stieß ein abwertendes Schnalzen aus.

„Die Gisela hat also wieder geheiratet", sagte sie plötzlich. „Pörkens, sagten Sie? So hieß sie nicht, damals, als sie hier wieder auftauchte. Ganz plötzlich. Die Eltern waren ja nun tot, und das hat sie wohl mitgekriegt, obwohl sie die ganzen Jahre kein Sterbenswörtchen hat verlauten lassen. Wie von der Erde verschluckt war sie. Aber dann stand sie vor der Tür und wollte ihr Erbe ausgezahlt haben."

Die kleine Frau schüttelte den Kopf, und der Vogel krächzte kopfschüttelnd: „Mein Herr Marquis – ein Mann wie Sie …"

„Hansi liebt die ‚Lustige Witwe'. Er kennt fast den ganzen Gesang."

Wieder schob sich ein misstrauischer Ton in ihre Stimme – der Verdacht, dass Ane vom Amt – welchem Amt? – sein könnte.

228

„Und von Australien hat sie auch nichts erwähnt. Komisch, dass sie da gelandet ist, wo der Hansi herkommt." Sie warf einen zärtlichen Blick auf den Vogel. „Aber das hab ich ihr damals gesagt, und das können Sie ihr jetzt wiederholen: Da ist nichts zu holen. Giselas Eltern waren doch auch ausgebombt, und da haben wir uns halt zusammengetan. Meine Eltern mussten doch für die Geschwister sorgen. Die hatten genug Mäuler zu füllen. Da konnten wir nicht auch noch unterkriechen. Und ... mein Gott, wie kann man da von Schuld sprechen ... in dieser Zeit. Da haben doch alle, *alle* irgendjemand zu betrauern gehabt. Nur so jung ... das hätte man nicht erwartet. Aber das bisschen, was sie hatten, das haben sie mir hinterlassen. Is doch alles, was wir für dich tun können, haben sie gesagt. Wiedergutmachen kann man so was nicht, das nicht, aber dir so einen kleinen Aufschwung geben. Ja, und dann kurz darauf, beide tot. Erst die Tante ... Magenkrebs. Die hat sich das eben zu Herzen genommen. Konnte nicht mehr schlucken. Und dann der Onkel ... ein Unfall, von der Leiter ist der gefallen. Einfach so, wollte was am Dach reparieren, und bums, und weg war er. Herzanfall, hat der Arzt gesagt. Die Laube, die haben sie mir hinterlassen. Wir haben's dann verkauft. Viel wert war's ja nicht. Und die paar Möbel ... da konnten wir uns jedenfalls einrichten, als wir die Wohnung hier bekamen. Aber das ist alles rechtlich, unterschrieben und vom Notar bezeugt. Ich kann Ihnen das Papier noch zeigen."

Die letzten Worte hatte sie heftig ausgestoßen. Sie versuchte sogar aufzuspringen – mit einer raschen Bewegung stieß sie das Polster, auf dem ihre Füße ruhten, fort. Ihre kurzen Beine angelten nach dem Fußboden, schafften es aber erst, nachdem sie in ihrem Sessel bis an die Kante vorgerückt war.

Der Papagei hüpfte erregt auf der Lampe auf und ab und verkündete, er gehe jetzt zu Maxims. Sein gelber Kamm zuckte in die Höhe.

Ane legte schnell ihre Hand auf den dünnen, alten Arm. „Sie brauchen mir das Papier nicht zu zeigen. Ich glaube Ihnen. Außerdem hat Ihre Cousine auch gar nichts davon gesagt ... also von einer Erbschaft oder so. Erzählen Sie mir doch ein bisschen, wie das damals war, als Ihre Cousine noch hier lebte. Sie hat meiner Schwester von ihrer Tochter erzählt. Wissen Sie, meine Schwestern – Fritzi, die wohnt auf einem Dorf in der Nähe von Hamburg, und Ose –, die haben das Grab von der Kleinen gesucht. Sie konnten es aber nicht finden."

Natürlich hatten sie auch in Wyk darüber gesprochen. Auf Willas Veranda – die Sonne strahlte durch die verkästelten Fenster, die nackten Zweige der Ulmen träumten vom Frühling und die Tauben gurrten im Wald. Ose hatte Willa von der deutschen Frau erzählt, die Kerrin im fernen Australien getroffen hatte. Und die plötzlich angefangen hatte, von ihrem Kind zu sprechen. Der Tochter, die im Kindesalter ertrunken war. Deren Grab sie nie wiedergesehen hatte, von dem sie nicht einmal wusste, ob es noch existierte. Als Ose berichtete, wie sie stundenlang zwischen den Kindergräbern herumgeirrt waren, wurde Willa unruhig. Ane hatte den Eindruck, dass, wenn sie, Willa, die Verantwortung für das Unternehmen übernommen hätte, das Grab dann auch gefunden worden wäre. Sie war sich sicher, dass Fräulein Söhnlein und auch Tilly Buhl eingeweiht und konsultiert worden waren.

Ane hatte sich damals über Ose geärgert. Musste sie denn alles so dramatisieren? Und nun hatte sie die einsame Trauer einer alten Frau ein paar eifrigen Klatschbasen freigegeben. Aber als sie nach ihrem Besuch in der plüschigen Wohnung der kleinen, verkrümmten Frau nach Hause fuhr, erkannte sie, dass nichts von dem, was Ose gesagt hatte, den wahren Empfindungen gerecht werden konnte.

Kurz nach Hamburg schon hatte sie genug von der Autobahn und fuhr ab, auf eine ruhigere Landstraße. Die Bäume warfen lange Schatten, aus den Straßengräben stieg ein leichter Dunst, und in den Schatten verbargen sich die Mitspieler einer Geschichte, die auch nach den vielen Jahren, die inzwischen verstrichen waren, tragisch nachhallten. Ane war sich nicht sicher, wie viel von diesem Besuch sie in Wyk erzählen würde. Sie griff hart ans Lenkrad. Die Worte der alten Frau ließen sich nicht verdrängen.

„Das Grab der Kleinen? Ist sie denn tot?" Der Ärger der alten Frau hatte sich schnell verflüchtigt. Müde hatte sie sich in ihren Sessel zurückgelehnt. Besorgt beobachtete Ane, dass ihre Augen sich schlossen. Es wäre kein Wunder, wenn sie jetzt einschläft, dachte sie, nach all dem Kuchen. Sie beschloss, die Alte in Ruhe zu lassen und nach Hause zu fahren. Sie blickte auf ihre Armbanduhr, viertel vor vier, sie würde vor dem Abendessen zurücksein.

„Nein", erklang die Stimme entschieden. Die Frau war wieder ganz wach. Ane sank in die Polster. „Ich weiß nichts von der Kleinen – ob sie lebt oder tot ist, wer weiß? Und von der Gisela – was soll ich Ihnen da erzählen? Mein Gott, da muss ich zurückgreifen, damit Sie das verstehen." Die verknorpelten Hände nestelten an den dünnen Haaren. Der Papagei steckte seinen Kopf in die bunten Federn, anscheinend wollte er die Zeit zu einem Mittagsschläfchen ausnutzen.

„Als die Kleine geboren wurde", hob sie an, „haben sie sie Henriette genannt, nach ihrem Vater, der hieß Heinrich. Da war ihre Ehe eigentlich schon gelaufen. Die Gisela, die hat nämlich schnell gemerkt, dass sie bei dem Heini auf den Falschen getippt hatte. Ich war ja dabei, als sie ihn kennenlernte. Wir waren fast gleich alt, nur ich war eben schon verheiratet. Mein Ewald, das war ein anständiger Mensch. Der war sein Leben lang beim Zoll. Damals hatten sie ihn auf irgend so einen Kurs geschickt, und die Gisela – unruhig war sie ja immer – wollte was unternehmen, wollte los. Und das war für sie halt einfacher, wenn ihre Cousine dabei war. Ihre Eltern, die wussten, ich war vernünftig, und mit mir ließen sie ihre Gisela schon mal raus – na ja, und Spaß hatte man mit ihr. Das war praktisch garantiert. Eine Betriebsnudel – das war sie. Ja, und da war grad der Dom, und da ist's natürlich nicht schwer, jemanden zu treffen, und schon bändelt sie an. Natürlich hat sie sich jemand in Uniform ausgesucht. Das war nicht der Heini, erst hat sie einem anderen schöne Augen gemacht. Das war dem Heini sein Freund. ,Du nimm den Heini, Ada', sagte sie zu mir. ,Brauchst ja nur nett zu ihm zu sein.' Mir war das nicht recht, mit meinem Ewald auf Kurs, und mein kleiner Peter, der war ja auch schon unterwegs, wenn man's auch noch nicht sehen konnte. Aber sie bat und bettelte. ,Komm, tanz mit uns, sonst lassen die Alten mich nicht los.' Ja, die wussten schon, was sie mit der Gisela an der Hand hatten. Die hatten recht, sie eingeschlossen zu halten. Das ging also ein paarmal, dass wir zu viert zum Tanzen gingen, und dann kam sie zu mir – ich arbeitete damals in einem Friseursalon – und sagte, sie hätte sich das überlegt, sie wollte jetzt lieber mit dem Heini ausgehen. Der andere, wissen Sie, das war so ein Schicker, ein richtiger Schönling, und den haben die anderen Mädchen der Gisela immer abgeklatscht. Und das hat ihr nicht gepasst. Der Heini, der war anders. So ein Dunkler, ein bisschen gedrungen, nicht hübsch, aber ein ehrlicher Kerl. Der wusste nicht, was es hieß, ein Charmeur zu sein. Ja, und den wollte sie dann auf einmal haben. Die Gisela sah ja selber auch nicht schlecht aus, und Heini, der hat ihr immer so nachgeguckt – mit treuen Hundeaugen. Der konnte's gar nicht glauben, als sie ihm plötzlich nachstellte. Schenken Sie mir doch noch mal Kaffee ein, all das Reden, da kriegt man ja einen trockenen Mund."

Ane schenkte nach, reichte der Frau auch Zucker und Kaffeesahne. Die rührte nachdenklich in ihrer Tasse. Die Runzeln in ihrem Gesicht gruben sich tief in ihre Haut.

„Also machte sie dem Heini schöne Augen, ließ ihn denken, heimlich sei sie immer nur an ihm interessiert gewesen, und der fiel natürlich drauf rein. Wie ein Lämmchen ist er ihr gefolgt. Und die Gisa, die rechnete sich das aus. Von Krieg redeten ja alle, das war nur eine Frage der Zeit. Ihr Vater, der war streng, hielt sie am kurzen Bändel. Geliebt hat sie den Heini nicht, das sagte sie mir frei heraus, aber sie dachte sich, wenn sie den heiratet, dann wäre sie endlich frei. Und wenn der Krieg anfing, dann zögen die jungen Männer eh aus, und sie könnte machen, was sie wollte. Ja, und so kam es dann ja auch. Die Gisa ist Ehefrau, der Krieg fängt an, und der Heini kriegt seinen Befehl. Nur ging der nicht an die Front, wie die Gisa gemeint hatte, sondern der kam auf die Schreibstube. Hatte wohl mal was an der Lunge gehabt. Na, Gisa machte halt gute Miene zum bösen Spiel, und der Heini, der war ja auch oft tagelang nicht zu Hause. Zuerst war sie ganz brav, spielte die Ehefrau, ging zur Arbeit, besuchte die Eltern und auch mich. Geprahlt hat sie – die schöne Wohnung, die sie hatte, die Möbel. Der Heini, der hatte so ein paar Stücke von seiner Tante bekommen, die gut geheiratet hatte. Und weil sie ja in einem Modegeschäft arbeitete, kriegte sie auch Kleider – verbilligt, wissen Sie. Sachen, die die Kunden bemängelt hatten oder die nicht abgeholt worden waren. Die arbeiteten dort für viele jüdische Familien, und da kam es schon vor, dass jemand was bestellt hatte und dann bei Nacht und Nebel verschwunden war. Und so kam die Gisa immer an schicke Sachen, wenn auch oft über ihrem Stand. Aber nach einer Weile, da fing es an, ihr langweilig zu werden. Da hatte sie keine Lust zu warten, bis der Heini frei bekäme, wenn sie tanzen gehen wollte. Erst war sie vorsichtig, aber irgendwann merkte der Heini dann doch was. Und da drängte er dann auf ein Kind. Meinte, das würde der Gisa die Sperenzchen austreiben."

Sie trank nachdenklich ein paar Schlückchen Kaffee.

„Gisa, die war nicht scharf auf ein Kind. Obwohl doch ihre Eltern auch auf ein Enkelkind hofften. Vor allem dann, nachdem der Gisa ihr Bruder gefallen war. Knapp achtzehn Jahr und tot … So jung … Was für eine Verschwendung, und wozu, das frag ich Sie, wozu?" Sie sah Ane auffordernd an.

Der Vogel, durch ihren Ton aufgeschreckt, stieß einen lauten Schrei aus. „Ich bin eine anständ'ge Frau", schimpfte er.

„Das hat Ewald ihm beigebracht, das Sprechen." Das runzlige Gesicht verzog sich zu einem wohlgefälligen Lachen.

„Na ja, irgendwann hatte der Heini es dann geschafft, und Gisa war schwanger. Fuchsteufelswild war die, das kann ich Ihnen sagen. Kam zu mir und wollte wissen, wie sie das Kind loswerden könne. Und ich saß da, mit meinem Peterle auf dem Schoß, und der Ewald als Beamter, da musste man doch vorsichtig sein. Brüllte was von Abtreibung und so, das hätten doch die Nachbarn hören können. Und ich sagte zu ihr, ‚Gisa', hab ich gesagt, ‚guck doch mal, wie süß so was Kleines ist. Das ist nur der erste Schreck, wenn du's erst Mal hast, dann siehst du das ganz anders. Dann würdest du das für nichts in der Welt hergeben.' Aber die stürmte nur raus – wenn ich ihr nicht helfen wollte, dann würde sie schon jemand finden. Nur das klappte wohl nicht, denn wie ich sie das nächste Mal sah, da hatte sie einen dicken Bauch. Sah aus, als ob sie platzen würde. Und der Heini, der war stolz! Und als die Kleine geboren war, da liebte er sie abgöttisch. Wollte immer mit ihr spielen, trug sie rum, wiegte sie in den Schlaf, als ob er die Mutter gewesen wär und nicht umgekehrt. War auch gut so, dass er dem Kind Liebe zeigte, denn die Gisa, die empfand es nur als Hindernis. Wenn ich sie besuchte, beklagte sie sich. Nichts passte ihr. Ihre Arbeit in dem schicken Laden hatte sie verloren. ‚Mein Leben besteht nur noch aus Windelnwaschen und Fläschchenkochen', schimpfte sie. Und dann kam ihre Mutter ständig vorbei. Die freute sich doch an ihrem Enkelkind. Aber Gisa fühlte sich beobachtet, konnte ihrer Mutter nichts recht machen. Schließlich kam es so weit, dass sie sich wieder eine Arbeit suchte, bei einer Bauersfrau draußen im Alten

Land. ‚Du wolltest das Kind ja mehr als ich‘, sagte sie zu ihrer Mutter. ‚Also kannst du auf es aufpassen.‘ Das tat ihre Mutter dann auch. Gisa zog jeden Morgen mit dem leeren Kinderwagen los zur Arbeit, und die Bäuerin, die packte ihr abends den Wagen voll. Hatte Mitleid mit der jungen Mutter, weil Gisa ihr erzählt hatte, ihr Mann, der wäre an der Front, den würde sie monatelang nicht sehen. Und wir hüteten uns, was zu sagen, denn profitieren taten wir ja alle von dem Gemüse, den Eiern und ab und zu einer Wurst oder einem Stück Fleisch, das Gisa mit nach Hause brachte. Ja, und Gisas Mutter, meine Tante, die war auch glücklich, weil sie doch den ganzen Tag mit der Lütten rumtüddelte. Und manchmal brachte ich mein Peterle auch noch dazu, und der liebte die kleine Jette wie eine Schwester.“

Die Sonne streichelte das Gesicht der alten Frau, das sich vom Erzählen leicht gerötet hatte.

Es war sehr warm geworden, und Ane hätte gern ein Fenster aufgemacht. Aber sie wagte nicht zu unterbrechen. Außerdem waren die Fenster so zugerammelt mit Topfpflanzen, dass sie bestimmt seit Ewigkeiten nicht geöffnet worden waren.

„Eine Weile ging es gut so.“ Die alten Augen waren getrübt. Sie schauten nach innen, sahen die Vergangenheit. „Dann fing die Gisa wieder an – mit den Männern, meine ich. Sie hatte bei der Arbeit auf dem Hof schnell ihre Figur zurückgewonnen und sah attraktiv aus. Sie kam in den Salon, wo ich wieder ein paar Tage die Woche arbeitete – mein Gott, die Frauen wollten sich doch auch schickmachen. Da kam der Mann auf Heimaturlaub, oder man ging mal mit den Freundinnen los, zum Tanzen oder ins Kino. Und Gisa, die prahlte mit ihren Bekannt-

schaften – konnte so was nicht für sich behalten. Der eine
oder andere Bauernsohn, einen Landarbeiter hier und da,
Soldaten aus der Kaserne nahebei – sie war da nicht wäh-
lerisch. Und sie brachte lange nicht mehr alles heim, was
die Bäuerin ihr zusteckte, schnell hatte sie gelernt, dass
das Tauschware war, was sie da im Kinderwagen schob.
Strümpfe und Zigaretten bekam sie, sogar mal Schokolade und Alkohol. Immer schlimmer trieb sie es. Kam auch
lange nicht jeden Abend nach Hause. Blieb manchmal die
ganze Nacht fort, die Kleine war ja bei der Oma. Und
schließlich blieb es nicht aus – der Heini, der hörte von ihren Eskapaden. Blöd war er ja auch nicht, der kriegte auf
seiner Schreibstube schon mit, wann es da Bombenangrif-
fe gab, die sie daran hinderten, nach Hause zu kommen.
Und immer konnten die Tante und der Onkel es nicht
vertuschen, dass die Gisa fortgeblieben war. Und da gab
es Krach … Was meinen Sie? Die Sache mit der Pistole?
Doch, ich weiß davon, ich war ja dabei. Das war ja schon
zum Ende hin. Ein Nazi, meinen Sie, der Heini? Nein, das
würde ich nicht sagen. Nicht mehr als die anderen auch,
man musste ja vorsichtig sein. Flugblätter – ja, das kann
sein, dass da Flugblätter auf dem Tisch lagen. Die schnei-
ten ja damals vom Himmel, und das sammelte man schon
ein und las es. An den Endsieg glaubte doch damals keiner mehr. Auch der Heini nicht. Nein, das mit der Pistole,
das war anders. Ich erinnere mich genau an den Tag. Der
Heini war bei meiner Tante gewesen. Damals waren sie
schon im Schrebergarten untergekrochen. Ausgebombt
waren sie. Und mein Onkel, der hatte die Laube so gut
wie möglich hergerichtet. Und irgendwo war es ja auch
ganz schön dort, die Jette, die konnte draußen schlafen
in ihrem Kinderwagen, und der Peter, der hat gespielt,

die kleinen Hände im Dreck, süß war das. Und wenn's sonnig war, sind wir mit den Kindern am Kanal spazieren gegangen. Peterchen liebte es, wenn wir den Möwen ein paar Brotkrümel zuwarfen. Man konnte ja nicht wissen, was dann später passieren würde ..."

Ein leichtes Zittern lief durch die Frau. Der Papagei drehte ihr sein Auge zu, holte ein paarmal Luft und krächzte dann: „Wo ist Vati?"

„Und dann kam der Heini?", fragte Ane vorsichtig.

„Mm? Ja. Er war überraschend nach Hause gekommen. Hatte mit jemandem den Dienst getauscht. Gisa war natürlich nicht da, und er griff sich die Jette und kam zu mir auf die Wohnung. ‚Was macht sie, Ada?', wollte er wissen. Ich machte ihm erst Mal einen Kaffee. Den steckte Gisa mir manchmal zu, gegen ne Dauerwelle, wissen Sie. Ich schaffte es auch, ihn zu beruhigen, und wir saßen da, freuten uns an den Kindern, die da spielten. Und dann passierte es. Die Tür ging auf, und Gisa platzte herein. Am Arm einen, den sie aufgegabelt hatte. Hatte so ein paar Wimpel am Arm, Leutnant oder so was war er. Und Heini, der stand stramm vor dem Kerl, obwohl er doch *ahnte*, was da vorging. Das hätte noch gutgehen können, wenn Gisa etwas Takt gehabt und den Kerl weggeschickt hätte. Aber so war Gisa nicht, hatte wohl auch ein bisschen was getrunken. Jedenfalls lachte sie den Heini aus. Stellte ihn vor: ‚Das ist mein *Ehe*mann, und dies hier', sie griff den andern um die Taille, ‚das ist ein *Mann*!' Sie stieß den Kerl, und das musste man ihm lassen, der war ganz schön erschrocken, sie stieß ihn auf einen Stuhl und setzte sich ihm auf den Schoß und fing an, mit ihm zu schäkern. Und *da*, da nahm der Heini die Pistole von dem und fuchtelte damit herum! Ich versteh ja nun nichts von Pistolen, jedenfalls klemmte das Ding wohl oder sonst was, und es ging nicht los. Aber Gisa hatte doch einen Schreck bekommen. Und ich habe geschrien, und die Kinder haben angefangen zu heulen – mein Gott, da war der Teufel los. Und Gisa, die stürzte sich voller Wut auf Heini, mit den Fäusten schlug sie auf ihn ein, und der Kerl, der Leutnant oder was er war, der stand da, ganz belämmert. ‚Nun tun Sie doch schon was!‘, schrie ich ihn an. Und er wachte auf aus seiner Lähmung, riss die Gisa von dem Heini fort und entrang ihm die Pistole. Und dann, das muss ich sagen, benahm der sich anständig. Mein Gott, der Heini, der hätte doch Gott weiß was für'n Ärger bekommen können, die hätten ihn doch glatt erschossen, dafür, dass er einen Vorgesetzten angegriffen hatte. Aber der tat nichts, steckte die Pistole weg, sagte, das vergessen wir jetzt mal, Schwamm drüber, schüttelte dem Heini die Hand, würdigte die Gisa keines Blickes mehr und ging. Und als er raus war, da wurde die noch jähzornig. Was der Heini sich eigentlich denke – der wüsste doch gar nicht, was er dem alles schulde. Was der ihr alles Gutes getan hätte. Wäre für sie da gewesen, während er auf seiner Schreibstube mit der Feder kratzte … und wenn er vors Kriegsgericht gekommen wär, was wär denn dann für sie dringewesen? Wie hätte es denn dann um sein Kind gestanden? Tochter eines Mörders. Sie beschuldigte ihn. Und so kam es dann raus, dass sie lange nicht mehr auf dem Bauernhof war. Die Bäuerin, die hatte sie entdeckt, in flagranti, mit einem Kriegsgefangenen, hatte sie rausgeschmissen, gedroht, zur Behörde zu gehen – die hatte doch auch einen Sohn verloren an der Front. Und da war Gisa zu diesem Leutnant, oder was er war, gerannt, den kannte sie schon, und der hatte das vertuscht für sie. Hatte ihr sogar was besorgt, eine Putzstelle bei seinem Major.

Eine ganze Weile hatte sie schon die Stelle in der Stadt, in Eppendorf, hatte gar nicht mehr aufs Land müssen. Und dann, mitten drin im Streit, kam die Warnung und der Bombenangriff. Wir griffen also unsere Kinder, und nichts wie raus. Und als es vorbei war, da war es auch vorbei mit unserer Wohnung, dem Ewald und meiner. Nichts hatten wir retten können, nur das, was wir auf der Haut trugen. Und waren doch froh, weil wir noch am Leben waren. Und am Kleinen war kein Kratzer. Ja, und da sind wir dann zur Tante in den Schrebergarten gezogen."

Die alte Frau hob einen winzigen Fuß, der in einem weinroten Pantoffel steckte, und streckte probeweise die Zehen. Dann strich sie ihren Strumpf glatt und fuhr fort.

„Ich glaub, wenn es eine andere Zeit gewesen wäre, dann hätte der Heini sich scheiden lassen. Gisa hätte ihm sogar das Kind überlassen, sie war ja nicht an ihm interessiert. Aber es ging doch alles drunter und drüber, und Heini, der wurde jetzt auch noch an die Front geholt. Da machte so ein bisschen Lungenschaden auch nichts mehr aus. Aber vorher hat er Tante und Onkel noch erzählt, was da passiert war. Und der Major, der hatte seine Frau inzwischen auch weggeschickt, irgendwohin, wo's sicherer war. Und Gisa ihre Stelle, die war futsch. Und da haben sie sich entschlossen, die Gisa auf diese Insel zu schicken. Da oben an der Nordsee. Wie hieß die noch mal. Sylt? Nein. Föhr, ja. Wyk auf Föhr. Da lebte die Tante Emmi, das war die Patentante von Gisas Mutter, ne richtig feine Frau. Zwei Nachnamen hatte die. Schultze-Kraus? Schulte-Hagen? Und zu der sollte Gisa hin, zusammen mit der kleinen Jette. Da wird sie sich schon benehmen, haben sie gedacht. Mir haben sie es auch angeboten. ‚Geh doch mit!', haben sie gesagt. ‚Das tut dem kleinen Peterle doch gut, die Luft und so.' Aber ich wollt doch nicht von meinem Ewald weg. Der steckte doch mittendrin, jeden Tag da unten am Hafen. Ich wollte doch nicht weg …"

Die kleine Frau schien Ane von den Kissen verschluckt, so unscheinbar wirkte sie – ausgelaugt von ihren Erinnerungen und der langen Geschichte.

Ane war sich plötzlich des Kaffeetisches bewusst – der krümeligen Teller, der verschmierten Kuchengabeln, der Tassen, in denen milchige Pfützen saßen. Die Veilchen in der Vase, die die Frau in die Mitte ihres adrett gedeckten Tisches gesetzt hatte, sahen matt aus. Die abgegraste Tafel wirkte auf einmal schlampig – wie Gäste, die zu lange geblieben waren. Sie hätte gern das schmutzige Geschirr zusammengerafft und in die Küche getragen, die sie irgendwo am Ende des dunklen, langen Flurs vermutete. Aber etwas hielt sie zurück, verbot ihr, den Bann zu brechen.

Das Bündel geblümten Stoffes nahm wieder Gestalt an. Die zarten Hände griffen nach den Lehnen, zogen den Körper nach.

„Und kurz bevor die Gisa abfuhr, da ist es dann passiert … und nie, niemals werde ich mir meine Unachtsamkeit vergeben. Natürlich könnte ich Gisa die Schuld zuschieben. Die Haare sollte ich ihr machen. Und es war doch so eng, zu viert dort in der Laube, zu fünft, wenn Ewald zu Hause war. War doch nie dafür gedacht, dass eine ganze Familie dort haust. Und wie konnte ich das der Gisa verweigern, wenn ich doch bei ihren Eltern untergekommen war … Ja, und da saß sie dann, ich wickelte ihr das Haar auf, ich seh's so klar, als wär's gestern gewesen.

So einen geblümten Frisiermantel hatte sie sich umgebunden, weil sie doch schon was Feines anhatte. Wollte schick aussehen, man weiß ja nie, wen man da trifft auf so einer Reise. Die hatten doch auch ein Lazarett, da auf der Insel. Und Transporte von Verwundeten wurden dorthin verfrachtet, und nicht alle lagen auf Bahren. Da waren doch auch die, die noch laufen konnten, und die reisten doch in den normalen Waggons. So plapperte Gisa, malte sich schon aus, wer ihr da alles über den Weg laufen würde. Nahm kein Blatt vor den Mund. Die kleine Jette schlief, aber mein Peter, der saß auf dem Boden und spielte mit Klötzen, die ihm der Onkel gesägt hatte. Jetzt baute er eine Eisenbahn, weil doch die Gisa ständig von der Bahn sprach, und mein Gott, ich wollte nicht, dass der Kleine hörte, was die Schlampe da von sich gab. ‚Peterchen‘, sagte ich, ‚geh raus, spiel im Sonnenschein, wer weiß, wann's wieder so schön ist. Nimm deinen Zug mit, bau auch einen Tunnel, ja?‘ Und der Kleine, der war eben so brav. Nahm seine Klötzchen und ging. ‚Bleib aber gleich hier bei der Tür‘, sagte ich noch, ‚wo die Mama dich sehen kann.‘ Und das tat er auch, setzte sich da in den Dreck und schob seine Bausteine und schnaufte und zischte wie eine kleine Lokomotive. Ab und zu holte er sich Steinchen und kleine Äste, um seine Waggons zu beladen. Und ich machte der Gisa ihr Haar, und dann wollte sie eine Tasse Kaffee und ‚Hast du nicht eine Zigarette, Ada?‘ – sie wusste doch, dass ich nicht rauchte, aber meine Ration aufbewahrte, sie gerecht teilte, was ich nicht dem Onkel gab, das bewahrte ich auf für meinen Ewald. Dann sollte ich ihr die Augenbrauen zupfen … und Sie haben ja recht, wenn Sie jetzt denken, Spaß haben die gehabt. Wir waren ja beide noch jung, und es tat gut, mal den Krieg zu vergessen, Kaffee zu trinken, die Gisa rauchte, und wir klönten und lachten und vergaßen die Zeit. Und plötzlich kam die Tante nach Hause. ‚Schön, euch Deerns mal lachen zu sehn‘, sagte sie. ‚Und wo ist denn das Peterchen?‘ Wie ein Schlag traf's mich. Das kann ich Ihnen sagen. Wann hatte das aufgehört, das Schnaufen und das Zischen, das ‚Tuut, Tuut‘ von seiner Eisenbahn? Kalt und heiß lief's mir runter ... Die andern, die dachten sich noch gar nichts dabei.

‚Der spielt im Garten‘, sagte die Gisa. ‚Da kann doch nichts passieren.‘ Und die Tante sagte: ‚Ist schon gut, die Pforte ist ja zu, er wird wohl im Rhabarber sitzen, die großen Blätter haben's ihm angetan.‘ Aber ich, ich wusste schon, dass was passiert war. Eine Mutter, die hat so was im Gespür. Und als die Tante reingelaufen kam, ganz besorgt, und rief: ‚Ich kann den Kleinen nirgendwo sehn! Und die Pforte steht auf!‘, da stand ich immer noch wie festgenagelt. Ich sah die Angst auf dem Gesicht der Tante, den Schrecken, als die Gisa zur Tür gelaufen kam. Wusste es schon, bevor sie es mir sagten. Ertrunken war er im Kanal. Hatte es wohl satt gehabt, Lokomotive zu spielen. Hatte seinen Ball gefunden, den roten mit den weißen Punkten. Heini hatte ihm den mitgebracht, geliebt hat er ihn. Unter dem Rhabarber hatte er gelegen oder unter der Bank, wo man sehen konnte, dass seine kleinen Hände gegraben hatten.

‚Bau einen Tunnel für deine Lok‘, hatte die Mama gesagt. Und das hatte er auch getan, und so hübsch hatte er seinen Zug da hineingefahren ... und dann hat er es wohl satt gehabt. Hat seinen Ball gesehen, und da muss es dann passiert sein. Die Polizei, die hat's so nachvollzogen, dass der Ball den Hang runtergerollt ist, das Grundstück ging doch so ein bisschen abwärts, zur Pforte raus und in den Kanal. Der Ball hüpfte noch auf dem Wasser, gar nicht weit von da, wo man ihn fand. Wahrscheinlich hat er am Ufer gekniet, hat versucht, seinen Ball zu erreichen, und ist so hineingefallen. Dass er nicht hineingehen durfte, das wusste er, und brav war er immer. Vornüber hineingefallen ist er und ertrunken."

Noch bedrückender als die Geschichte war die Hitze. Ane hatte das Gefühl, nicht atmen zu können.

„Sie haben was vom Friedhof gesagt, am Telefon? Auf dem Friedhof, ja, da liegt er, der kleine Kerl. Und keine Woche vergeht, dass ich nicht hingehe, ihn dort besuche, und wenn man bedenkt, dass ich 18 war, als er geboren wurde, er vier Jahre gelebt hat, das macht 64 Jahre. Ist das lange genug, um die Schuld abzutragen, frage ich Sie? Und bevor Sie was sagen, sage ich Ihnen: nein. Niemals vergesse ich das – wenn ich aufgepasst hätte, dann wäre das nicht passiert."

Ane holte Luft, wollte etwas sagen, aber die alte Frau hob die Hand und schüttelte den Kopf.

„Lassen Sie nur, Sie brauchen nichts zu sagen. Alt genug bin ich ja nun geworden und kann Ihnen ehrlich sagen, das Leben, das vergeht wie im Nu. Zum Schluss erinnern Sie sich an das, was wirklich wichtig war. Und der Ewald und ich, wir haben zusammengehalten. Und die Erinnerung an den Kleinen wachgehalten. Und nun habe ich Ihnen von ihm erzählt, und so wird er wieder ein bisschen weiterleben. Du meine Güte, so viele sind damals umgekommen, wer weiß, was ihm alles erspart geblieben ist."

Sie tippte nachdenklich mit der Spitze ihrer Pantoffel gegen die Fußstütze. Der Papagei kratzte sich ausgiebig den Kopf, als ob auch er nachdenken würde.

„Was dann noch kommt, ist schnell erzählt. Die Gisa verschwand gleich nach der Beerdigung – auf ihr ‚Inselexil‘, so nannte sie das. Allerdings blieb sie nicht lange da. Ein-, zweimal hörten wir von ihr. Vier, fünf Monate hat sie es ausgehalten. Dann, am Ende des Sommers, kam ein Brief von Tante Emmi. Die Gisa war weg. Die Kleine hatte sie mitgenommen und nicht mehr als einen Zettel für die Patentante hinterlassen – die sollte sich man keine Sorgen machen, sie und die Kleine würden gut versorgt sein. Vorsichtig war sie immerhin gewesen – viel später erst bekamen wir heraus, dass sie da auf der Insel jemanden kennengelernt hatte. Einen Verwundeten, der von einem großen Gut im Osten kam. Der hatte, scheint's, genug vom Soldatspielen. Der hatte sich Papiere besorgt, dass er in seine Heimat zurückkehren dürfe. Der wollte auf seinem Gut nach dem Rechten sehen, aufpassen, dass das nicht in die falschen Hände fiel. Jedem das seine, sagte der Ewald immer. Nur hatten die beiden sich verrechnet, der Gutsherr und die Gisa. Sind gen Osten gezogen, als alle, die noch laufen konnten, in den Westen rannten. Der hat da wohl von was Wertvollem gewusst, meinte der Ewald, was auf dem Gut versteckt war. Abenteuerlich muss das schon gewesen sein – und wie die beiden da wieder rausgekommen sind, nachdem der Russe das Land überlaufen hat, das weiß ich nicht. Aber es war ein Jahr nach dem Krieg, da klingelte es an der Tür, und die Gisa stand da.

Ein bisschen dünn, ein bisschen verhärmt, aber sonst ganz die Alte. ‚Mein Gott, Gisa‘, sagte ich, ‚wo kommst du denn her?‘ ‚Aus dem Osten‘, sagte die. ‚Frag mich nicht, wie. Ich hab einen neuen Mann, den will ich heiraten – und dann nichts wie weg von hier.‘ ‚Und was ist mit dem Heini?‘, fragte ich. ‚Der ist doch verrückt vor Sorge – wegen dir und der Kleinen.' Aber Gisa winkte ab. ‚Mit dem Heini bin ich fertig. Ich will nur, dass er sich scheiden lässt. Ich akzeptiere die Schuld und alles. Ich fang ein neues Leben an. Ihr hier‘, und so richtig verächtlich sagte sie das, ‚ihr habt hier doch ausgesorgt. Das wird doch niemals wieder aufgebaut!‘

Und schlimm sah es ja aus damals. Ich versuchte sie zu überreden, ihre Eltern zu besuchen. Dazubleiben. Aber sie wedelte nur mit so'm Stück Papier herum, schrie, sie wolle nichts mit uns zu tun haben. Wenn ich was für sie machen wolle, dann solle ich Heini dazu bringen, dass er das Papier unterschrieb. ‚Unterschreiben tut er das bestimmt‘, sagte ich. ‚So wie du dich rumgetrieben hast. Aber er wird die Jette haben wollen.‘

Sehen Sie, ich dachte, die hätte das Kind irgendwo versteckt, bei dem neuen Freund oder sonst wo, damit der Heini sie nicht kriegen würde. Himmel, der war doch bald durchgedreht, als die Gisa von der Insel verschwand. Der hatte die Kleine doch geliebt, sein Augapfel war das. Hatte sie nur gehen lassen, weil er dachte, mit der Mutter auf der lütten Insel, da wäre sie sicher, da würden keine Bomben fallen und nichts. So argumentierten wir denn hin und her, und der Ewald kam nach Haus und versuchte auch, ihr Verstand einzureden.

Schließlich sagte sie: ‚Seht mal, das ist doch so. Mein Neuer, der liebt die Kleine auch und sie ihn. Und wir wollen auswandern nach Kanada. Das wollt ihr dem Kind doch nicht vermasseln, oder? So eine Chance, die kriegen wir nicht noch mal.‘ Schließlich lenkte sie dann doch ein, wenn der Heini sich scheiden ließe von ihr, dann würde sie das Kind mitbringen und sich mit ihm treffen, bevor sie abfuhren. Schwor hoch und heilig, dass sie uns ihre

Adresse schicken, dass sie den Kontakt aufrecht erhalten würde."

„Ging das denn damals so leicht, sich scheiden zu lassen?"

„Mm? Ob das legal war, was die Gisa da rumwedelte? Wer weiß, wo sie den Wisch herhatte. Bei den Behörden hat sie immer jemanden gefunden, bei dem sie sich einschmeicheln konnte. Ich hab mehr an die Kleine gedacht. Und an den Heini, und wie glücklich der sein würde, seine Lütte wiederzusehen. Ich hätte es besser wissen sollen. Ich hätte an das Schlechte im Menschen glauben sollen. Kaum hatte sie dem Heini seine Unterschrift, tauchte sie wieder unter. Der Heini hat jahrelang nach seinem Kind gespürt. Nur konnte er nichts ausfindig machen. Mein Ewald hat auch getan, was er konnte, beim Zoll hatte er ja immerhin Verbindungen. Aber nichts. Kein Nachweis, dass die Gisela nach Kanada ausgewandert war, und auch dort hatte nie jemand von ihr gehört. In Amerika haben wir auch gesucht, das lag ja nahe. Dass sie nach Australien gezogen ist, das ist uns nie in den Sinn gekommen."

Ane konnte sich vorstellen, dass wenig Leute an Australien gedacht hätten.

„Das hat sie auch nicht erzählt, als sie wiederkam. Oh ja, wiedergekommen ist sie! 1954 muss das gewesen sein. Ganz so dünn und verhärmt hat sie auch nicht mehr ausgesehen. Der muss es gutgegangen sein, wo immer sie auch hingekommen ist. Stand an der Tür, als ob's gestern wär, dass wir uns das letzte Mal gesehen hatten. ‚Mein Gott, Ada‘, sagte die, ‚hast du dich gehen lassen.‘ So war sie immer – hat nie ein Blatt vor den Mund genommen. Am Tag der Beerdigung vom kleinen Peter, da sagte sie zu mir: ‚Ada, so kannst du nicht unter die Leute gehen – wie du aussiehst.

Verheult und verschwollen. Hier, ich hab hier was, eine Creme, damit vertuschen wir das jetzt mal.' So eine war sie, Äußerlichkeiten, das war für sie immer am wichtigsten. Wie's drinnen ausschaute – ich glaube, das konnte sie sich gar nicht vorstellen. Und da stand sie nun – wie aus der Schale gepellt, und ich hatte doch nur meinen Hauskittel an. ‚Hast du deinen Mann mitgebracht?‘, hab ich sie gefragt. Sie hat nur abgewinkt. ‚Wegen der Erbschaft meiner Eltern bin ich hier‘, sagte sie. Aber das war ja nun mal alles reell. Wenn schon, denn richtig, hat der Ewald gesagt. Erst wollten wir's ja nicht akzeptieren. Aber sie haben darauf bestanden – wegen Peter. Das tat ihnen doch so leid, dass der Kleine ausgerechnet bei ihnen ertrunken war. Und von der eigenen Tochter waren sie ja nun enttäuscht. Und da konnte nicht mal die Gisa was dran ändern."

Trotzig sah die alte Frau Ane an. Unter der alten Haut schimmerten die Züge einer Jüngeren. Einer Frau, deren Kinn durchaus Durchsetzungsvermögen verriet.

„Obwohl ich ihr ja den Wert gegeben hätte. Ein bisschen was gespart hatten wir da schon, der Ewald und ich. Hatten ja auch halbwegs damit gerechnet, dass die Gisa auftaucht. Nur dann hat sie einen Fehler gemacht. Ist gekommen, den folgenden Nachmittag war das, mit einer Flasche Likör. Wollte mich weichmachen, wissen Sie. Nur, ich mach mir nicht viel aus Alkohol, und auf einmal war sie es, die ein bisschen zu viel getrunken hatte.

‚Gisa‘, sagte ich da, ‚erzähl mir was von der Kleinen. Hast du die mitgebracht? Wie geht es ihr?‘ Ich dachte dabei an den Heini, der hat doch immer noch ein Fünkchen Hoffnung gehabt, nicht?

Und da lachte sie – so ein hartes Lachen. ‚Die hab ich im Osten gelassen.‘ Dann sah sie mein Gesicht, merkte, sie war zu weit gegangen. Ganz weinerlich wurde sie jetzt. ‚Ich hab sie in einem Kinderheim gelassen. Und die haben sie mir weggenommen. Da ging doch alles drunter und drüber. Ich dachte, dort ist sie jedenfalls sicher. Und der Sigurd, der wollte doch unbedingt zu seinem Gut. Retten, was noch zu retten war. Und als ich sie wieder rausholen wollte, da haben sie mir gedroht. Haben allerhand unangenehme Fragen gestellt. Ich hatte Glück, dass ich überhaupt noch entkommen bin. Hast du nicht gehört, was die mit den Frauen da angestellt haben? Aber die Kinder, die haben sie gut behandelt. Das war doch der Nachwuchs. Nee, sorg dich mal nicht, die Henriette, die hat bestimmt ein schönes Heim gefunden.‘ Das hätten sie ihr versprochen, hat sie gesagt.“

Die alte Frau war jetzt so erregt, dass sie mit ihrer knorpeligen Faust hart auf die Lehne haute.

Der Papagei kreischte laut auf und schlug ärgerlich mit den Flügeln. Eine weiße Feder löste sich und taumelte sanft hinab.

„Da hab ich sie rausgeworfen. Ich sagte zu ihr: ‚Wenn du noch einmal kommst, dann sag ich's dem Heini, was du da gemacht hast.‘ Dem wäre alles egal gewesen, der hätte sie umgebracht. Ein Glück nur, dass ihre Eltern schon tot waren. Die Schande hatten sie nicht mehr erleben müssen.“

Es war still im Zimmer. Durch die Fenster schien schräg die Abendsonne. Winzige Staubkörnchen tanzten im Licht.

„Die Jette war drei, als sie von der Insel ausrückten. Wenn sie noch lebt, dann muss sie jetzt … so um die 62 sein. Vielleicht ist sie ja in eine gute Familie gekommen.“

„Und …", setzte Ane an, aber ihre Kehle war so trocken, sie musste sich erst Mal räuspern. „Die Patentante auf Föhr …?"

„Lange tot. Die war damals ja schon eine alte Frau. Und gewusst hat die auch nichts. Und bevor Sie fragen, der Heini, der ist auch tot. Den hat der Kummer schwach gemacht – komisch, der hat die Gisa wirklich geliebt. Und natürlich die Kleine, die Henriette. Und jetzt", die Frau richtete sich straff auf, „jetzt gehen Sie besser. Sie können hier nichts mehr ausrichten."

Aber die blassen Augen schauten freundlich, und als sie Ane zur Tür geleitete, blieb sie auf dem Absatz stehen, den viele Füße krummgetreten hatten. Über ihren Gehwagen gekrümmt, sah sie zu, wie Ane ins Auto stieg.

Als sie die Fensterscheibe runterkurbelte, um die gestaute Luft herauszulassen, hörte Ane den Vogel.

„Wo ist Vati?", zeterte er.

Ane bog ins Tor ein und sah das Gutshaus vor sich liegen. An den Fenstern blühten Blumen, die die jüngeren Kinder aus Pappe ausgeschnitten und an die Scheiben geklebt hatten. Die geschwungene Auffahrt und der Eingang waren gut beleuchtet. Hier konnte jeder heimfinden.

Sie war froh, dass die alte Frau von dem letzten Verrat ihrer Cousine nichts wusste.

Ane hatte ihr nicht erzählt, dass Kerrin der Tod des Kindes schon in Australien beschrieben worden war. Wort für Wort hatte Frau Perkins die Geschichte erzählt. Mit nur einem Unterschied – nicht Peter war es, der ertrunken war, sondern die kleine Henriette.

Wer log, wer sprach die Wahrheit? Ane konnte nicht glauben, dass die verhutzelte Frau im Blümchenkleid sich die Trauer einer anderen angeeignet hatte. Sie schien körperlich zerbrechlich, aber geistig auf Draht, während Kerrin berichtet hatte, dass Frau Perkins an Demenz litt und oft sehr konfus redete und vieles durcheinanderbrachte. Konnte man sich irren, wenn man den Tod eines Kindes beschrieb? Hatte sie als alte Frau ein schlechtes Gewissen, dass sie ihre Tochter so ruchlos fremden Leuten ausgeliefert hatte, dass sie angefangen hatte, die Geschichte von Henriettes Tod zu erzählen? Wie viel angenehmer, Mitleid zu empfangen, vor allem, wenn die Einzelheiten so fürchterlich traurig sind, denn als Rabenmutter behandelt zu werden. Wenn es stimmte, was sie in Hamburg gehört hatte, dann hatten Fritzi und Ose vergeblich nach dem Grab der kleinen Henriette gesucht. Das gab es dann nicht. Und ein Kind, das in einem Kinderheim im Osten aufgewachsen war oder zu Adoptiveltern gekommen war, konnte das sich überhaupt daran erinnern, dass es einmal eine leibliche Mutter gehabt hatte?

Sie stellte den Motor ab und blieb noch eine Weile sitzen. Sie beschloss, Rainer zu suchen. Er hatte diese Woche Bereitschaftsdienst, und wenn es ruhig war, konnten sie sich im Dienstzimmer unterhalten. Rainer hatte eine angenehme Art, ruhig zuzuhören, und er würde heraushorchen, wenn etwas sich nicht reimte oder keinen Sinn machte. Er würde ihr Rat geben. Aber erst wollte sie einen Tee trinken und eine Käsestulle verzehren. Sie brauchte jetzt etwas Kräftiges. – Als sie ihren Kofferraum aufschloss und ihre Aktentasche herausholte, pfiff sie leise vor sich hin. Sie musste mal nachsehen, irgendwo hatte sie noch eine alte Schallplatte. Sie erinnerte sich an eine rote Schatulle, den Titel in geschwungenen Goldbuchstaben und eine Abbildung der lustigen Witwe darunter.

FLUT

Nachdem die Lüttköks gegangen waren, saßen wir am Tisch beisammen.

Manchmal sprach eine von uns, aber die Worte waren belanglos und verrannen, bevor sie registriert wurden. Wir beobachteten einen Windsurfer, der sein Brett an den Wattrand geschleppt hatte. Sein Segel lag wie der gestreifte Flügel eines Riesenvogels auf dem Sand. Herbert gähnte und sprang auf die Fensterbank. Er begann mit einer sorgfältigen Maniküre, die er anscheinend wegen der Besucher aufgeschoben hatte. Er spreizte seine Krallen – pingelig wie eine Operndiva – und pflegte jede einzelne, indem er erst mit seiner Zunge säuberlich die Zwischenräume wusch und dann heftig mit seinen Zähnchen an jeder Kralle zerrte.

Irgendwann stand Ane auf und murmelte, sie würde das Geschirr raustragen.

Willa rührte sich nicht. Ganz leise stellte Ane die Teller und Tassen auf das Tablett. Es dauerte lange, bis sie aus der Küche zurückkam.

„Ich glaube, ich gehe ein bisschen spazieren", sagte sie dann. Wir nickten. Eine Weile später sahen wir, wie sie aus dem Gartentor trat, unschlüssig nach rechts und links schaute und dann schnell die Straße überquerte. Sie trug Shorts, die sie sich aus einer alten Jeans geschneidert hatte. Ich bemerkte, dass hinten an der Tasche ein kleiner Riss war und ich ihr das flicken müsste. Sie hatte ein verwaschenes Hemd an, das wohl einmal orange gewesen war. Es hatte dünne Träger, die ihre Schultern und ihren Rücken frei ließen. Ihre Haut war dunkelbraun gebrannt.

„Sie hat ihr Badezeug nicht dabei", sagte Willa, ohne eine Antwort zu erwarten.

Ane sprang von der Promenade in den Sand und bahnte sich einen Weg durch die schaufelnden Kinder, die Strandballspieler und die Leute, die ihre eingeölten Körper auf Handtüchern der Sonne darboten. Nur wenige saßen in ihren Strandkörben. Den ganzen Nachmittag hatten Kinder und Erwachsene im Pril geplanscht, wo es ein wenig kühler war. Jetzt strebten sie dem auflaufenden Meer entgegen. Ane schritt schnell aus – in Richtung der Südstrandbrücke.

Als wir sie nicht länger sehen konnten, seufzte Willa. Müde schob sie ihren Sessel zurück und erhob sich schwerfällig. Ich sah, dass sie sich auf ihren Stock lehnte.

„Ich glaube, ich fahre noch mal zum Friedhof. Bei dieser Wärme brauchen die Blumen Wasser."

Normalerweise hätte ich gesagt, sie solle noch warten, bis die Sonne tiefer stehe. Aber heute hatte ich nicht die Kraft dazu.

An der Treppe zögerte sie. „Hoffentlich vergisst Ane nicht ihren Grillabend. Die Kinder würden so enttäuscht sein …"

Sie nahm die Stufen zögernd, wie jemand, der eine Last trägt. Als sie beinah unten angekommen war, drehte sie sich noch einmal um. „Du schreibst Kerrin, nicht wahr? Erzählst ihr …" Sie beschrieb mit einer hilflosen Geste den Umfang dessen, was ich Kerrin in Australien mitteilen musste.

Ich nickte. „Ja."

Ich kehrte in die Veranda zurück. Herbert unterbrach seine Tätigkeit und starrte mich lange an. Unten kletterte Willa auf ihr Mobil, das sie jetzt im Sommer auf dem Rasen parkte. Sie setzte etwas zu schnell zurück und rammte das Rosenbeet. In der krümeligen Erde hinterließ sie eine tiefe Furche. Anstatt über die Straße zur Promenade zu fahren, bog sie rechts ab. Sie würde durch die Wälder bis zur Strandstraße fahren, dann durch das Boldixumer Wäldchen bis zur Nieblumer Chaussee. Nahe beim Kriegerdenkmal würde sie durch das schmiedeeiserne Tor auf den Friedhof fahren. Auf dem Weg zu Mutters und Vaters Grab würde sie bei Freunden und Bekannten anhalten. Später würde sie mir dann Bericht abstatten, wer einen Rosenstrauch gesetzt hatte, wo der Buchsbaum besonders gut angekommen war, und wer unbedingt mal wieder harken müßte. Durch die weitgeöffneten Fenster drangen die fröhlichen Stimmen der Kinder, die mahnenden der Mütter, die der Väter, die zum Geräusch springender Bälle „Aus!" schrien. Die Schiffe glitten wie riesige weiße Schwäne hin und her. Das braune Segel einer Yacht hing matt am Mast, das Boot schob sich auf dem Flutstrom entlang. Ich sah das Treiben, wie eine, die aus einer großen Entfernung das Geschehen auf einer Bühne verfolgt.

Ane war in der dritten Juliwoche eingetroffen. Sie waren eine fröhliche Truppe von Kindern, Betreuern und Eltern. Obwohl die Sommerfrische ursprünglich den Kindern zugute kommen sollte, die in den Ferien nicht nach Hause fahren konnten, hatten einige Eltern sich spontan angeschlossen.

„Es sollen ganz normale Ferien werden", hatte Ane mir am Telefon erzählt. „Wir wollen die Tage je nach Wetter angehen, genau wie die anderen Kurgäste, und nicht schon vorher jeden Tag durchplanen. Dies ist keine Klassenfahrt."

Deshalb hatte sie auch mehrere zusammenliegende Ferienwohnungen gemietet, das einzige Zugeständnis an die besonderen Bedürfnisse der rollstuhlfahrenden Kinder war, dass die Wohnungen ebenerdig lagen. Oft sah ich sie am Morgen, wenn sie gruppenweise an den Strand zogen oder die Kurpromenade entlangtrotteten in Richtung des Wellenbades, der Seglerbrücke oder des Sandwalls, wo das Spiel- und Bastelangebot für Kinder besonders reichhaltig war. Wenn sie bei mir vorbeikamen, winkten sie hoch, und ich winkte zurück. Am Nachmittag brachten sie mir kleine Gaben: Muscheln oder Steine, die sie am Strand gefunden hatten, Kränze aus Strandnelken geflochten oder weißgescheuertes Treibholz. Wir bewunderten ihre Funde gemeinsam und fanden dann Stellen auf dem Friesenwall, der das Haus zur Straße hin begrenzt, wo sie besonders gut zur Geltung kamen. Wenn das Wetter schön war, gab es Saft und Kekse am Gartentisch. Schon nach wenigen Tagen sahen sie alle braun und erfrischt aus, und auch die, deren kleine Glieder sich nicht ganz so bewegen wollten, wie man erwartete, liefen gelöster und mit einer neuen Leichtigkeit. Willa und ich stimmten ausnahmsweise einmal überein, dass die gute Luft hier an der Nordsee die beste Medizin ist. Trotzdem bewunderte ich Ane, für sie gab es einfach keine Hindernisse. Sie ging mit ihren Kindern ins Watt und an den Deich, sie angelten Krebse von der Brücke oder machten naturkundliche Führungen mit. Es wunderte mich nicht, dass einige Eltern den Urlaub auf Föhr einer Reise in irgendein Ferienparadies vorzogen – Anes Eifer steckte einfach an. Auch die alleinstehenden Damen hatten Freude an den Kindern.

Frau Siegesdorf („schließlich habe ich ja mein Leben lang mit Kindern gearbeitet") passte auf, dass sie nachmittags gegen fünf von ihren Ausflügen heimkehrte. Trotz ihrer dröhnenden Stimme und dem Kommandostil, mit dem sie die Tischmanieren überwachte, hatten die Kinder sie gern. Frau Heinke setzte sich mit ihrem Strickzeug nach draußen und erlaubte den Kindern, die weiche Wolle zu betasten und die Knäuel nach Farben zu ordnen. Sie schickte längst nicht mehr Pakete mit Socken, Schals und Pullovern ins Weserbergland, nach Vorpommern oder nach Hohwacht an der Ostsee. Stattdessen trug Gudrun Päckchen mit Buntstiften, Aufklebern und Muscheln, die sich im Wasserbad öffneten, zur Post. Wahrscheinlich freuten sich die Enkelkinder darüber mehr als über das Selbstgestrickte. Das kleine Fräulein Mönkelmann erwies sich als äußerst geschickt in der Zubereitung großer Mengen Fruchtsaft. Sie verpönte das gekaufte Zeug und bereitete den Saft nach einem Rezept zu, das sie von einer Großtante ‚erbettelt' hatte. Sogar Gudruns Kurdame, die für sechs Wochen das Zimmer Nummer drei gemietet hatte, verlor ihre mürrische Miene, die laut Gudrun auf ihre ständigen Schmerzen zurückzuführen war, und fing an, von ihren Enkelkindern zu erzählen. Das war immerhin eine nette Abwechslung zu ihren normalen Litaneien, die den Werdegang und Ablauf ihrer diversen Leiden aufzählten.

„Ich glaube, wir sollten das Heim nach Föhr verlegen", lachte Ane und ließ uns machen.

Den Kindern hätte es jedenfalls nicht geschadet.

Als die Ferien in Niedersachsen anfingen, lud Fritzi ihre Kinder ins Auto und fuhr sie – wie versprochen – bis Niebüll. Dort sah sie schweren Herzens zu, wie ihre kleine Schar mit ernsten Gesichtern zum Fahrkartenschalter marschierte. Johanna hatte sich ausgebeten, dass Fritzi ihr genügend Geld gebe, um die Fahrkarten und später – auf der Fähre – etwas zu essen zu kaufen.

„Sie ließen mich immerhin auf den Bahnsteig mitkommen", sagte Fritzi. „Aber das nur, weil sie mir vom Zug aus winken wollten. Wir haben gerade aus einem Buch vorgelesen, wo die Kinder in der Schulzeit immer zu einer Internatsschule fahren. Die Eltern winken den Kindern nach. Das wollten sie mal ausprobieren." Im letzten Moment, erzählte Fritzi, hatte sich Finn aus dem Fenster gebeugt und sich ängstlich vergewissert, dass es „nicht für immer" sei. Auch hatte Fritzi ausgehandelt, dass Kruse in seinem Ställchen ein paar Tage später nachkommen würde – mit Hajo, der sich hatte breitschlagen lassen, den Kaninchenkäfig in seinem schicken Auto zu transportieren. Sie hatte Johanna und Britta eingebleut, dass sie in Dagebüll erst auf der Mole aussteigen durften und sich dann vergewissern mussten, dass sie das Schiff nach Wyk nähmen und nicht aus Versehen auf die Amrumer Fähre stiegen.

„Mama", hatte Britta vorwurfsvoll gefragt, „wie oft haben wir das schon gemacht?" Und Finn hatte einlenkend geäußert, dass sie ja sonst den Kapitän fragen könnten.

„Er meint natürlich den Steuermann, der doch meistens die Fahrkarten locht. Er ist momentan sehr von Berufen in Uniform angetan. Steuermänner, Schaffner, Feuerwehrleute …"

Fritzi rief auf ihrem Handy an. Seitdem ihre Kinder so selbständig waren, dass sie allein reisen konnten, hatte sie sich entschlossen, für einige Tage eine Freundin zu besuchen, die an der dänischen Westküste ein Ferienhaus mietete. Ich versicherte Fritzi, dass Willa praktisch schon am Hafen stand. Sobald das Schiff von Dagebüll abgelegt hatte, war sie so zappelig geworden, dass ich sie nicht mehr hatte halten können.

„Oh Ruth, beinah wäre ich dem Zug hinterhergefahren, nur um sie aus der Ferne zu beobachten! Sie sahen so ernst aus, jedes Kind mit seinem Rucksack! Sie bringen erst Mal nur das Wichtigste mit, Hajo kommt dann mit dem übrigen Gepäck. Aber sie haben ihre Windjacken an, und Britta hat Olmi vorsichtshalber einen Schal umgebunden, weil er ja mit an Deck muss, und er hasst den Fahrtwind doch so sehr. Und Finn klammert sich mit einer Hand an Johanna und mit der anderen an den Dinosaurier, den Marianne ihm zum Geburtstag geschenkt hat!" Fritzis Stimme klang etwas dünn.

„Wo bist du jetzt?"

„Ach, in einer Raststätte kurz vor der Grenze. Ich musste erst Mal einen Tee trinken. Gleich fahre ich weiter. Ich ruf heute abend bei Willa an und seh euch dann am Wochenende, ja? Wie geht's Ose?", fügte sie noch schnell hinzu.

„Sie arbeitet sieben Tage in der Woche. Aber die Galerie findet Interesse, du wirst es ja sehen, wenn du kommst. Und nun leg auf, sonst wird es zu teuer!"

Ich hörte Fritzis Lachen, bevor sie die Verbindung beendete, und setzte mich dann wieder ans offene Fenster. Etwa zur gleichen Zeit, da die Fähre von Dagebüll abgelegt hatte, war eine andere in Wyk losgefahren. So war es bei uns im Hochsommer, die Gäste wurden im Pendelverkehr hin- und hergefahren. Bald würden sie sich auf halbem Wege treffen und aneinander vorbeigleiten.

Ich dachte an Ose. Seit sie die Galerie zu Pfingsten eröffnet hatte, war sie unserer Meinung nach zu mager geworden. Willa meinte, sie käme abends oft erst um zehn oder elf Uhr nach Hause, und auch an ihrem einzigen freien Tag konnte man sie in Goting in ihrem Stall antreffen. Willa hatte angefangen, bei Elsbeth Clausen ihre Mahlzeiten doppelt zu bestellen. So konnte sie Ose meistens ein Mittagessen mitgeben, wenn die am Morgen vorbeilief, um in ihren kleinen Lieferwagen zu springen.

„So viel hab ich nun auch wieder nicht zu tun", sagte Ose. „Kalles Schwester, die wohnt im Dorf mit ihrem Mann und einem Kleinkind, die kommt ganz gern in der Mittagsstunde und passt mal für ein halbes Stündchen auf. Ihr Mann ist über Mittag zu Hause, und der Kleine macht seinen Mittagsschlaf. Dann kann ich schnell nach Nieblum fahren und mir was zu essen holen."

Aber Willa hatte die leeren Alubehälter in Oses Abfalltonne erspäht und wusste, dass Ose ihre Mahlzeit immerhin irgendwann einnahm, und sei es erst um Mitternacht. Auch hatte Willa von ihrer Freundin, Fräulein Söhnlein, erfahren, dass der Kleine von Kalles Schwester nach dem Sommer im Kindergarten angemeldet sei, und wir hofften beide, dass Sannes nachbarliche Hilfe dann vielleicht permanent werden würde.

„Ich weiß wirklich nicht, ob ich mir eine Angestellte leisten kann", sagte Ose, als Willa unsere Überlegungen in Bezug auf Sanne herausgerutscht waren. Wir saßen auf der Veranda bei einem der nun selten gewordenen Kaffeetrinken mit Ose.

„Alle Geschäftsleute versichern mir, dass es verdammt hart ist, im Herbst und Winter einen Verdienst zu machen. Aber sorgt euch nicht", sagte Ose schnell, als sie un-

sere besorgten Gesichter sah, „ich habe ausreichend Startkapital, um mindestens ein Jahr durchzuhalten. Und Ane
hat mir auch ein paar gute Vorschläge gemacht, an denen
wir gerade rumtüfteln. Fritzi drängt darauf, dass ich ein
richtiges Café an meine Galerie anschließe. Nur, wenn ich
das mache, dann brauch ich echt Leute, die für mich arbeiten … Wenn Doro in Hamburg nicht hin und wieder
etwas für mich erledigen würde, wüsste ich echt nicht, wie
ich alles schaffen sollte!"

Ose sah nicht so aus, als ob die Sorgen sie niederdrück-
ten. Ich glaube, es machte ihr sogar Spaß zu wissen, dass
sie Kuno eins auswischen konnte, indem Doro sie heimlich unterstützte. Und obwohl sie etwas zu dünn geworden war, sah auch sie weniger spitz und angespannt aus.
Eher machte sie den Eindruck, dass sie die Zügel ihres
Lebens fest in beide Hände genommen hatte und sie nicht
so schnell loslassen würde.

„Und was macht das Krocket?", fragte Ose, wohl wissend, dass Willa drauf und dran war, wegen der Pläne
nachzuhaken, die Ane und sie gerade ausheckten. „Sind
die Zöllners diesmal regelmäßig dabei?"

Damit hatte sie Willa am Haken. Des Klubs großes
Leid und Kümmernis waren das Ehepaar Zollmann und
deren ‚ausschweifende Urlaube'. Immer wieder warfen
sie die sorgfältig ausgetüftelten Spieltage um, indem sie
plötzlich ‚spottbillige Angebote' wahrnahmen, die sie
nach Dresden, nach Salzburg oder gar Brüssel entführten.
Als ehemaliges Lehrerehepaar zog es sie immer wieder in
kulturträchtige, geschichtsreiche Gegenden.

„Und als ob es nicht genug wäre, dass sie in aller Her-
ren Länder herumreisten – zu Ostern waren es Jerusalem
und Palästina, und jetzt schwärmen sie vom Nil und den

Pyramiden – nein, zwischendurch müssen sie noch diese Städtereisen mitmachen!"

Wenn man Willa hörte, könnte man meinen, die Zöllners begäben sich nur an Orte, die dem Massentourismus frönten. Und doch war den Zöllners nichts widernatürlicher, als den Tag am Schwimmbad zu liegen und Cocktails durch Strohhalme zu saugen. Sie verbrachten ihre Ferien mit endlosen Museumsbesuchen, besichtigten, was als ,altertümlich' gekennzeichnet war, und hielten alles fotografisch fest. Letzteres, damit der Klub nachhaltig von ihren Ausflügen profitieren konnte.

„Und dann haben sie sich dieses Jahr Krocketschläger aus England bestellt!"

Diese Schläger hatten die übrigen Klubmitglieder in eine Aufregung versetzt, die das Weltmeisterschaftsfieber gewisser Fußballfans noch übertraf. Es fing an, als die Zollmanns sich Kataloge hatten kommen lassen. In heimlichen Treffen hinter sorgfältig verriegelten Türen, von denen das Ehepaar Zollmann ausgeschlossen war, hatten die übrigen Klubmitglieder die Vereinsstatuten durchgebüffelt, um festzustellen, welche Modelle akzeptabel seien und ob sogenannte „Vereinsschläger" vom Golfkrocket ausgeschlossen seien. In einer Aktion, die Leuten in unserem Alter eigentlich nicht mehr anstand, war Willa losgeschickt worden, um – hinter einer Hecke versteckt – die Zöllner bei Probeschlägen mit den neu eingetroffenen Modellen zu beobachten. Willa konnte sich ein hämisches Grinsen nicht verkneifen, als sie uns nun berichtete, dass diese neuen Schläger zwar aus einem ganz besonderen Holz seien, Hickory genannt, das allgemein geschätzt würde, jedoch obendrein „gespleißt" seien! Willa stieß das Wort aus wie einen schlechten Geschmack und sah uns erwartungsvoll an. Als sie die Verständnislosigkeit in unseren Gesichtern wahrnahm, ließ sie sich herab zu erklären, dass diese Schläger im Stiel einen Metall- oder Fiberglaskern trügen.

„Gespleißt!" Sie wiederholte es verächtlich. „Das soll ihnen so einen extra Zip geben." Willa holte mit dem Arm weit aus und demonstrierte diesen federnden „Zip".

„Sie geben es zwar nicht zu, aber beide finden es äußerst schwer, sich an diese wippenden Stiele zu gewöhnen. Und ihr Spiel leidet darunter!" Willa lehnte sich mit einem befriedigten Lächeln zurück.

Gudrun hatte am Tag zuvor Pflaumenkuchen mit einem Guss aus saurer Sahne gebacken und eine Platte nach oben gegeben. Ich legte jedem noch ein Stückchen vor.

„Von ihrem Handicap haben sie seit dem Beginn der Spielsaison deshalb schon fünf Punkte verloren."

Ich wusste inzwischen, dass das bedeutete, sie hatten fünf Spiele verloren, und überschlug, wie oft sie inzwischen gespielt hatten. Willa unterbrach meine Gedanken.

„Ich habe übrigens für die Kinder richtige Krocketschläger bestellt. Hajo hat unter dem Vorwand, dass er mal sehen wollte, wie viel sie seit Weihnachten gewachsen sind, alle drei gemessen."

„Das wird wohl nicht lange halten", meinte Ose. „Schließlich wachsen sie ja weiter. Wenn du ihnen jetzt Schläger in der richtigen Länge kaufst, werden sie ihnen nächstes Jahr schon nicht mehr passen!"

„Wie?" Willa blinzelte irritiert. „Ach so. Das stimmt. Aber Britta bekommt dann Johannas Schläger und Finn den von Britta. Also muss ich nur einen neuen kaufen. Und", sie hob die Hand, bevor Ose etwas einwerfen konnte, „die Buhls haben doch ein neues Enkelkind, dadurch, dass Tillman eine Frau mit Kind geheiratet hat. Und das ist grad ein bisschen jünger als Finn. So können wir die Schläger gleich weiterreichen. Das ist schon abgemacht."

„Ach so", sagte Ose. Auch ihr fiel nichts ein, was sie gegen Willas Logik anbringen konnte.

Und so warteten dann die neuen Schläger mitsamt den roten, schwarzen, blauen und gelben Kugeln auf die Kinder, als sie in den Sommerferien bei uns eintrafen. Fürs Erste konnten sie auf Willas Wiese üben, aber es war auch schon ausgemacht, dass sie ab und zu auf Momme Buhls heiligem Krocketfeld spielen durften.

„Na, da bin ich ja gespannt", schmunzelte Ose. „Hütet Herr Buhl das Krocketfeld nicht wie seinen Augapfel? Wehe, dass sich da ein Unkraut einschleicht oder jemand eine Delle in den Rasen schlägt. Stellt euch vor, es fällt Olmi ein, sein Geschäft dort zu machen, oder", Ose kicherte, „ein Loch zu graben, wo der Rasendung einen besonders kräftigen Geruch hinterlassen hat!"

Es ist in Wyk bekannt, dass Momme Buhl regelmäßig düngt – auch im Sommer, was die Nachbarn wegen ihrer Kurgäste natürlich verärgert.

„Fritzi kann an dem Tag mit dem Hund spazieren gehen", sagte Willa spitz. Dass sie sich selbst auch oft über Olmis Unart ärgerte, seine Haufen sichtbar in der Mitte ihres Rasens zu hinterlegen, erwähnte sie diesmal nicht. Aber sie streichelte gedankenvoll Herbert, der seine Toilette stets diskret und ohne Spuren vollzog.

Als Ane zum Kaffeetrinken kam, brachte sie mir einen bunten Strauß Feldblumen mit.

„Den haben wir gestern gepflückt, als wir durch die Wälder nach Nieblum gewandert sind. Einige der Eltern sind noch nie auf Föhr gewesen. Sie waren so begeistert, sie machen heute eine Tour mit der Inselbahn."

Ane goss Milch auf ihre rote Grütze, die wir aus frischen Beeren gekocht hatten.

„Ich habe heute morgen Fritzi in ihrem Ferienhäuschen besucht. Es ist wirklich sehr hübsch!"

Sehr zu Willas Ärger hatte Fritzi ein Ferienhäuschen gemietet für die Zeit, in der Hajo mit ihnen Urlaub machte. Die Kinder fanden es aufregend, und Fritzi und Hajo genossen es, die Tage ohne Rücksicht auf Willa planen zu können.

„Die Terrasse vorn ist auch ganz geschützt und gar nicht jedem Windzug ausgesetzt, wie Willa meinte. Die haben das geschickt bepflanzt, und nach Osten haben sie so eine Glaswand. Das macht viel aus. Jetzt hat Ose Willa überredet, eine kleine Terrasse direkt vor ihrem Häuschen anlegen zu lassen. Der Rasen sieht ja auch echt mickrig aus! Hajo hat angeboten, den im Herbst umzugraben. Und dann will Fritzi ihr helfen mit dem Blumenbeet. Einen ‚richtigen Bauerngarten' will sie haben, hat Ose gesagt. Als ich heute Morgen da war, legte Fritzi schon eine Pflanzliste an." Ane schmunzelte.

„Will Hajo denn in den Herbstferien wieder mitkommen?" Ich war überrascht.

„Ja, sie haben schon mit ihrer Vermieterin gesprochen, und das geht klar."

Unsere Gedanken weilten bei Hajo und Fritzi. Es war schon erstaunlich, dass Hajo bereit war, in den Schulferien Urlaub zu nehmen und auf die Insel zu kommen. Normalerweise klinkte er sich aus. Er sagte immer, das Kindergeschrei gehe ihm auf die Nerven, aber im Grunde war Föhr ihm einfach nicht fein genug.

Ane aß wie immer langsam und bedächtig. Zwischendurch lehnte sie sich zurück und trank aus ihrem Becher Früchtetee. Die Fenster standen weit offen, und eine Biene flog taumelnd durchs Fenster. Unten am Friesenwall lugten die Hagebutten aus dem Grün der Heckenrosen, und davor wuchsen blaue Glockenblumen, weiße Margeriten und Strandnelken. Auch die Bauernrosen standen dieses Jahr besonders schön. Auf der Promenade zogen gemächlich Spaziergänger vorbei. Ab und zu holperte eine Familie mit einem Bollerwagen entlang – voll beladen mit Strandgut und Kleinkindern. Ane seufzte.

„Habe ich dir erzählt, dass unser neuer Mitarbeiter, Rainer, uns schon wieder verlässt?"

Fritzi hatte mir von diesem neuen Mitarbeiter erzählt. Auch über ihre Vermutung, dass sich zwischen ihm und Ane etwas angebahnt hatte. Ich versuchte, mir nichts anmerken zu lassen. Ane hielt ihren Becher in beiden Händen, als wäre ihr auf einmal kalt.

„Er hat ein Angebot bekommen, selber ein Heim zu leiten. Irgendwo im Mecklenburgischen. Schade, er konnte wirklich gut mit den Kindern umgehen, und ich mochte ihn auch gern."

Sie sah mich an, und ihre Augen verdunkelten sich. So ist es mit Ane. Wenn man sie nicht drängt, dann vertraut sie sich einem an. Ich nahm ihre Hand, die tatsächlich eiskalt war.

„Oh, Tante Ruth, manchmal denk ich, ich schaffe das nie, einen richtigen Partner zu finden. Glaubst du, ich werde eines Tages wie Frau Siegesdorf sein?" Sie deutete zum Fenster raus, wo Frau Siegesdorf gerade zum Tor reinstrebte, über die Schulter hatte sie die neue Fotoausrüstung gehängt, die sie zu ihrem diesjährigen Sommerinteresse erkoren hatte. „Dann kann ich ja gleich hier bei Gudrun absteigen."

Ich murmelte, dass die besten Menschen manchmal am längsten brauchten, um ihren Seelenfreund zu finden.

„Das hat diese alte Dame gesagt, die Cousine von Kerrins Mrs. Dingsbums: ‚sie war die Beste von uns‘. Sie meinte aber ihre Schwester, die zu jung gestorben war. Es scheint mir, als ob gerade die, von denen man sagt, sie seien die Besten, das blödeste Pech haben. Ich schaff es nicht, einen Freund festzuhalten, und diese Schwester, die stirbt, bevor ihr irgendwas Gutes passiert."

„Geht es denn ums Festhalten?", fragte ich vorsichtig.

„Ich konnte meinen Willem nicht festhalten, als der unbedingt nach Australien auswandern wollte."

„Oh Tante Ruth, daran hab ich gar nicht gedacht. Haben wir den eigentlich gekannt – ich meine, war eine von uns schon geboren, als er wegging?"

„Nein, Kind. Das ist so lange her, manchmal kann ich mich gar nicht mehr daran erinnern, wie er aussah." Wie ein Junge war er, als er auf den Dampfer stieg. Der Geruch von Pfeifenrauch und nasser Wolle. „Aber manchmal denke ich, wenn ich wirklich gewollt hätte, dann wäre ich mit ihm gegangen. Dann hätte ich es nicht geduldet, dass er mich zurücklässt."

Ich hol dich nach, Ruthchen. Die Biene summte um Anes Grütze herum.

„Meinst du, wenn Rainer mir so wichtig wäre, dann würde ich mit ihm gehen? Er hat mich gefragt, weißt du? Die hätten gern ein Ehepaar für ihr Heim, hat er gesagt."

Ich sah Ane abwartend an. Sie beobachtete die Biene, die sich jetzt vorsichtig auf dem Rand ihrer Schüssel niedergelassen hatte.

„Es ging mir ein bisschen zu schnell. Heirat – Mann, das ist so eine Riesenentscheidung. Und ich war mir nicht sicher, ob meine Gefühle dafür schon ausreichten. Ich habe mir irgendwie nie vorstellen können zu heiraten. Und schon gar nicht, mal so im weißen Kleid zum Altar zu schreiten."

Sie griff nach ihrem Zopf und schüttelte ihn aus, wie man einen Staublappen ausschüttelt.

„Man braucht natürlich nicht in der Kirche zu heiraten. Heutzutage machen das lange nicht alle", versicherte ich.

Ane juchzte. „Oh Tante Ruth … du bist köstlich! Du hast natürlich recht." Sie wurde ernst. „Hochzeit, das ist für mich etwas, was mit Gott zu tun hat, und wenn man nicht religiös ist, dann macht die ganze Zeremonie irgendwie keinen Sinn, oder?"

Ich war mir nicht ganz sicher. Damals, als Willem und ich heirateten, da machte man das eben. Anders hätte ich es mir nicht vorstellen können – und obwohl das Brautkleid geliehen war und die Blumen aus Mutters Garten stammten, konnte ich mich noch erinnern, wie stolz ich war. Hatten wir bei der Trauung an Gott gedacht? Ich wusste es nicht mehr.

Jetzt, wo wir älter werden, Willa und ich, überlegt man ja schon manchmal, was da so auf einen zukommt. Willa geht ja auch mal in die Kirche – für die Konzerte, und sie behauptet, dass sie am Sonntag den Gottesdienst im Radio hört. Wir halten es natürlich mit der richtigen Kirche in Boldixum. Diese neue Kapelle, die sie in Wyk gebaut haben, das ist nichts für uns.

„Glaubst du nicht an Gott?", fragte ich vorsichtig.

„Doch, schon", sagte Ane. „Aber nicht so formell, so wie der Pastor uns das im Konfirmandenunterricht weismachen wollte. So, als ob Gott sich diese ganzen Regeln ausgedacht hätte. Man kann doch sehen, dass die von den Kirchenvätern stammen! Glaubst du, Gott kümmert sich, ob man sein Gebet so und so spricht? Ob man einen Schleier trägt, um seine Haare zu verstecken, oder an gewissen Tagen kein Fleisch isst?"

Ich hatte etwas Mühe mitzukommen. Aber Ane sprach schon weiter.

„Es geht doch mehr um Liebe und darum, den anderen zu respektieren. Und das schaffen wir ja irgendwie nie. Guck mal, wie viele Kriege es gibt, und wie oft Leute angegriffen werden, nur, weil wir nicht akzeptieren können, dass sie etwas anders denken oder anders aussehen. Nein, ich will keine kirchliche Trauung und sich dieses Versprechen vor einem Beamten des Staates geben! Das finde ich zu blöd. Aber", ihre Stimme wurde leiser, „ich hatte schon daran gedacht, mit Rainer zusammenzubleiben. Vielleicht eine gemeinsame Wohnung oder ein Häuschen zu nehmen."

Ane stupste die Biene vorsichtig mit ihrer Serviette an und bugsierte sie in Richtung des Fensters. Auf der Fensterbank lag Herbert und sonnte sich. Er liebte es, im Sommer am offenen Fenster zu schlafen, wo die Sonnenstrahlen ihn angenehm erhitzten und der Wind vom Meer kleine Brisen zur Abkühlung sandte.

Ich beschloss, mir Anes Ideen durch den Kopf gehen zu lassen. Vielleicht war ich ja im Unrecht gewesen, als ich damals Gott die Schuld gab für alles, was passierte.

„Wenn es Gott gibt, wie kann er dann erlauben, dass junge Menschen einander totschießen?", hatte Mutter gefragt. „Warum greift er nicht ein, damit dieser Krieg aufhört?" Und ich hatte ihr recht gegeben.

„Dein Willem – der ist doch nach Australien gegangen, oder?"

Ich nickte.

„Und da ist er verschollen? Könnte Kerrin nicht was rausfinden? Ich mein, es muss doch irgendwas geben, Listen von Einwanderern oder so."

Wir hatten natürlich darüber gesprochen, damals, als Kerrin rüberging. Aber irgendwie war ich nie dazu gekommen, ihr die Daten rauszusuchen oder in den alten Papieren nachzusehen, wie der Dampfer hieß, auf dem Willem eine Überfahrt gebucht hatte.

Hatte ich es nicht wissen wollen, was ihm passiert war? War es mir lieber, Willem vermisst zu wissen als zu überlegen, ob er vielleicht eine andere Frau gefunden und geheiratet hatte? Außerdem hatte Kerrin uns ja erzählt, dass das Land riesig groß war – sie selbst hatte lange noch nicht alles gesehen. Und viele Deutsche hatten damals ihre Namen geändert, sagte Kerrin, weil sie von den Australiern als Nazis beschimpft und wie Feinde behandelt worden waren.

„Hat Willa schon etwas über diese Patentante herausfinden können?"

Ich war so in meine Überlegungen vertieft, dass ich im ersten Moment keine Ahnung hatte, von wem Ane sprach. Dann fiel mir ihr Besuch in Hamburg ein. „Ach du meinst … wie hieß sie noch mal? Schulz-Hagen?"

„Schulte-Hagen", sagte Ane. „Tante Emmi hat die Cousine von dieser Gisa aus Australien gekannt."

Obwohl das Rätsel des verschollenen Kindes ja nun eigentlich geklärt war, hatte Willa es sich nicht nehmen lassen, diese letzte Spur, die immerhin nach Wyk führte, zu verfolgen. Dabei war ihr überraschenderweise Gertrude Zollmann zur Hilfe gekommen. Diese hatte schon in jungen Jahren an der Hand ihrer Mutter Besuche ins Alten- und Pflegeheim unternommen, wo ein entfernter Verwandter seine letzten Tage verlebte. Willa begründete diese Besuche nebenbei mit einer Erbschaftssache, die Gertrudes Mutter geschickt in die Wege geleitet hatte, indem sie dem alten Onkel einmal die Woche die süße Nichte vorführte. Das wusste sie von Fräulein Söhnlein, in deren Pflegefamilie Gertrudes Mutter bekannt war. Nichtsdestotrotz kamen nun gerade diese Altenheimbesuche Willa zugute, als sie die Patentante dieser Gisa, wie wir sie seit Anes Hamburger Visite nannten, aufspüren wollte.

Auf der Suche nach einer Frau, die Ende des Krieges schon ein recht hohes Alter erreicht hatte und wahrscheinlich Anfang der fünfziger Jahre verstorben war, war Willa logisch vorgegangen – sie hatte auf dem Friedhof begonnen. Dort hatte sie niemanden entdecken können, der unter dem Namen E. Schulte-Hagen und den entsprechenden Daten begraben war. Willa erklärte dies mit einer Überführung in den Geburtsort, den sie in Hamburg vermutete.

„Die Familie stammt aus Hamburg, das haben Ane und Kerrin beide gesagt. Eine Familie mit dem Namen hat es in Wyk nicht gegeben, also muss sie aus Hamburg zugezogen sein. Vernünftige Menschen hat es immer schon gegeben", erklärte Willa Ose und mir. „Nach ihrem Tod wollte sie dann in heimatlicher Erde ruhen."

Manchmal drückt Willa sich für meinen Geschmack etwas geschwollen aus.

Jemand, der allein lebte, folgerte Willa, würde früher oder später ins Altersheim eingewiesen, also machte sie sich auf, um Gertrude Zollmann zu befragen. Nach einigem Drängen meinte Gertrude sich an eine alte, sehr feine Dame erinnern zu können, die nur Hochdeutsch sprach und ‚gut roch‘.

„Das muss sie gewesen sein“, entschied Willa mit Überzeugung.

Als ich meinte, das sei nun ja reichlich bei den Haaren herbeigezogen und bestimmt kein ‚Beweis‘, den sie Kerrin weiterreichen könne, hatte Willa gemeint, wenn ich so schlau sei, dann solle ich mir doch überlegen, wie man diesen Beweis finden könne.

„Frag doch das Pflegepersonal“, sagte ich ärgerlich, weil Willas Spinnereien mich beim Nibbeln der Johannisbeeren störten. Ose hatte mir einen ganzen Eimer von Kalles Schwester Sanne mitgebracht. Ich wollte Johannisbeersaft einkochen.

„Pflegepersonal …“, murmelte Willa. „Die sind inzwischen bestimmt selber tot oder sitzen im Altersheim. Aber da fällt mir etwas ein … die Lüttköks!“

Ich stöhnte. „Du und deine Lüttköks. Hast du schon mal bedacht, dass die beiden in Ruhe gelassen werden wollen? Sonst hätten sie sich doch schon lang bei dir gemeldet.“

„Ach was.“ Willa tat meinen Einwurf mit einem Handwinken ab. „Du erinnerst dich natürlich nicht, Ruth.“

„Also, was soll das denn heißen? Meinst du, ich gehör auch ins Pflegeheim?“

Willa überhörte meinen wütenden Einwand. „Emmi und Carla wurden nach dem Krieg Pflegerinnen. Eine Weile blieben sie noch im Kinderheim, aber dann wechselten sie zur Altenpflege über. Und das machen sie doch jetzt immer noch. Wenn irgendjemand was weiß, dann sie.“

„Warum denn nicht Gudrun? Die ist doch auch in der Altenpflege."

„Gudrun ist zu jung. Nein, ich muss Emmi und Carla herkriegen."

Und damit war es für Willa beschlossene Sache.

Ich erzählte Ane von Willas Entschluss und ihren verschärften Bemühungen, die beiden Schwestern ausfindig zu machen.

„Lass sie doch", meinte Ane. „Es macht ihr Spaß! Und wenn sie etwas herausfindet, kann sie es Kerrin mitteilen. Ich bin jedenfalls froh, dass die Sache geklärt ist. Obwohl es ja komisch ist, dass diese Gisa nie erwähnt hat, dass sie auch mal auf Föhr war. Trotzdem, nun ist es ja vorbei. Die kleine Jette ist inzwischen zu einer großen Henriette geworden. Wahrscheinlich ist sie verheiratet und hat Kinder, da im Osten … und hat ihre leibliche Familie ganz vergessen."

Ja, das dachten wir damals, an dem Tag, als die Sonne schien, eine gefleckte Singdrossel vorm Fenster sang, Herbert in der Sonne schlief und die Wolken wie Schäfchen in Richtung Amrum zogen.

Meine Schwester erinnert mich manchmal an einen Hund, der nie vergisst, wo er seinen Knochen vergraben hat. Regelmäßig gräbt er ihn aus, um daran zu nagen.

Seit Ostern hatten die Schwestern Lüttkök sich Willas Zugriff entzogen, und vielleicht wähnten sie sich in Sicherheit. Obwohl Fräulein Söhnlein den Auftrag erhalten hatte, ein wachsames Auge auf die beiden zu haben, war es ihnen gelungen, ihre Pflegestelle in Utersum so still und leise zu verlassen, wie sie sie übernommen hatten. Willa, die mit dem Bus nach Utersum gefahren war, unter dem

Vorwand, an einem Rheuma-Schwimmkurs im Sanatorium teilzunehmen, kehrte unverrichteter Dinge heim. Direkt nach dem Schwimmen, mit „noch nassen Haaren", hatte sie die Adresse aufgesucht, wo sie die Schwestern zu finden hoffte. An der Tür des besagten Hauses wurde sie von einer etwa fünfzigjährigen Fremden abgefangen. Auf ihre Frage nach den Schwestern zuckte die Frau die Schultern. Sie und ihr Mann wären letzte Woche endgültig nach Föhr umgezogen, um ihre alte Mutter zu versorgen. Und obwohl es abgemacht war, dass die Pflegerinnen einspringen würden, wann immer sie und ihr Mann verreisten oder aus irgendeinem Grunde aufs Festland fahren mussten, so hätte es doch keinen Grund gegeben, sie dazubehalten. Willa würde sie wahrscheinlich zu Hause vorfinden.

Ich tröstete Willa über diesen Fehlschlag hinweg, indem ich sagte, so sei sie doch endlich dazu gekommen, an dem langgeplanten, oft aufgeschobenen Schwimmkurs teilzunehmen.

„Meinst du etwa, ich habe mich nur deshalb beim Schwimmkurs angemeldet?", fragte Willa entrüstet. „Denkst du, ich brauch einen Vorwand, um mich nach zwei alten Freundinnen zu erkundigen, mit denen wir praktisch aufgewachsen sind?"

Das hatte ich tatsächlich gedacht. Und ‚aufgewachsen' war ja wirklich übertrieben!

Angestachelt durch meine Zweifel begann Willa, das Haus der Schwestern in Boldixum zu belagern. Aber die mussten wohl etwas gespürt haben, denn Willa kam Tag für Tag erfolglos nach Hause. Auch Margot Buhl, Mommes Schwägerin, wurden Willas ständige Kontrollfahrten durch die Buurnstraat langsam zu viel. Eines Tages teilte sie Willa mit, sie hätte sich bei den auswärtigen Nachbarn der Lüttköks, die sie des Abends beim Sprengen ihres Gartens überrascht hatte, erkundigt – Emmi und Carla waren verreist. Sie hüteten das Haus der Tochter eben jener Leute ein, deren Mutter sie in Utersum betreut hatten.

„Warum hat die Frau das nicht gesagt?", brummelte Willa ärgerlich. „Wie das Margot entgangen ist, möchte ich mal wissen."

„Nun ja, jetzt, im Sommer, da vermietet sie wahrscheinlich … da hat sie vielleicht nicht so die Zeit, ihre Nachbarn zu beobachten", bot Fritzi an.

„Man guckt doch wohl mal aus dem Küchenfenster", antwortete Willa scharf. „Oder über den Gartenzaun, ob alles in Ordnung ist."

Hajo bastelte mit den Kindern ein Piratenschiff in Willas Schuppen, wo noch einiges von Vaters Werkzeug stand, und Fritzi und Willa waren zu mir beordert worden.

Willa untersuchte misstrauisch den Möhrenvollwertkuchen, den Fritzi zum Kaffeetrinken mitgebracht hatte. Es war ein Kastenkuchen, den sie selber gebacken hatte. Dazu sollte es gemischte Beeren geben. „Alles nur mit Honig und ungesüßtem Apfelsirup zubereitet. Ihr werdet staunen, wie gut das schmeckt." Statt Schlagsahne hatte sie Magerjoghurt mitgebracht.

„Habt ihr von Kerrin gehört?", fragte Fritzi betont forsch und reichte mir die Joghurtschüssel. „Du kannst dir reichlich nehmen, Hajo hat den Kindern versprochen, später mit ihnen zum Eisessen zu gehen."

Willa sah aus, als hätte sie Lust, sich den Eisessern anzuschließen.

„Du hast doch mit Kerrin gesprochen", sagte ich schnell.

Willa spießte eine Erdbeere auf ihre Kuchengabel, bugsierte eine Ecke Vollwertkuchen darauf und tauchte alles in die Joghurtpfütze, die sie auf ihren Teller gelöffelt hatte. Man merkte ihr die Überwindung an, mit der sie das Ganze in ihren Mund beförderte. Meiner Meinung nach gehörten Möhren ins Gemüse oder in die Suppe, nicht in einen Kuchen. Willa kaute mit Konzentration, und ihre Gesichtszüge entspannten sich etwas. Es konnte wohl nicht allzu schlimm sein. Ich folgte Willas Beispiel und stellte fest, dass der Kuchen im Geschmack einem Honigkuchen ähnelte, jedenfalls nicht unangenehm war. Auch hatte Fritzi mit den Haselnüssen nicht gespart, was die Grobheit des Mehls überspielte. Die Früchte schmeckten eine Idee saurer, als wir gewöhnt waren, aber es ging noch.

„Ja", sagte Willa kauend. „Ich habe mit Kerrin gesprochen. Ich habe ihr gesagt, sie kann sich wirklich nur selbst die Schuld geben."

Wir nickten einstimmig und schüttelten dann die Köpfe in Erinnerung an die Szene, die Kerrin Fritzi beschrieben hatte. Diese Gisa hatte mit einem hysterischen Anfall reagiert, als Kerrin vorsichtig andeutete, es könnte ja sehr gut sein, dass ihre Tochter noch am Leben sei. Mit einem Schrei hatte sie sich auf Kerrin gestürzt, die nur mit Not ihren klauenden Fingern ausgewichen war. Dann war eine Art Lähmung über die Alte gefallen, die den lauten, anhaltenden Ton, der ihrem geöffnetem Mund entwich, umso unheimlicher erscheinen ließ.

„Alle kamen angelaufen", hatte Kerrin berichtet, „die Pflegerinnen, die Heimleiterin – sogar der Pastor, der gerade zu Besuch war. Zum Glück hat mir keiner Vorhaltungen gemacht. Die Heimleiterin hat gesagt, mit der Demenz sind solche Anfälle nicht unnormal. Obwohl sie bei der Gisa hauptsächlich auftreten, wenn sie geduscht werden soll. Aber peinlich war das schon."

Das Unheimlichste war wohl, dass der Gisa trotz des heulenden Geschreis keine einzige Träne entronnen war. Im Gegenteil, Kerrin hatte nach einer Weile bemerkt, dass die Augenlider der Frau zuckten und sie durch schlitzartige Spalten beobachtet wurde. Dabei hatte Kerrin lange überlegt, wie sie ihren australischen Schützling mit dieser neuen, so widersprüchlichen Botschaft konfrontieren konnte.

Und ganz sicher waren wir uns ja auch nicht. Da anscheinend kein anderes Familienmitglied mehr lebte, das Gisela gekannt hatte, bevor sie nach Australien auswanderte, konnten wir nicht mit Sicherheit sagen, welche Cousine die Wahrheit gesprochen hatte. Beide Frauen hatten überzeugend den Unfall beschrieben, bei dem ein Kind ums Leben gekommen war. Die Frage war nur, welches?

Kerrin beschloss, eine Gelegenheit abzuwarten. „So einfach war das gar nicht", hatte sie mir gestanden. „Die ersten Male, die ich sie besucht habe, hat sie so viel Interessantes erzählt. Hat sich auch nach meiner Familie erkundigt und wollte immer wissen, was Leo macht und so. Aber jetzt ist es jedes Mal das Gleiche. Immer wieder dieselben Geschichten – das fängt an mit ihren Wehwehchen, dann kommt alles, was sie aufgegeben hat, als sie ins Heim gezogen ist, und schließlich zieht sie über die anderen Frauen im Heim her – Männer gibt es ja nicht so viele –, die sie angeblich nicht mögen, weil sie Deutsche ist. Dabei spricht sie wirklich sehr gut Englisch, beinahe akzentfrei. Und danach beklagt sie sich bitterlich über die Familie ihres verstorbenen Mannes, die nichts mit ihr zu tun haben will."

Dies war nicht der Mann, mit dem sie nach Australien ausgewandert war. Den war sie, ihren Worten nach, „bald nach der Ankunft losgeworden". Sie hatte dann nach einer Reihe von „männlichen Bekannten", von denen sie Kerrin freimütig erzählte, einen Australier geheiratet, der wegen Gisa seine Frau und zwei Töchter verlassen hatte. Die Ehe hatte aber nicht lange gewährt. Eines Abends kam sie von der Arbeit nach Hause, und da lag er auf dem Küchenboden – tot.

„An einem Herzschlag ist er gestorben. Vier Jahre nach der Hochzeit. Immerhin hat die Gisa eine Witwenrente kassiert und konnte sofort mit der Arbeit aufhören. Weißt du, Ruth, wenn sie von dem erzählt, das klingt so kaltherzig. Den hat sie sich ganz schlau gecatcht. Sie merkte, dass sie älter wurde und dass etwas Solides ihr größere Sicherheit geben würde. Und der war wohl echt wild auf sie, da war's gar nicht schwer, ihre Karten so zu spielen, dass er sie heiraten wollte. Es kann schon sein, dass die Cousine in Hamburg sie richtig dargestellt hat. Obwohl das mit dem Kind … das kann ich nicht glauben. So wie sie mir das ausgemalt hat … das war nicht gespielt, das glaub' ich nicht."

Es hatte mehrere Besuche gedauert, bis Kerrin endlich wieder das Gespräch auf das Kind hatte lenken können.

„Ich hätte es vielleicht wissen müssen. Schon wenn ich mal Föhr erwähnte, guckte sie mich so eigenartig an und redete dann schnell von was anderem. Und das Fotoalbum wollte sie auch nie wieder rausholen."

Nachdem Gisa diesen Anfall gehabt hatte, traf Kerrin sie nicht wieder an. Die Heimleiterin, der das offensichtlich unangenehm war, hatte ihr beim nächsten Besuch mitgeteilt, dass Frau Perkins sie nicht mehr sehen wollte.

Sie hatte vorgeschlagen, dass Kerrin stattdessen reihum verschiedene Damen besuchen sollte.

„Die Idee, ihr eigenes Fotoalbum mitzubringen und dieser Gisa Fotos von Leo als Baby zu zeigen, war ja ganz schlau, so nach dem Motto: wir alleinstehenden Mütter", sagte Ose. Sie war kurz vorbeigekommen, um von Frau Heinke ein neues Sortiment von feingestrickten Schals abzuholen. Ose aß den Möhrenkuchen mit großem Appetit, hatte auch ordentlich Joghurt darübergelöffelt.

Willa meinte hinterher, das beweise nur, dass Ose einfach nicht genug Zeit zum Essen habe. Sie schaufele, wenn sie die Gelegenheit erhielt, halt rein, was immer sie greifen konnte.

Ose langte nach der Schüssel mit den sauren Beeren. „Aber wenn jemand jahrelang eine mitleidheischende Geschichte verbreitet hat über ein ertrunkenes Kind, dann kann keiner einen Freudentanz erwarten, wenn die Geschichte widerlegt wird. Was hat Kerrin gedacht? Dass die Frau sagt, sie habe ihr Kind bei fremden Leuten in Russland zurückgelassen? Nee, so naiv hätte Kerrin nicht sein dürfen. Ich weiß auch gar nicht, warum sie trotzdem weiterhin in das Heim geht, auch wenn sie jetzt die anderen Omis besucht. – Was ist eigentlich mit der Katze los?"

Wie immer hatte Herbert sich auf sein Kissen neben Willa gequetscht. Gedankenlos hatte die ihren Finger in den Joghurt gesteckt und ihn Herbert zum Abschlecken hingehalten. Herbert hatte nichtsahnend seine rosa Zunge rausgestreckt. Anstatt schaumiger, süßer Sahne schmeckte er den etwas sämigen und leicht bitteren Joghurt. Er reagierte entsprechend. Ein keifender Schrei, ein heftiges Zurückzucken und ein Sprung in die Tiefe waren die Folge. Um seiner Verachtung deutlich Ausdruck zu geben, würgte er lang und ausdauernd und begann dann mit einer ausgiebigen Wäsche seiner Vorderpfoten.

„Ich glaube, er hat gerade festgestellt, dass Katzen keinen Joghurt essen!"

Fritzi nahm Herberts Reaktion nicht als Beleidigung auf. Wahrscheinlich ist sie ähnliche Demonstrationen von ihren Kindern gewöhnt.

„Aber ich meine, du solltest nicht zu hart sein", griff Fritzi Oses Auslegungen auf. „Immerhin hat Kerrin es ja gut gemeint. Und sie sieht eben, dass diese alten Leutchen oft von ihren Familien vergessen werden. Deshalb macht sie weiter mit den Besuchen. Aber es wäre interessant, ob man die Tochter von dieser Gisa finden könnte – vielleicht durchs Rote Kreuz oder so."

„Da wünsch ich dir viel Spaß! Leider kann ich nicht helfen, ich muss wieder los, die Sanne hat mich kurz vertreten, der Kleine ist heut bei seiner Oma. Danke für den Kaffee!" Und schon rauschte Ose hinaus, in einem Wirbel von rosa und violetten Tüllfetzen, die an ihren weiten Rock genäht waren. „Ich greif mir noch ein Stück Kuchen für unterwegs, wirklich gut ist der, Fritzi, nur nächstes Mal solltest du den Zucker nicht vergessen." Ihr „Tschüs" halte als Echo im Treppenhaus nach.

Bevor wir Fritzis Idee weiter besprechen konnten, Gisas Tochter durchs Rote Kreuz suchen zu lassen, erklang Willas Handy. Dies Handy war eine neue Errungenschaft, die zu kaufen Ose Willa eingeredet hatte. Sie meinte, Willa sei so oft mit ihrem Mobil unterwegs, da brauche es nur einmal zu passieren, dass ihr der Strom ausging oder sie einen platten Reifen hat, und dann müsse sie Hilfe herbeirufen können.

„Sie hat immer eine Verlängerungsschnur dabei, und einen platten Reifen hat sie nicht einmal als Fahrradfahrerin gehabt", sagte ich zu Ose.

„Hast du schon mal gesehen, wie sie auf dem Ding losbraust?", hatte Ose trocken gefragt. Ich musste zugeben, das halsbrecherische Tempo, mit dem sie die Rampe runtersauste, die zur Kurpromenade führte, hatte mir schon Sorgen bereitet.

„Siehst du, und deshalb meine ich, sie braucht ein Handy. Und dabei denke ich weniger an sie als an die Spaziergänger, die ihr nicht schnell genug ausweichen können!"

Jedenfalls läutete dieses Ding jetzt aus der Tasche, die bei Willas Stuhl lag. Herbert erschrak sich so, dass er einen kleinen Luftsprung machte und sich auf den Ofen rettete. Von da aus beobachtete er mit gespitzten Ohren Willas Gewühle in ihrer Tasche, das endlich das Gerät produzierte, das sich inzwischen in seinem dringlichen Klingeln fast überschlug. Willa zögerte, drückte dann entschlossen auf einen der vielen kleinen Knöpfe und hob das Handy stirnrunzelnd an ihr Ohr.

„Das war Fräulein Söhnlein", sagte sie mit einem zufriedenen Lächeln, als sie zehn Minuten später das Mobiltelefon in ihrer Tasche versenkte.

„Ach, hat die auch ein Handy?", fragte Fritzi.

„Wie? Nein. Sie hat von ihrem Telefon aus angerufen. Aber ihr werdet nie raten, weswegen sie angerufen hat!"

Da das Gespräch, das wir von unserem Ende aus hatten verfolgen können, eine große Breite von Themen gedeckt hatte – von Momme Buhls geschwollenen Beinen, Eduard Zollmanns Empörung über Leute, die das Nachtfahrverbot nicht einhielten, dem Rückgang an Kurgästen, die länger als zwei Wochen verweilten (hier hatte Willa eingeworfen, dass Gudrun eine Dame eingeheimst hatte, die sechs Wochen blieb) bis, paradoxerweise, zum sonntäglichen Gottesdienst in St. Nicolai –, war es schwer zu entscheiden, welcher der Anhaltspunkt für dieses Gespräch gewesen war.

„Margot hat angerufen", verkündete Willa. Und da wir nicht sofort antworteten, fügte sie ungeduldig hinzu: „Die Lüttköks sind wieder aufgetaucht!"

Fritzi, der die Lüttköks noch nicht geläufig waren, musste nun erst Mal eingeweiht werden in die Rolle, die die Schwestern in der seltsamen Geschichte dieser Gisela spielten. Für Willa stand inzwischen fest, dass Emmi und Carla die Patentante gekannt haben mussten. Mehrere Tassen Kaffee später – zum Glück hatte Fritzi nichts gegen Kaffee, obwohl sie fallenließ, dass sie beim nächsten Besuch Kaffee aus dem Eine-Welt-Laden mitbringen würde – kam Willa auf Fräulein Söhnleins Anruf zurück.

„Elsa meint, am besten kann ich Emmi und Carla am Sonntag in der Kirche abfangen. Sie hat durch eine Verwandte ihrer Pflegemutter herausgefunden, dass die beiden regelmäßige Kirchgänger sind. In der Boldixumer Kirche."

Ich dachte hämisch, dass die Lüttköks Willa nicht nur zur Teilnahme an einem Schwimmkurs in Utersum gezwungen hatten, nun würde sie sich auch noch zur regelmäßigen Kirchgängerin entwickeln.

„Sie sind übrigens auch im Roten Kreuz. Da können wir sie gleich fragen, wie man an den Suchdienst herankommt."

„Woher willst du wissen, dass Emmi und Carla im Roten Kreuz sind?", fragte ich.

„Von Fräulein Söhnlein. Und die weiß es von Frau Heimann, mit der sie im Friesischen Verein Kontakt hat. Die Lüttköks kommen einmal im Jahr zu ihr zum Sammeln." Fritzi sah mich an und zuckte leicht mit den Schultern.

Die Lüttköks trafen an einem Nachmittag in der Woche ein, da Wyk seine dreihundert Jahre „Fleckengerechtigkeit" feierte. Die Stadt hatte sich rausgeputzt und geschmückt und sprudelte nur so vor Angeboten, dieses würdige Jubiläum zu feiern. Fritzi und Ane hatten schon an verschiedenen Sachen teilgenommen und erzählten mir davon, so dass ich manchmal sogar einen kleinen Vorsprung hatte, wenn Willa mir beschreiben wollte, was man sich alles ansehen konnte. Besonders der historische Markt, der vorm Rathaus abgehalten wurde, hatte großen Anklang bei unseren Nichten gefunden, und die Kinder hatten sich gefreut, dass sie zur Kulturnacht bis in die Puppen hatten aufbleiben dürfen.

An dem Tag, als die Lüttköks kamen, waren Hajo und Fritzi mit den Kindern dem Trubel entflohen und hatten einen Ausflug auf die Hallig Langeneß unternommen. Ose öffnete ihre Galerie zu einer Vernissage großflächiger Bilder von einer ehemaligen Föhrerin, die mit ihrem Mann angereist war. Am Abend zuvor hatte dieser, umgeben von den eindrucksvollen Bildern seiner Frau, aus einem Buch seiner Föhrer Kindheitserinnerungen vorgelesen. Fritzi und Ane hatten Ose bei der Bewirtung der Gäste geholfen.

Nur Ane hatte an dem Nachmittag frei. Ihre Ferien neigten sich dem Ende zu, und die Eltern bereiteten zusammen mit den Kindern einen Grillabend vor, um sich bei den Erziehern zu bedanken.

„Sie haben alle zusammen Treibholz gesammelt, und jetzt bereiten sie die Salate und die Nachspeisen vor. Natürlich ist es ein Riesengeheimnis, und wir werden total überrascht sein heute Abend! Danach gehen wir dann noch gemeinsam zum Feuerwerk."

Wir saßen am gedeckten Tisch und warteten auf den Besuch. Willa hatte sich an der Gartenpforte stationiert, falls die Lüttköks vorbeifahren sollten. Sie lehnte an der Steinmauer des Friesenwalls und zupfte ab und zu ein verirrtes Unkraut heraus.

Genau zur angegebenen Zeit hielt ein bleicher VW Käfer, der vielleicht einmal hellblau gewesen war, vor unserem Haus. Er rollte so leise und ohne Aufhebens vor, dass Willa, die sich inzwischen auf ein Gespräch mit Fräulein Mönkelmann eingelassen hatte – Letztere befand sich auf dem Weg zu einem Einkauf –, die langersehnte Ankunft fast verpasst hätte. Im letzten Moment nahm sie die leichte Bewegung wahr, mit der Emmi und Carla beinahe an ihr vorbeigeschlüpft wären.

Von oben hatte ich Gelegenheit, die beiden in Ruhe zu betrachten. Während Willa und ich eher in die Breite gegangen waren, so hatten Emmi und Carla sich gestreckt. In ihren mittleren Jahren hätte man sie gewiss als schlank bezeichnet, im Alter wirkten sie dürr. Carla war eine Idee größer als Emmi, aber beide trugen graue Dreiviertelhosen und kurzärmelige Blusen. Carlas war eine schlichte Hemdbluse, Emmis sah etwas femininer aus mit einer dünnen Spitze am Kragen. Unter ihren Blusen lugten Trägerhemden hervor – Emmis war rosa, Carlas hellblau. Ihre Ausstattung hatte etwas Uniformmäßiges, als ob sie nach dem jahrelangen Tragen von Pflegerinnenkleidung nun auch im Privatleben den Stil nicht ablegen konnten. Ihr Haar trugen beide gleich – kinnlang wehte es locker um ihre Gesichter. Sie wirkten ältlich, aber nicht alt. Ihre Haut hatte die Straffheit verloren, aber von hier oben konnte man keine Falten oder Runzeln entdecken. Hätte man sie beschreiben wollen, hätte man ‚unauffällig' gesagt.

Ich sah, dass Emmi sich leicht auf ihre Schwester stützte, und erinnerte mich, dass unsere Cousine Bertha eine Hüftoperation erwähnt hatte.

Ane hatte eine Käse-Kiwitorte gebacken, und Willa hatte Bienenstich und Gebäck mitgebracht. Ich hatte vorsichtshalber zwei Kannen Kaffee gekocht und einen Topf Früchtetee, falls ihnen das lieber war. Herbert hatte unsere Vorbereitungen argwöhnisch verfolgt; Willa allein hätte er willkommen geheißen, und die Torte sah verführerisch aus. Andererseits warnten gewisse Anzeichen, dass mehr Besuch erwartet wurde. Auch saß ihm wohl noch der Schrecken von Fritzis Magerjoghurt in den Knochen. Er beschloss, sich für den Nachmittag auf mein Tagesbett zu verziehen. Dort thronte er auf dem Gipfel der lose arrangierten Kissen und starrte die Gäste drohend an.

Eine gewisse Peinlichkeit, die eine Zusammenkunft nach fast fünfzigjähriger Pause begleitet – das kurze Treffen beim Biikebrennen konnte man wohl kaum zählen –, wurde durch Willas Wortschwall überbrückt. Sie vermittelte den Schwestern eine Kurzfassung dessen, was sie unternommen hatte, sie zu finden. „Und dann treff ich euch zufällig in der Kirche!", strahlte sie.

„Was hast du für einen schönen Ausblick hier oben, Ruth! Kein Wunder, dass du dich hier so wohlfühlst", sagte Carla und half ihrer Schwester auf den Stuhl. Sie ignorierte Willas Hinweis auf die zufällige Begegnung. „Hier kannst du das Strandleben beobachten, und du hast das Meer direkt vor der Nase."

„Und irgendwann kommt jeder mal die Promenade entlang! Das ist beinah besser als die Zeitung", stimmte Emmi ihrer Schwester zu. „War dies nicht mal das Haus von der alten Frau Jantzen?"

Nun folgte ein längerer Austausch, der mich daran erinnerte, wie der Pastor im Konfirmandenunterricht den Katechismus abgefragt hatte. Nur hier fing jede Frage mit „Erinnerst du dich …" an. Schnell wurden Bekannte und Nachbarn abgefragt, wer wo gewohnt hatte, was aus wem geworden war. Es half, dass wir alle vier beinah unser ganzen Leben in derselben Umgebung, Willa, Emmi und Carla sogar im selben Haus, verbracht hatten.

Ane teilte Kuchen aus, ich füllte Kaffee ein und Tee für Emmi, die „erst Mal mit was Leichterem" anfangen wollte, und reichte Sahne und Zucker herum. Emmi und Willa vertieften sich nun in ein Gespräch über eine verzwickte Hofauflösung, die mehrere Familien aus Willas entfernterer Bekanntschaft betraf und die auszutüfteln schon lang ein Wunsch Willas gewesen war.

Carla fragte Ane nach ihren Eltern, und Ane erzählte bereitwillig.

Ich hörte den parallel laufenden Gesprächen etwas unaufmerksam zu. Ich wunderte mich jetzt, dass ich Emmi und Carla in dem unzuverlässigen Licht des Biikefeuers erkannt hatte. Jetzt, an diesem Sommernachmittag im August, fiel es mir schwer, die beiden Freundinnen von früher in diesen Frauen wiederzufinden.

Ihre jungen Gesichter standen mir so klar vor Augen. Die glänzenden blauen Augen. Die weißblonden Wimpern über Nasen, die keck mit Sommersprossen bedeckt waren. Eine robuste Kraft ließ sie selten erkranken, unermüdlich hoben sich ihre Heugabeln in jenen Tagen, als sie ihren Eltern und wir unserem Opa bei der Ernte halfen. Im Herbst sammelten sie behände die aufgepflügten Kartoffeln, und zu jeder Jahreszeit putzten sie singend die Fenster am Hause ihrer Eltern. Ihre Nähe zueinander hatte ihnen geholfen, eine innere Geborgenheit auszustrahlen – sie vermittelten das Gefühl, dass niemand ihnen etwas anhaben konnte. Im Alter wirkten ihre Züge fader, ihre Kraft zerbrechlicher. Es war nicht erstaunlich, dass sie unbemerkt kamen und gingen – sie sahen so alltäglich aus. Ungeschlechtliche Wesen, die in der Menge untergingen. Mein Blick fiel auf ihre Hände, und die erkannte ich.

Sie hatten immer schlanke Hände gehabt, mit langen Fingern. Und die waren trotz ihrer Pflegearbeit unverändert. Keine von beiden trug einen Ring, was wohl Willas Behauptung bestätigte, dass sie nicht geheiratet hätten. Beide hatten eine robuste Armbanduhr ans linke Handgelenk geschnallt. Emmis war braun, Carlas blau. Die Ziffern auf den Uhrblättern waren gut erkennbar, und die Sekundenzeiger fehlten nicht. Carla trug außerdem ein geflochtenes Lederband mit einem grünlich schimmernden Stein an ihrem rechten Arm. Ja, ich erinnerte mich an ihre Hände. Neben meinen hatten sie gelegen auf den tintenbefleckten Pulten, hatten säuberlich und emsig die Sätze abgeschrieben, die der Lehrer an die Tafel schrieb. Ich konnte mir vorstellen, dass sie mit demselben Eifer Tabellen und Krankheitskarteien führten.

Emmi und Willa waren inzwischen bei ihren geschädigten Gelenken angekommen. Emmi gab ihre Erfahrungen mit Hüftoperationen wieder, Willa sprach über ihre Knie. Sie erläuterten die Vor- und Nachteile einer Operation in einer Kieler oder Hamburger Klinik, verglichen mit einer in unserem eigenen Wyker Krankenhaus. Emmi wurde mit Fräulein Söhnleins Ansichten über das Thema vertraut gemacht.

„Ich habe Sie doch letztens in der Marsch getroffen", sagte Carla zu Ane, „mit einer kleinen Truppe von Kindern?"

„Letzte Woche? Ja, wir sind am Deich entlanggegangen bis zur Vogelkoje. Da haben wir an einer Führung teilgenommen ... Waren Sie auch dabei?"

„Nein", lächelte Carla. „Von Vogelkojen haben wir genug gesehen! Als Kinder sind wir da öfter drin rumgekrabbelt und haben das Entenfangen beobachtet. Aber wir gehen gern in der Marsch spazieren, wenn wir zu Hause sind."

„Reisen Sie viel?", fragte Ane. „Ich habe das Lederarmband bemerkt. Was für ein ungewöhnlicher Stein!"

„Ja, manchmal haben wir Glück – dann begleiten wir Menschen, die nicht allein reisen können. Dieses Armband stammt aus Portugal. Einmal im Jahr gehen wir mit einem Pastor, der seit einem Flugzeugunglück im Rollstuhl sitzt, auf Tour. Sein größter Spaß ist es, seine Reisen zu planen. Wir assistieren dann während der Anreise und vor Ort, obwohl er sehr selbständig ist und das meiste allein schafft."

„Er ist Diabetiker und ansonsten ein mutiger Mann, aber er schafft es nicht, sich die Spritzen zu setzen! Da springen wir dann ein. Das ist ihm lieber, als Fremde um Hilfe zu bitten", setzte Emmi hinzu. Sie und Willa hatten das Krankenhausthema wohl erschöpft. „Aber Willa hier hat mir gerade erzählt, dass Sie ein Heim leiten. Für Behinderte?"

Ich erklärte Ane, dass Emmi und Carla selbst lange im Kinderheim gearbeitet hatten, und bald tauschten die drei Erfahrungen aus. Wir waren inzwischen alle mit unserem zweiten Stück Kiwitorte fertig, und die Platte mit dem Bienenstich wurde rumgereicht. Emmi akzeptierte jetzt auch gern eine Tasse Kaffee.

„Ach ja", seufzte sie nach einer Weile, „bei uns war das alles noch ganz anders."

„Wart ihr denn noch im Heim, als die Behinderten kamen?", fragte Willa.

„Nein, wir haben nur mit den Tuberkulose-Kindern gearbeitet. Die kamen ja sofort zurück, als das Lazarett nach dem Krieg aufgelöst wurde. Wir wären sicher dabeigeblieben, nur Mutter wurde um die Zeit bettlägerig, und wir beschlossen, sie selbst zu pflegen."

„Ich dachte, ihr wart auch im Altersheim?"

Carla schüttelte den Kopf.

„Wir haben da besucht, natürlich, aber gearbeitet, nein. Du denkst das vielleicht, weil wir manchmal Pflegefälle übernehmen, die vorübergehend auf die Pflegestation geschickt werden. Nein, weißt du, nach Mutter ergab es sich einfach so, dass der eine oder andere unsere Hilfe brauchte. Und so haben wir denn so eine Art privaten Pflegedienst aufgebaut."

„Habt ihr eigentlich mal eine Frau Schulte-Hagen gepflegt?", platzte Willa heraus.

Emmis Kuchengabel schabte schrill über ihren Teller.

„Emmi hieß sie mit Vornamen. Genau wie du, Emmi! Ich meine ja, sie wohnte im Rebbelstieg, aber Ruth glaubt, sie ist im Altersheim gestorben."

Ich sah Willa ärgerlich an. Ich hatte überhaupt nichts „geglaubt".

Emmi hatte ihre Gabel weggelegt. Mit gesenktem Kopf strich sie ihre Serviette glatt. „Da wohnte mal eine Frau Schulte-Hagen im Rebbelstieg", sagte sie leise.

„Siehst du, hab ich's dir doch gesagt, Ruth", rief Willa etwas zu laut.

„Wie kommst du jetzt ausgerechnet auf die?", fragte Carla und sah Willa nachdenklich an.

Ane sprang ein. „Wissen Sie, das ist eine ganz komische Geschichte. Das fing an mit meiner Schwester in Australien ..."

„Unsere Nichte Kerrin ist doch damals nach Australien ausgewandert – Helmuts zweite Tochter ist das ...", fiel Willa ein.

Ane ahnte, dass Willa zu einem Lebenslauf Kerrins ansetzte, in den sie fast unmerklich einflechten würde, dass Kerrin in Australien zwar ein Kind geboren hatte, dazu aber keinen Vater aufweisen könnte, was ja auch heutzutage durchaus akzeptabel sei ... Aber Ane ist gewöhnt, sich durchzusetzen, wenn es sein muss. Und so sprach sie einfach über Willa hinweg. Sie erzählte von Kerrins Besuchen bei einer älteren Deutschen, die erstaunlicherweise auch eine Verbindung zur Insel Föhr hatte.

„Stellen Sie sich das vor, da trifft Kerrin mitten in Melbourne durch ein Projekt, das sie mit ihren Schülern macht, eine Frau, deren Patentante, nein, das ist nicht richtig, die Patentante ihrer Mutter, eine Tante Emmi aus Wyk auf Föhr war!"

Wir sahen Emmi und Carla erwartungsvoll an, angesteckt von Willas Überzeugung, dass die beiden uns weiterhelfen könnten.

Und nun geschah etwas Seltsames – ich muss wohl einen kleinen Schwächeanfall erlitten haben, denn auf einmal war es, als ob die Konturen der Schwestern unscharf wurden. Ihre Züge verschwammen, ihre grauen Haare verblichen und schienen eins zu werden mit ihrer dezenten Kleidung. Ich hatte einen Moment das Gefühl, als würden sie sich vor meinen Augen in Luft auflösen.

Und dann geschah etwas anderes: Herbert schrie.

Es war einer dieser seltsamen Katzenschreie, der klingt, als ob ein Kind heult. Willa meinte später, er sei von einem Floh gestochen worden, und untersuchte ihn gründlich. Sie unterließ es auch nicht, Gudrun bei nächster Gelegenheit aufzutragen, ein Flohmittel zu besorgen. Aber ich glaube nicht, dass es ein Floh war. Auch nicht ein Seevogel, der, wie Ane meinte, in diesem Moment ungemütlich nah am Fenster vorbeigeflogen war. Ich meine, dass Herbert mit seinem feinfühligen Gespür wahrgenommen hatte, was ich gesehen hatte – dieses ‚Dünnwerden‘ der Schwestern.

Jedenfalls erschreckte dieser Schrei uns alle und lenkte für den Augenblick unsere Aufmerksamkeit auf das Tier. Willa machte ein Riesentheater, doch Herbert war es nun wohl eher unangenehm. Er entwand sich schnell Willas Zugriff, marschierte mit gerecktem Schwanz zum anderen Ende des Bettes und kletterte trotzig auf meinen Nachttisch, wo er sich zwischen meinem Bücherstapel und der Nachttischlampe breitmachte. Dass er dabei ein kleines Foto von Helmut in einem Silberrahmen umstieß, störte ihn nicht weiter. Willa schüttelte die Sofakissen aus in der Suche nach etwas, was ihn gebissen haben könnte. Emmi und Carla berichteten von Seevögeln, die manchmal in der Marsch junge Lämmer anfielen, und Ane machte sich nützlich, indem sie die Kuchenteller abdeckte und Kleingebäck und Gläser auf den Tisch stellte.

Heimlich dachte ich, dass nun wohl Willas letzte „Spur", was diese Gisela und ihr Kind betraf, im Sande verlaufen war. Es war mir sowieso schleierhaft, was Willa von einer Frau herausfinden wollte, die seit über fünfzig Jahren auf irgendeinem Friedhof schlummerte. – Trotzdem konnte ich mich des Gefühls nicht erwehren, dass Emmi und Carla etwas verschwiegen.

Carla schlug sich mit der Hand gegen die Stirn.

„Ach Ruth, was musst du von uns denken – was für Gäste wir sind." Sie suchte in dem Leinenbeutel, den sie bei ihrer Ankunft an ihren Stuhl gehängt hatte. „Wir haben dir doch etwas mitgebracht!" Sie zog ein Päckchen heraus, das hübsch in Geschenkpapier eingewickelt war. Emmi folgte dem Beispiel ihrer Schwester und förderte aus ihrem Beutel eine Flasche zutage.

„Erst das Päckchen", lächelte sie. Es war weich, und als ich das Papier zurückgeschlagen hatte, fand ich einen Tischläufer, bestickt mit den Blumen, die man bei uns in der Marsch wachsen sieht. Mir fiel ein, dass Emmi und Carla nicht nur in Schönschrift, sondern auch im Handarbeitsunterricht herausragend waren.

„Wir handarbeiten immer noch gern", bestätigte Carla meine Gedanken, „und wir dachten, dieses Motiv würde dir bestimmt gefallen."

Der Läufer wurde gebührlich bewundert, und Willa, die nun endlich von dem Kater abgelassen hatte, meinte, Ose sei immer auf der Suche nach schönen Föhrer Handarbeiten.

„Das ist Helmuts Dritte", sagte sie stolz. „Sie hat die Galerie in Goting aufgemacht. Sicher habt ihr davon gehört."

„Doch", nickte Carla. „Aber weißt du, was wir sticken, das reicht man grad für uns und für kleine Geschenke –

zu Weihnachten und für Geburtstage. Wir sind nicht so für Ausstellungen." Obwohl sie es nicht sagte, klang es, als wollten sie so wenig Aufmerksamkeit wie möglich auf sich lenken.

„Und hier haben wir einen Likör für einen kleinen Umtrunk mitgebracht!", rief Emmi und stellte ihre Flasche auf den Tisch.

„Eigentlich muss man ja aus Portugal einen Portwein mitbringen, aber uns gefiel dieser Nusslikör besonders gut", erklärte Carla.

Ane sprang auf und holte die kleinen Kristallgläser – ein Erbstück von Frau Jantzen – aus der Vitrine. „Dann lasst uns doch gleich mal anstoßen", schmunzelte sie. „Dass ihr euch nach so langer Zeit mal wieder getroffen habt, und dass für mich die Ferientage zu Ende gehen. Am Montag fahren wir wieder ab."

Carla löste den Verschluss, und ich schenkte ein. Ein zarter Haselnussduft verbreitete sich. Wir hoben unsere Gläser und prosteten einander zu. Willa bot zusätzlich Mineralwasser an, und das Kleingebäck kursierte. Der Likör besänftigte die Gemüter, obwohl ich mich nicht erinnern konnte, warum wir uns erregt hatten.

In der momentanen Stille hörten wir das Gartentor, und wir sahen Fräulein Mönkelmann, die von ihrem Einkauf zurückkam. Sie hatte Salzgebäck und einige Flaschen Mineralwasser in ihrem Korb. Sie hielt bei Frau Heinkes Gartenstuhl, und die beiden begutachteten ein neues Muster, das Frau Heinke ausprobierte. Das Tor quietschte noch einmal, und unsere griesgrämige Kurdame schob sich herein. Sie trug einen Sonnenhut, den sie mit einem dünnen Schal an ihrem Kopf befestigt hatte. Sie verbrachte jeweils eine Stunde am Morgen und am Nachmittag am Strand. Da sie Zugluft fürchtete, wappnete sie sich jedes Mal mit einer Wolldecke und ließ sich den Strandkorb von hilfsbereiten Nachbarn jeweils so ausrichten, das er maximalen Windschutz bot.

„Was macht die Pension, Ruth?", fragte Carla. „Habt ihr auch Schwierigkeiten, die Zimmer zu belegen?"

Willa kam mir zuvor. „Ruth hat sogar eine Kurdame, eine sehr leidende Frau. Aber ich sage immer zu ihr: ‚Die Seeluft, die Sie hier bei uns …'"

„Gudrun leitet das Haus, und sie macht es sehr gut", unterbrach ich Willa. Schließlich war die Frage an mich gerichtet worden. „Drei der Damen wohnen ständig bei uns. Also sind wir nicht so von den neuen Gepflogenheiten der Kurgäste betroffen wie andere Vermieter. Wir halten zwar noch immer ein Zimmer frei für Gäste, die zum Kuren kommen, aber wir sind nicht darauf angewiesen."

„Und du, Willa? Vermietest du?" Emmi klang versöhnlich.

„Wie?" Willa untersuchte eine Mandelecke und biss dann versuchsweise hinein. „Ich vermiete – aber nur Wohnungen. Und die meistens an Wyker. Es ist ja schlimm, wie alle ihre Zimmer den Kurgästen zur Verfügung stellen, und Leute, die hier leben und arbeiten, können keine Unterkunft finden."

Ich sah, wie Anes Lippen lautlos ein Wort formten. Es sah aus wie ‚wumm'. Ich bin an Willas Rüffel gewöhnt. Außerdem, wenn eine alleinstehende Dame aus Wyk bei uns ein Zimmer mieten wollte, würden wir sie gerne nehmen.

„Allerdings", sagte Willa, „habe ich mich entschlossen, jetzt auch eine Ferienwohnung bereitzustellen."

Ane und ich sahen uns erstaunt an. „Was meinst du, Tante Willa?"

Willa sah genüsslich in die Runde. Sie liebte es, mit einer Neuigkeit zu überraschen. „Frau Pols zieht zum ersten Oktober aus. Das ist meine Mieterin im Hinterhaus. Das, was früher Vaters Werkstatt war. Ihre Tochter hat gebaut und möchte, dass ihre Mutter bei ihr einzieht. Wenn ihr mich fragt: um mit den Abzahlungen zu helfen. Viel zu feudal hat sie gebaut – das hat Fräulein Söhnlein mir erzählt. Ihr kennt doch Elsa? Und da habe ich mich entschlossen, anstatt einen neuen Mieter zu suchen, mit dem ich mich nur wieder rumärgern muss, stell ich das Haus meinen Nichten als Ferienwohnung zu Verfügung."

Während Emmi nun fragte, ob Frau Pols Tochter denn die sei, die im Kurmittelhaus arbeite, und Willa nicht nur zustimmte, sondern nun auch ausgiebig schilderte, wie oft sich Frau Pols über andere Mieter beschwert hatte (sprich den Kotzbrocken, wie die Nichten den ekligen Herrn Kotzke genannt hatten), und sie, Willa, hatte vermitteln müssen, verdaute ich ihre Nachricht. Es war nicht schwer, Willas Entscheidung auf Fritzis Anmietung einer Ferienwohnung zurückzuführen. Willa hatte sich die größte Mühe gegeben, Fritzi und Hajo von der „Geldverschwendung", wie sie es nannte, abzubringen. Da war ihr Frau Pols Kündigung wohl gerade recht gekommen.

„Hast du Fritzi schon davon erzählt?", fragte Ane.

„Nein", sagte Willa. „Ich habe Frau Pols Brief ja erst heute Morgen bekommen. Aber ich habe schon nachgesehen, wann die Herbstferien in Niedersachsen anfangen. Und ich habe natürlich sofort darauf bestanden, die Wohnung zu inspizieren. ‚Wenn Sie so plötzlich ausziehen wollen', habe ich gesagt, ‚dann muss ich wissen, wie die

Wohnung aussieht. Schließlich muss ich ja einen Nach-mieter finden.' Es geht sie ja nichts an, dass ich eine Feri-enwohnung daraus machen will, oder? Erstaunlicherweise sieht es nicht schlecht aus. Ich habe schon mit Tilli Buhl und Fräulein Söhnlein gesprochen, und sie meinen beide, es sei nicht schwer, günstig eine Einrichtung für eine Feri-enwohnung zu erstehen. Es wird alles bereit sein für Fritzi und Hajo."

„Na, dann man Prost!", sagte Ane und füllte unsere Gläschen nach.

„Natürlich – es muss gestrichen werden. Aber wenn sie bei mir umsonst unterkommen, dann können sie ja auch ein bisschen streichen." Willa nippte an ihrem Likör, und Ane stieß mich unterm Tisch an. Mit Mühe verkniff ich mir ein Kichern. Ich konnte mir nicht vorstellen, dass Hajo die Idee, in seinem Urlaub bei Willa zu streichen, mit Begeisterung aufnehmen würde.

„Zum Wohl!", sagten Emmi und Carla einstimmig.

„Und auf deine Pläne, Willa", fügte Emmi hinzu. „Ja, hier sitzen wir – alle vier sind wir Hausbesitzerinnen, mit den Mühen und Sorgen, die damit verbunden sind. Wer hätte das gedacht, als wir Kinder waren und auf dem Hof geholfen haben? Wir bei unseren Eltern, ihr bei eurem Opa." Emmi wippte in ihrem Stuhl, als wollte sie in die Vergangenheit zurückschaukeln.

„Vergiss nicht, dass wir zusammen gearbeitet haben", sagte Willa irritiert. Es passte ihr natürlich nicht, dass in der Erinnerung an eine gemeinsame Kindheit nur ich und unsere Cousine Bertha der Schwestern Freundinnen ge-wesen waren. Tatsächlich hatten Emmi und Carla wohl vergessen, dass sie zur selben Zeit im Lazarett gearbeitet hatten. Willa musste sie erinnern.

„Ach ja, du hast auf der Station geholfen, nicht? Wir waren in der Küche", sagte Carla erstaunt.

Wie um zu beweisen, dass auch sie eine Rolle im Leben der Schwestern gespielt hatte, gebot Willa mir scharf, das Foto herauszuholen.

„Du weißt schon, welches ich meine, Ruth. Diese kleine Schwarz-Weiß-Aufnahme, die die Kinder bei mir auf dem Boden gefunden haben. Verrückt, was man findet, wenn man in den alten Truhen stöbert ... Hast du's, Ruth?"

Komischerweise wusste ich sogleich, welches Foto Willa meinte. Als ich mir den Tag vor Augen rief, an dem es zum Vorschein kam, erinnerte ich mich, was ich den Kindern erzählt hatte vom Heim, das Willa und ich uns immer wie ein Kinderschloss vorgestellt hatten.

Johanna hatte entschieden, dass das Foto nicht in das Familienfotoalbum gehöre, das sie für Willa bastelten, weil die Frauen darauf ja nicht ‚Familie' waren. Ich hatte es in die Tischschublade gesteckt! Da ich den Platz am Ende des Tisches hatte, konnte ich die Schublade herausziehen, ohne jemanden zum Aufstehen oder Abrücken zu bemühen.

„Gib her", sagte Willa ungeduldig und griff nach dem Bild. Sie sah es sich selbst noch einmal an, um sich zu vergewissern, dass es das richtige war. Dann reichte sie es Carla.

Carla plierte angestrengt. „Nee, da kann ich nichts erkennen. Gib mir doch mal deine Brille, Emmi, ich glaub, ich hab meine nicht mit."

Emmi holte ihre Brille aus einem bestickten Etui und reichte sie ihrer Schwester.

Willa beugte sich vor. „Siehst du, da bist du! Und da ist Emmi – sie versucht, ihr Kopftuch festzuhalten."

Willa deutete eifrig auf die Figuren. „Und das da, das muss diese Anke sein. Erinnert ihr euch, die kam doch von Amrum, später hat sie dann einen Föhrer geheiratet ... Nur die in der Mitte, die kleine Plietsche, die kenn ich nicht. Wisst ihr, wer das ist? Emmi?"

Sie nahm Carla das Foto aus der Hand und schob es Emmi zu. Sie bemerkte nicht, dass Carla seltsam starr geworden war und ihre Finger das Bild willenlos freigaben.

Emmi versuchte, die Gestalten zu erkennen – sie hielt das Foto mit ausgestreckten Armen. Mit einer müden Geste streifte Carla die Brille ab und ließ sie auf den Tisch fallen.

„Hier, nimm deine Brille. Ohne die kannst du ja nichts sehen", sagte Willa.

Ich glaube, Carla versuchte, das Foto zu greifen, bevor Emmi es sehen konnte, aber Willa war aufgesprungen und hatte sich zwischen die beiden geschoben. In ihrem Eifer, alle Gesichter zu identifizieren, wehrte sie Carla ab.

Emmi folgte nickend Willas Finger. Sie bestätigte die vermeintliche Anke und konnte den Namen ihres Ehemannes – Jan Paulsen – beisteuern. Dann erst sah sie auf die Gestalt, die in der Mitte der Gruppe stand. Kleiner als die anderen, dominierte sie dennoch. Mit ihrem gepunkteten Tuch, das von dem klobigen Kittel ablenkte, ihrem geschminkten Mund und den dauergewellten Haaren, lachte sie ins Foto. Sie wusste sich in Pose zu setzen, war sich ihrer Persönlichkeit bewusst.

Ein würgendes Geräusch entfloh Emmi. Sie sank in ihrem Stuhl zurück und starrte auf das Foto. Carla wandte sich ihr mit Anstrengung zu und legte ihre Hand auf Emmis Arm.

„Erkennst du sie?", fragte Willa etwas unsicher.

Ein stillschweigender Austausch fand zwischen den Schwestern statt. Dann legte Emmi das Bild auf den Tisch – sie schob es von sich, bis es beinah in der Mitte lag.

Sie schwieg. In die Stille des Zimmers drangen die Geräusche von draußen – das Rauschen des auflaufenden Wassers, das Brummen eines Motorbootes und die tönende Stimme Frau Siegesdorfs, die Frau Heinke und der Kurdame die Weite und Breite des Angebots zur 300-Jahresfeier erläuterte.

„Du hast doch vorhin nach der Frau gefragt", begann Emmi zögernd, „die Emmi hieß, genau wie ich ..."

„Du meinst ... diese Patentante? Frau Dingsbums – Hagen? Ist sie das?" Willa klang ungläubig. Diese Frau war viel zu jung.

„Du erinnerst dich wirklich nicht?" Carlas Stimme war hart. „Das da ist Gisela. Frau Schulte-Hagen war ihre Tante Emmi. Nur eben nicht ihre richtige Tante, sondern die ihrer Mutter."

Ane beugte sich vor. Ich fühlte mich jetzt wirklich schwindlig. Und Willa staunte mit offenem Mund. Vorsichtig griff sie nach den Armlehnen ihres Korbstuhles und ließ sich darin nieder. Ane fasste als Erste auf, was das bedeutete.

„Sie meinen, das da ... ist diese Gisa? Die, die meine Schwester in Australien getroffen hat? Aber wie ... doch natürlich, das könnte hinkommen, nicht?" Sie sah mich suchend an. Ich blickte fragend auf unsere Gäste.

„Gisela hieß sie", sagte Carla barsch. Emmi schien auf einmal in sich zusammengesunken, als ob ihre Kraft sie ganz und gar verlassen hätte. „An ihren Nachnamen erinnere ich mich nicht. Und von Australien wissen wir nichts."

„Das ist so", meldete Ane sich eifrig. „Nachdem meine Schwester diese Gisa getroffen hat, hat sie sie ein paarmal besucht. So von Deutscher zur Deutschen – im fremden Land. Die Gisa hat ihr dann diese traurige Geschichte erzählt, von der kleinen Tochter, die sie zurücklassen musste. Wahrscheinlich wissen Sie ja nichts von der … Jedenfalls ist diese Tochter verschollen. Und dann hat die Gisa eine Cousine erwähnt, die sie in Hamburg hatte. Und Kerrin hat mich dann gebeten, die Cousine zu besuchen. Und da haben wir dann zum ersten Mal von dieser Patentante in Wyk gehört, zu der Gisa geschickt wurde. Natürlich wussten wir nicht, dass Gisela hier gearbeitet hat. Nur dass sie nicht sehr lange geblieben ist. Bei Nacht und Nebel sei sie verschwunden, hat die Cousine gesagt. Wahrscheinlich ist sie mit der Kleinen in den Osten gezogen – sie hatte wohl einen Mann getroffen …"

„In den Osten?", fragte Carla. „Ja, das würde mich nicht wundern." Letzteres sagte sie mehr zu sich selbst als zu uns.

„Kannten Sie sie wirklich? Haben Sie mit ihr zusammen gearbeitet?"

Wieder dauerte es eine Weile, bis eine der Schwestern antwortete.

„Wir waren alle in der Küche. Gisa war älter als wir. Wir waren ja im Pflichtjahr. Sie war schon verheiratet … und mit dem Kind hätte sie gut bei ihrer Tante bleiben können." Carla sah uns nicht an. Ihre Stimme klang hohl. Nur ihre Hand, die wieder auf Emmis Arm ruhte, zuckte.

„Haben Sie denn auch die Kleine gesehen?", fragte Ane gespannt.

„Die kleine Jette …", flüsterte Emmi. Sie atmete schwer.

Ane schien es nicht zu bemerken. „Sehen Sie, wir versuchen herauszufinden, was mit dem Kind passiert ist. Die Gisa zerreißt sich deswegen. Sie erzählt, das Kind sei tot – ertrunken im Kanal in der Nähe der Laube, die ihre Eltern in Hamburg besaßen, aber wir sind uns inzwischen ziemlich sicher, dass Gisa das Kind in den Osten mitgenommen hat. Als die Russen kamen, hat sie es in einem Kinderheim abgegeben. Von da aus ist es dann höchstwahrscheinlich adoptiert worden. Wir überlegen, ob es einen Weg gibt, herauszufinden, wo das Mädchen hingekommen ist und wo es jetzt lebt. Vielleicht durch das Rote Kreuz."

„Wo es jetzt lebt?", murmelte Emmi. „Mein Gott …"

Carla unterbrach sie. „Lass es, Emmi. Es ist genug. Wir brauchen die Vergangenheit nicht aufzuwärmen."

Sie sprach beschwörend. Aber Emmi schüttelte den Kopf. Sie fixierte ihre Schwester mit ihren grauen Augen. Uns nahm sie nicht mehr wahr.

„Siehst du nicht, Carla, dass es sein muss? Ich hab's immer gewusst … eines Tages würde es herauskommen."

„Aber nicht so, Emmi. Nicht jetzt."

„Doch, Carla. Es muss wohl sein."

Wie jemand, der sich bereitmacht, eine Geschichte zu erzählen, setzte Emmi sich auf und langte nun doch nach dem Bild, das sie vorher von sich gestoßen hatte.

„Ihr sollt hören, was damals passiert ist."

DAS KINDERSCHLOSS

Emmi und Carla erzählten abwechselnd. Manchmal fing die eine Schwester einen Satz an und die andere beendete ihn. Sie waren wie die Strandtennisspieler, die einander den Ball zuschlugen. Manchmal kurvte er in einem hohen Bogen, senkte sich langsam und ließ sich leicht zurückschlagen; manchmal kam er scharf, so dass der Gegenspieler sich sputen musste, um ihn aufzufangen, manchmal flog er schief, landete weitab vom Ziel, und es gab eine Pause, bis das Spiel erneut begann. Carla begann.

„Gisa war im Frühjahr auf die Insel gekommen. Für eine Weile vergnügte sie sich damit, der Patentante ihrer Mutter ein wenig zur Hand zu gehen. Die Geschäfte am Sandwall waren weniger dörflich, als sie vermutet hatte, und es gefiel ihr, zwischen dem feineren Publikum auf der Promenade zu flanieren oder mit dem Kind auf der Mittelbrücke zu sitzen. Die Tante lud Freunde und Bekannte ein, alles ältere Herrschaften, die die Kleine entzückend fanden und ihr Schleckereien zusteckten.

Aber bald genügte es einem unruhigen Geist wie Gisa nicht mehr, Mutter und Kind zu spielen. Die Tante versuchte sie für wohltätige Arbeiten zu interessieren, aber Gisa verlangte eine Arbeit – sie wollte Geld verdienen, und sie wollte ihre Freiheit. Es fiel ihr nicht schwer, eine Stelle zu finden, obwohl sie mit etwas Besserem als Küchenarbeit gerechnet hatte.

So erschien sie denn eines Morgens in der großen Wirtschaftsküche des Heims, das nun ja in ein Lazarett umgewandelt worden war. In der Küche regierten die Hauswirtschaftsleiterin und die Köchin. Die waren kompetent und duldeten keine Firlefänzchen."

„Mein Gott, wir wagten ja kaum mal Piep zu sagen", meinte Emmi.

„Brav und leise waren wir, verrichteten unsere Arbeit, ohne jemals aufzumucken, wenn wir eimerweise Kartoffeln schälen oder bergeweise die schweren Kochtöpfe ausschrubben mussten. Und da stürmte die Gisa hinein wie ein Wirbelwind und brachte Leben in die Bude!"

„Natürlich waren wir fasziniert von ihr. Eine junge Frau, die verheiratet war und eine Tochter hatte, obendrein aus der Stadt kam, die lachte und scherzte wie ein Backfisch und eine freche Schnauze hatte, die hinter den Rücken der Obrigen Faxen machte. Die konnte es nicht glauben, dass wir nicht ausgingen, keine Freunde hatten, höchstens mal zu Biiken eine rauchten und Schnaps nur mal beim Abkochen zu Rundföhr probiert hatten", seufzte Carla.

„Die Gisa, die brannte doch aufs Leben. ‚Schicke Männer gibt's doch genug', hat sie öfters gesagt, ‚... und nicht nur Bauernlümmel!' Die hatte doch gleich das Lazarett auf dem Kieker, wo es auch Genesende gab, die gern ein bisschen Spaß erleben wollten, bevor sie wieder an die Front mussten."

Emmi strich mit dem Daumen nachdenklich über das Foto. „Ja, so war sie, die Gisa. Gleich am ersten Tag, als die Köchin Mittagsstunde machte und wir Mädels die Böden schrubbten und den Abfall rausschleppten, da sprang sie auf einmal auf einen der langen Tische, wo die Schüsseln angerichtet wurden. Wie ein Mannequin schritt sie auf und ab, geziert hob sie den Schürzenzipfel und pries diese tüffeligen Kittel, die wir alle trugen, als seien sie der letzte Modeschrei. Am nächsten Tag kam sie in so schicken kleinen Pumps zur Arbeit, die alten Treter seien nichts für sie, und sie band sich diese kleinen Tücher um, für jeden Tag hatte sie ein anderes."

„Von ihrem Mann – Jettes Vater – sprach sie nie. Und zu einer Zeit, in der so viele umkamen, fragte man nicht. Es wurde angenommen, dass ihr Mann gefallen war. Bald zog sie bei der Tante aus und nahm eins der Mädchenzimmer im Heim, die eigentlich für die auswärtigen Angestellten zur Verfügung standen. Wenn die Gisa was wollte, dann kriegte sie das auch", nickte Carla.

„Bei der Tante hatte sie nicht frei ein- und ausgehen können. Höchstens einmal die Woche konnte sie abends los. Und dann erwartete die Tante sie zu Hause, sobald das Kino oder der Heimatabend, wo die Tante sie vermutete, vorbei waren. Im Heim bat sie eins der anderen Mädchen, in ihr Zimmer zu schauen, wo die kleine Jette auf einem Lager auf dem Fußboden schlief. Oder sie fragte eine der Schwestern, die sowieso Nachtdienst hatte. Die Gisa hatte eine Art, dass niemand ihr etwas abschlagen konnte. Und die Kleine, die war so lieb und putzig, dass alle sie gernhatten. Natürlich hätte sie nicht in der Nähe einer Tuberkulose-Station spielen sollen, aber wer hätte sich nicht an einem gesunden Kind gefreut, das jede Chance hatte zu überleben – mit seinen roten Bäckchen und glänzenden Haaren."

„Warum habe ich sie nicht bemerkt? Und an eine Gisa kann ich mich beim besten Willen nicht erinnern", sagte Willa.

Carla sah Emmi an.

„Das war zu der Zeit, als ihr die Nachricht bekamt, dass euer Helmut vermisst war, und alle dachten, dass er gefallen sei", sagte Emmi leise. „Du warst zu Hause bei deiner Mutter."

„Daran erinnern wir uns, weil unser Bruder kurz vorher verletzt nach Hause gekommen war. Und – na ja, wir konnten nicht umhin, zu sagen, was für ein Glück wir hatten, ihn nur ein bisschen angeschlagen zurückzubekommen, während ihr …"

Carlas Worte blieben in der Luft hängen. Das war ihres Bruders letzter Heimaturlaub gewesen. Geheilt hatten sie ihn an die Front zurückgeschickt, wo er bald darauf von einem Bombensplitter getötet wurde.

„Gisa blieb nicht lange auf der Insel. Die schwere Arbeit gefiel ihr nicht besonders. Sie hätte sich nicht ‚unter schwersten Bedingungen‘ seidene Strümpfe besorgt, schimpfte sie manchmal, nur um die hier auf Dorfbällen zu zertanzen. Natürlich wurde da schon gemunkelt, dass Gisa sich einen Offizier geangelt hatte. Wir hatten uns angewöhnt, nach der Arbeit zu Gisa aufs Zimmer zu gehen. Manchmal nahmen wir die kleine Jette und gingen mit ihr an den Strand oder in den Wald. Gisa legte sich gern hin und schlief eine Runde, da sie jetzt fast jede Nacht auf Achse war."

„Und die Kleine war süß. Wir betüterten sie und spielten mit ihr und versuchten, ihr kleine Lieder und Sprüche beizubringen. Das war das Einzige, was uns manchmal Bedenken machte, dass sie so sehr ruhig war. Fast kein Wort sagte sie. Aber wir dachten, so ein kleines Kind, wer weiß, was das schon alles erlebt hat und der Vater weg war, wahrscheinlich tot."

Ein langes Schweigen folgte. Beide Schwestern starrten vor sich hin. Emmis Hand hatte Carlas gefunden.

„Und dann war da ein Tag, wo Gisa gleich nach der Köchin verschwand. Wir hatten ja meistens noch gute zwei Stunden zu tun, nachdem sie aufgetischt hatte. Und Gisa war irgendwann rausgeschlüpft. Na, wir machten halt die Arbeit für sie mit. Es konnte ja sein, dass was mit der Kleinen gewesen war und jemand sie gerufen hatte. Als wir fertig waren, so gegen vier war das, gingen wir auch nicht gleich zu ihr. Wir hatten nämlich den nächsten Tag frei, und wir sind schnell nach Hause geradelt und haben uns umgezogen. Wir hatten Gisa versprochen, am Abend auf die Jette aufzupassen. Nur, als wir nach Hause kamen, fing Mutter uns ab. Sie hatte ihren Waschtag gehabt und mangelte die großen Stücke. Wir mussten ihr die Laken abnehmen und sie zusammenlegen. Solche Mangeln waren damals üblich – ein schwergewichtiges Ungetüm mit zwei Holzrollen und einem gusseisernen Hebel, den eine von uns drehen durfte. Die Bettwäsche roch nach Sonne und frischer Stärke. Ihr könnt euch vorstellen, wie lange es dauerte. Das Recken, das Falten … Als wir endlich zurückkamen, liefen wir gleich hoch. Nur – da war Gisa nicht da."

„Ihr Zimmer war sehr ordentlich aufgeräumt. Aber so war es immer bei Gisa. Alles picobello. Und doch schien irgendwas anders als üblich. Ich weiß noch, dass wir uns fragten, ob sie weg sei. Sie hatte manchmal erzählt, dass es ihrer Mutter nicht so gut ging. Und sie war ja so plötzlich verschwunden … Aber dann hatten wir den Kinderwagen gesehen, der stand am Ende des Flurs. Eigentlich war Jette ja schon zu alt für einen Kinderwagen – sie hatte so einen großen, geflochtenen mit Verdeck. Aber Gisa setzte das

Kind da oft rein, wenn sie mit ihr nach Wyk gehen wollte und keine Geduld hatte, die Kleine laufen zu lassen. Auch war der Wagen praktisch, wenn sie einkaufen gehen wollte. Und als sie von der Tante umzog, da hat sie eben auch alles in den Wagen gepackt und zum Heim geschoben. Es war ja Krieg, und man musste sich zu helfen wissen."

„Wir machten uns also auf, um Gisa zu suchen. An den Strand hatten wir gar nicht gedacht, weil Gisa ungern mit dem Kind spielte und nie mit ihr in den Sand ging. Wenn wir mit ihr ans Wasser gingen oder gar ins Watt, dann waren wir auch verantwortlich für die ‚Entsandung‘, wie Gisa es nannte. Und uns machte es natürlich Spaß, das Kind in eine Zinkwanne zu setzen und es dort planschen zu lassen."

„Nein, an den Strand hatten wir nicht gedacht, an dem Nachmittag, da wir Gisa und das Kind vermissten, und doch fanden wir sie dort. Es war noch nicht dunkel, aber die Abendstimmung breitete sich über das Haus und die parkartige Anlage rundherum. Die große Terrasse, wo tagsüber die Betten der Kranken aufgereiht standen, war schon freigeräumt. Der Strand lag still und wie leergefegt. An den Nachmittag erinnerten nur die Fußspuren, die kreuz und quer über den Sand liefen. Das Watt – es war Ebbe – lag braun und schmatzend in der Abendsonne, die sich in Wasserlachen spiegelte. Vereinzelt zogen Möwen über die Ebene, manchmal stürzte ein Vogel herab, um einen Wurm oder das Fleisch einer aufgeschlagenen Muschel aufzupicken.

Es war nicht schwer, Gisa zu sehen. Sie war die einzige Figur am Strand. Hinter dem Stacheldrahtzaun stand sie, den hatte die Heimwehr errichtet, falls der Feind versuchen sollte, die Insel zu besetzen. Stockgrade stand sie dort. Ohne sich zu rühren. Obwohl sie eher klein war, wirkte sie in dieser Landschaft, ohne Strauch oder Baum, hochgewachsen."

„Sie hatte sich schon umgezogen", berichtete Emmi, „einen engen Rock hatte sie an, eine Bluse, und die Perlenkette, auf die sie so stolz war, weil die Perlen echt waren – die hatte sie um den Hals. Und Strümpfe hatte sie an, die Naht konnte man sehen. Wie immer bei Gisa grad ausgerichtet, keine Schlamperei. Nur ihre Schuhe, diese roten Lederpumps, die sahen nicht so gut aus. ,Mensch, Gisa', sagte Carla zu ihr, ,bist du etwa mit den guten Schuhen im Watt gewesen?'"

„Da hat sie uns erst bemerkt. Sie wandte ihren Kopf, aber nicht genug, um uns richtig wahrzunehmen. Nur so ein bisschen. Wie jemand, der einen Laut vernimmt, der aus der Ferne herüberklingt. Dann kehrte sie in diese seltsame Stellung zurück, die ich jetzt als beharrlich beschreiben müsste." Carla sah Emmi um Zustimmung suchend an.

„Beharrlich, ja. Da stand sie und starrte ins Watt. Und vielleicht …" Emmi hob hilflos ihre Hände. „… wenn wir da was unternommen hätten, anstatt uns um Gisa zu sorgen, vielleicht hätten wir da noch was ändern können."

„Aber wir haben nur an unsere Freundin gedacht. Wir hatten Frauen in ähnlichen Lagen gesehen, die tapfer ihr Leben weiterlebten, nur um dann eines Tages doch vom Schock ihres Verlustes eingeholt zu werden. Vielleicht war es der Todestag ihres Mannes, vielleicht hatte Gisa eine schlimme Nachricht von zu Hause bekommen. War ihre Mutter plötzlich krank geworden? Es gelang uns nicht, mit sanften Fragen zu Gisa durchzudringen. Es war, als ob unsere Worte auf taube Ohren stießen."

„Wir dachten gar nicht ans Kind. Hätten uns auch nicht gewundert, dass das Kind nicht bei ihr war. Die Kleine wurde oft von dieser oder jener mitgenommen. Wir hatten sie ja alle lieb."

„Aber sie war wie betäubt! Endlich dachte ich, wenn ich nach dem Kind frag, kann ich sie vielleicht rausreißen aus diesem komischen Zustand …" Emmis Stimme schien zu versagen.

„Emmi trat vor Gisa, schüttelte sie an den Schultern, hielt sie an, sich zusammenzureißen. Wenn schon nicht für ihre Freunde, dann wenigstens für ihr Kind, das sie brauchte. Und da regte sie sich. Sie stieß ein hohles Lachen aus. Und wenn ich an das Lachen denke", sagte Carla, „da schaudert es mir heute noch. Grässlich war das, dieses Lachen. Hohl und höhnisch zugleich. Und irgendwie voller Hass."

„Und da, erst da ist es uns eingefallen, ihrem Blick zu folgen, der ja ganz starr aufs Watt gerichtet war. Sogar als ich vor ihr stand, hatte ich noch das Gefühl, die guckt dir gerade durch deinen Kopf hindurch. Ganz irr. Dann drehte ich mich um, und Carla hatte wohl im selben Moment den gleichen Gedanken."

„Mein Gott, ja. Dieses Lachen. Kalt lief es mir den Rücken runter. Aber nicht nur das. Sie deutete auf einmal auf etwas – etwas da draußen im Watt. Und wir sahen es beide zugleich. Ein kleiner Punkt war es nur. Es hätte ein Seehund sein können oder vielleicht etwas, was die Wellen herangetragen hatten und mit der Flut wieder aufnehmen würden."

„Wer tut so etwas? Wer kann so etwas tun? Wer nimmt ein Kind, läuft mit ihm ins Watt hinein, weit, so weit,

wie es geht, bis zum Wassersaum – gibt dem Kind ein Eimerchen, eine Schaufel, ein paar hübsche bunte Förmchen
und sagt ihm, es darf da spielen, so lang wie es will. Und
wenn das Kind vertieft ist in sein Spiel, dann dreht man
sich um und schreitet erst langsam, dann immer schneller, zurück. Spürt hinter sich das ansteigende Wasser, ist
froh, dass die schicken Schuh am Strand warten und die
seidenen Strümpfe aufgerollt in den Schuhspitzen stecken.
Watet durch die Priele, die sich schon mit Wasser füllen.
Trocknet die nassen Füße, reibt sorgfältig den knirschen-
den Sand zwischen den Zehen fort, zieht die Strümpfe
gerade, verliert jetzt doch die Fassung, läuft zurück – ein
paar Schritte in den matschigen Sand, die Füße sinken ein
in den Schlamm, ruinieren die guten Schuhe – und sieht,
dass es zu spät ist. Schon ist das Meer viel näher gerückt.
Die Sandfläche, wo man das Kind ließ, ist eine Insel, umgeben vom plätschernden, hungrigen Wasser."

„Das sahen wir, als wir endlich guckten. Der Priel so
breit und aufgeschwemmt, fast hat er schon die Buhnen
erreicht. In jeder Vertiefung liegt Wasser, jede Mulde wird
zu einem neuen Wasserlauf, es drängt sich an den Strand.
Wellen bilden sich am Horizont, türmen sich auf, rollen
schneller und schneller heran. Und ganz weit draußen ist
noch eine Sandbank. Die höchste, die immer erst zuletzt
untergeht. Und das, was ein Seehund hätte sein können oder etwas, was das Meer herangetragen hat, dieser
Punkt, der sich bewegt, das ist ein Kind."

„Wer würde so etwas machen?", fragte Emmi. „Natürlich nahmen wir an, es war ein Unglück. Ein schreckli-
ches, furchtbares Unglück, dass die Kleine vielleicht allein
da rausgelaufen war. Dass Gisa sie gesucht hatte … und
dann …"

„Zuerst haben wir gar nicht darüber nachgedacht, wie das Kind so weit hinausgekommen sein könnte – nur wie wir es retten könnten. Emmi war hinausgelaufen bis zum Rand des Wassers, das nun schon über die Buhnen schwappte, an den schwarzen Schnecken saugte, die sich an den hölzernen Stumpen festklammerten, und in Wirbeln um das Kreuz gurgelte, das am Ende der Buhnen stand. Es war unmöglich, die Sandbank zu erreichen. ‚Bleib hier‘, habe ich Emmi zugerufen. ‚Ich hol Hilfe.‘ Aber Emmi ließ sich nicht halten. Sie riss sich Rock und Bluse vom Leib, streifte die Schuhe ab, und nur in ihrer Unterwäsche lief sie hinein ins Wasser. Es war Unfug – sie hätte ertrinken können! Aber wir mussten es doch versuchen ...“

„Einen Augenblick schaute ich meiner Schwester nach, dann rannte ich den Strand hinauf und kletterte durch das Loch, das jemand in den Stacheldrahtzaun geschnitten hatte. Dieser Zaun, der die Inselbewohner hätte schützen sollen, hatte nicht einmal die kleine Jette vorm Unheil bewahren können. Ich hatte eine vage Vorstellung, Hilfe vom Heim zu holen. Die erstbeste Person, oder nein, besser den Hausmeister. Der hielt doch immerzu Reden über Verdunklung und was sie im Fall eines Angriffes tun müssten, er würde wissen, was jetzt zu tun sei.

Auf dem schier unendlich scheinenden Weg den Strand hinauf, durch den Zaun, der meine Haut aufriss, die Stufen zur Promenade und die Böschung hoch, durch die Ginsterbüsche, über den Rasen und die Terrasse, wusste ich jedoch auf einmal, dass es zu spät war. Nichts konnte die kleine Jette noch retten – weder Emmi, die verzweifelt gegen den Flutstrom ankämpfte, noch der Hausmeister – höchstens ein Boot, das in gerade diesem Moment vorbeikam und die kleine Gestalt auf der Sandbank noch wahrnahm. In meiner Verzweiflung war ich auf einmal gewiss, dass gerade das geschehen würde, jetzt, in diesem Moment geschah – wenn ich mich umdrehte, dann würde ich es sehen. Arme, die sich ausstreckten, das kleine Bündel ins Boot zogen. Ein lachendes Kind, das die Gefahr gar nicht wahrgenommen hatte, weinen würde, weil niemand im Boot daran dachte, das Eimerchen, die Schaufel und die neuen Förmchen einzusammeln. Ich zwang mich, mich umzudrehen. Vor mir lag nur noch das graue Meer, das sich inzwischen beruhigt, seine Eile und Ungeduld abgelegt hatte und nun langsam, lässig die letzten paar Meter bis zum Strand abschätzte. Nichts war da, kein Boot, kein Retter – und keine Sandbank.

Für einen kurzen, grausamen Moment schien auch Emmi verschwunden. Dann sah ich sie, sah ihren nassen Kopf viel zu weit links, die Strömung drängte sie seitwärts, obwohl Emmi immer noch versuchte, hinauszuschwimmen. Sie schien auf etwas zuzuhalten – sah sie etwas, was ich nicht ausmachen konnte? Und am Strand stand Gisa noch immer dort, wo wir sie verlassen hatten. Zu ihren Füßen lagen zusammengeknüllt Emmis Kleider und Schuhe.

Ich ließ den Türgriff fahren, den ich schon in der Hand gehalten hatte, und wandte mich stattdessen in Richtung der Fahrradschuppen."

„Ich weiß nicht, wann die kleine Jette nicht mehr zu sehen war. Ich hätte schwören können, dass ich sie im Blick hatte. Ich dachte, solange ich sie noch sehe, da kann sie nicht ertrinken. Ich versuchte auf sie zuzuhalten, aber ich schaffte es nicht mal, bis zum Priel zu kommen. Die Strömung war einfach zu stark. Und dann muss ich doch geblinzelt haben, eine Welle trieb Salzwasser in meine Augen, und ganz plötzlich war da nichts mehr. Und rundherum um mich nur Meer. Als ich zurückblickte zum Strand, merkte ich, wie weit ich trotz meiner Bemühungen abgetrieben war. Und nun war die Sandbank weg – und Jette auch. Und der Strand war so weit entfernt. Ich war erschöpft und ließ mich einfach treiben. Warum habe ich nicht einfach aufgegeben? Schwierig wäre es nicht gewesen. Meine Glieder waren schwer genug, ich wäre gesunken wie ein Stein. Aber dann fiel mir dieses schreckliche Lachen wieder ein, und auf einmal wollte ich zurück. Wollte Gisa zur Rede stellen – warum hatte *sie* nicht Hilfe geholt? Erst ein ganzes Stück hinter der Südstrandbrücke schaffte ich es, ans Land zu krabbeln."

„Irgendwie bin ich auf dem Fahrrad nach Boldixum gekommen", erzählte Carla weiter. „Manchmal träume ich noch heute von der Fahrt. Ich trete unermüdlich in die Pedalen. Und es wird immer schwerer. Meine Beine sind wie Blei, die Pedalen so schwer, und mein Atem kreischt in meinen Lungen. Das Fahrrad kommt nicht voran. Und doch weiß ich, dass ich mich beeilen muss ... Im Traum kann ich mich nicht erinnern, warum. Das fällt mir erst hinterher ein, wenn ich aufwache.

Im Haus traf ich als Ersten meinen Bruder. Der sah natürlich sofort, dass was geschehen war. Und als Soldat wusste er zu handeln. Er schickte mich rein. Decken sollte ich holen, Thermosflaschen mit heißem, süßem Tee füllen ... und warten. Warten ... wie konnte ich das? Also tat ich, was er sagte, und fuhr dann wieder zurück.

Gisa war nicht mehr da. Emmi saß allein auf dem Sand und fummelte mit klammen Fingern an ihren Kleidern. Es war ein warmer Abend, aber ihre Zähne schlugen vor

Kälte aufeinander. Ich hockte mich neben sie und rieb sie trocken. Wie bei einem Kind hob ich die schlappen Arme, steckte sie in die Ärmel, zog ihr den Rock über den Kopf. Dabei glitten unsere Augen immer wieder übers Wasser."

„Manchmal dachten wir, dass wir sie sähen, einen kleinen roten Flecken auf dem grauen Meer. Hofften gegen jede Vernunft, dass sie auf dem Wasser trieb. Das Watt war an dem Tag besonders tief gewesen. Wir hatten es vom Fenster aus gesehen. Irgendjemand hatte hinausgezeigt und gesagt, guckt mal, heut könnte man fast bis zur Fahrrinne gehen."

„Ich weiß nicht, wo unser Bruder das Boot fand", sagte Carla, „und wie er es so schnell schaffte. Aber auf einmal war er dort, und wir winkten und riefen und deuteten zu der Stelle, wo wir sie zuletzt gesehen hatten. Bestimmt hörte er uns nicht. Aber er kannte sich aus. Vernünftig war er. Er ruderte um die Stelle, wo die Sandbank am längsten freilag – immer wieder. Wir sahen ihn mit dem Ruder das Wasser abstaken. Dann fing er an zu kreisen, und schließlich ließ er sich mit der Strömung entlangtreiben."

„Im Haus hatten sie längst die Verdunklungsrollos runtergezogen", fuhr Emmi fort. „Keiner hatte uns gesehen. Keiner kam raus und fragte, was wir noch am Strand machten. Und wir warteten. Viele Stunden lang." Emmis Stimme klang spröde.

„Irgendwie hatte ich immer noch ein Fünkchen Hoffnung – dass das Ganze ein tragisches Unglück gewesen war", sagte Carla. „Und dann erzählte mir Emmi, was passiert war, in den Stunden, als wir wartend am Strand saßen und abwechselnd den Tee aus der Thermosflasche tranken."

„Ich war zitternd vor Schwäche an den Strand gekrochen, ein langes Stück entfernt von dort, wo ich hineingegangen war, und als ich es endlich zurückgeschafft hatte, dahin, wo meine Kleider lagen, hat Gisa mich mit einem triumphierenden Grinsen empfangen. Wie eine Verrückte hat sie ausgesehen. Ihre Augen waren glänzend und wirr und der Lippenstift um ihren Mund verschmiert.

Warum?, habe ich gefragt. Denn ich hatte auf dem langen Weg zurück nachgedacht und die Wahrheit erraten. *Warum hast du deinem Kind so etwas angetan?*

Gisa schrie, laut und unflätig. Das Kind sei ihr ein Hindernis gewesen. Ein Klotz am Bein. Warum hatte der Vater es nicht behalten, er, der doch so gern ein Kind haben wollte? Und warum, *warum* waren wir nicht zur vereinbarten Zeit gekommen? Warum hatten wir unser Versprechen nicht eingehalten? Sie hatte Angst bekommen, wollte nicht wegen dem Kind ihre Chance verpassen … denn sie hatte eine Chance, *eine Chance*, ihr Leben zu verändern. Aber nicht mit einem Kind. Kein Mann würde eine Frau mit Kind mitnehmen … *Eine Chance* … Die Worte hallten nach, lange nachdem Gisa schon den Strand hinaufgelaufen war. Es war eine lange Nacht. Manchmal meinten wir, die Ruderschläge unseres Bruders zu hören oder seinen Schatten vorbeigleiten zu sehen."

„Er hat einfach nicht aufgegeben. Auf und ab fuhr er – immer wieder. Und wir liefen den Strand ab. Vielleicht würde die Flut das Kind an den Strand tragen, dachten wir. Zum Schluss war es unser Bruder, der sie fand. In den frühen Morgenstunden – es war schon seit etwa einer Stunde hell – und etwa zu der Zeit, als der erste Dampfer im Hafen ablegte und in Richtung Dagebüll stampfte, kehrte das Ruderboot zurück. Stetig glitt es in Richtung Strand und knartschte endlich über Steine und Sand. Unser Bruder saß vorgebeugt, den Kopf im Winkel seines Arms. Er war der Erschöpfung nah. Carla und ich waren aufgestanden und dem Boot entgegengewatet."

„Jette war auf eine Plane gebettet, die kleinen Hände lagen nah an ihrem kleinen Körper, das nasse Haar klebte an den Schläfen. Man hätte meinen können, sie schliefe. Ich wollte unseren Bruder ablösen, das Boot zurückrudern, aber er schüttelte den Kopf. – ‚Nehmt das Kind', flüsterte er. Seine Stimme war rau vor Müdigkeit und Salzluft. Wir nahmen sie, wickelten sie in eine Decke und trugen sie hoch. Wir wussten, es war zu spät für jegliche Hilfe – aber wir wollten sie zu ihrer Mutter bringen. Wir meinten, das verdiente Gisa, was immer sie in einem Anfall von Verwirrung getan hatte, sie würde ihre Tochter noch einmal in ihren Armen halten wollen."

„Aber als wir zu ihrem Zimmer kamen", nahm Emmi den Faden auf, „war Gisa nicht da. Das Bett war abgezogen, die Laken, ordentlich gefaltet, lagen am Fußende. Alles, was Gisa gehört hatte, ihre Kleider, ihr Schmuck, ihre Schminke, kleine Ornamente – alles war weg. Auch die Sachen von Jette fehlten. Später fanden wir hinter der Kommode eine kleine Strickpuppe, die eine der Schwestern für sie gemacht hatte."

„Ich deutete Emmi, sich mit dem Kind in den Armstuhl zu setzen, den ich zum Fenster gerückt hatte. Dann nahm ich den Stapel schmutziger Bettwäsche und ging hinaus. Ich holte reine Laken, die weißen, steifen, die für die Betten der Kranken bestimmt waren. Damit bezog ich stillschweigend Gisas Bett."

„Du hast die Ecken nicht umgeschlagen", sagte Emmi. „Du ließt sie runterhängen, zupftest sie nur aus, dass sie glockenförmig hingen."

„Und du saßest da am Fenster. In der ersten Morgensonne hieltst du die Kleine, eingekuschelt in die Decke, dass man hätte denken können, du wiegtest sie in den Schlaf. Ich habe mich bei euch hingekniet. ,Ich glaube, wir müssen sie waschen', hast du irgendwann geflüstert. Und ich habe in einer Schüssel warmes Wasser geholt. Wir hatten keine sauberen Kleider, die hatte Gisa mitgenommen, also zogen wir ihr eines der weißen Nachthemden an, die für die Patienten bestimmt waren. Dann betteten wir sie auf die Laken, die Carla gebracht hatte. Emmi fand einen Kamm in der Tasche ihres Rocks, der hart und steif getrocknet war, und kämmte dem Kind die Haare. Vom Salzwasser befreit, kringelten sie sich um das stille Köpfchen.

„Irgendwann gingst du raus und brachtest Blumen."

„Und die streuten wir rund um sie herum."

„Und dann sagtest du, wir müssten beten. Uns fiel nur das Vaterunser ein, aber der Pfarrer hatte uns im Konfirmandenunterricht eingebleut, das genüge für eine Nottaufe. Also war es doch auch richtig für eine Notbeerdigung, oder?"

Zum ersten Mal während ihres Berichts sahen Emmi und Carla uns an. Zwei Paar ergraute Augen, die nichts widerspiegelten.

Willa starrte auf die Zuckerdose, auf der ein Sonnenstrahl einen Regenbogen malte. Ane hatte ihre Hand an den Mund gehoben. Ich nickte und merkte, dass meine Nackenmuskeln so gespannt waren, sie wollten mir kaum gehorchen.

„Was …", mein Mund war so trocken, die Worte blieben stecken. „Was habt ihr dann gemacht?" Habe ich die Worte ausgesprochen? Wir haben sie wohl alle gedacht.

„Wir haben sie begraben. Ohne Pfarrer, und das letzte Geleit waren nur wir drei, Emmi, unser Bruder und ich. Blumen hatte wir keine, und heilige Erde haben wir uns später vom Friedhof geholt und darübergestreut. Wir haben sie begraben hinter dem Denkmal des dänischen Königs."

„Jetzt sind Rasengräber ja üblich, aber wir haben uns oft gefragt, ob es falsch war, was wir getan haben."

Emmi zog ein Taschentuch hervor. Sie knüllte es in ihrer Hand.

Das Denkmal des dänischen Königs Christian, der früher einmal ein regelmäßiger Sommergast auf unserer Insel war, stand auf halbem Wege zwischen Boldixum und Nieblum, umgeben von Feldern und Äckern auf einer kleinen Anhöhe, die wir den Mittelberg nannten. Im Sommer blühten dort die Heckenrosen. Eine schlanke, graue Säule von einer Königskrone geschmückt. Vandalen zerstörten regelmäßig die steinernen Zacken.

„Erinnert ihr euch an den Krater, als eine Bombe dort einschlug? Ein Blindgänger, der entschärft werden musste – aber schon am nächsten Tag hatten Neugierige sich dort versammelt, um dieses Ungeheuer zu begutachten. Lange noch hatten Väter ihren Sprösslingen die Stelle gezeigt, bis sie irgendwann in Vergessenheit geriet. Ob manchmal noch Ausflügler am Denkmal anhalten? Freuen sie sich, wenn sie die Mulde hinter dem Denkmal entdecken? Breiten sie dort ihre Picknickdecken aus, verspeisen sie, vom Wind geschützt, ihre mitgebrachten Stullen, pflücken sie vielleicht ein paar Blumen, um sie am Fuß der Säule niederzulegen?"

„Wir blieben den ganzen Tag bei ihr. Keiner kam, und keiner vermisste uns. Zu Hause hatte unser Bruder irgendwas von einem Dienst erzählt, den wir für jemanden übernommen hatten. Gegen Abend wurde uns klar, dass Gisa getürmt war, dass sie nicht zurückkommen würde. Als es endlich dunkel wurde, wickelten wir die kleine Jette in ein Laken und dann in eine Wolldecke. Wir trugen sie hinunter. Es hätte uns nichts ausgemacht, wenn einer uns getroffen hätte. Dann wäre die Verantwortung auf jemand anders übertragen worden. Aber niemand kam. Durch die stillen Flure, die Treppen hinunter und hinaus aus dem schweigenden Haus trugen wir das tote Kind. Draußen holten wir das Wägelchen, mit dem der Hausmeister die Tonnen mit den Küchenabfällen abholte, und legten unsere Last dort hinein. Wir zogen zum Tor, ohne recht zu wissen, wie es weitergehen sollte."

„An der Pforte stand unser Bruder. Er hatte den ganzen Abend dort gewartet. Wir wollten mit ihr zum Friedhof gehen. Wir dachten, wir könnten vielleicht den Pfarrer um Hilfe bitten. Also zogen wir los, mit unserem Wägelchen."

„Es war eine sehr dunkle Nacht. Wolken waren aufgezogen und verdeckten den Mond. Wir waren vorsichtig, gingen nur über Sandwege, und wenn wir eine Straße überqueren mussten, hoben wir den Wagen über den Schotter, damit wir nicht jemanden mit dem Gerumpel alarmierten. Ein paarmal heulte ein Kettenhund, und wir hatten Angst, dass jemand rauskommen würde, um zu sehen, was los war. Aber niemand wachte auf. Bald kamen wir nur noch an Äckern vorbei. Die Gräben gähnten wie schwarze Sümpfe am Wegesrand, und die Heckenrosen hockten da wie verwachsene Ungeheuer. Ab und zu krachte ein Rad in eine ausgetrocknete Wagenfurche, und wir mussten ruckeln und zerren, um wieder freizukommen."

„Und dann waren wir auf einmal nahe am Friedhof. Wir konnten den spitzen Kirchturm und davor geduckt die höheren Grabsteine erkennen. Unser Bruder meinte, wir könnten vielleicht ein frisches Grab finden und die Kleine dort einbuddeln. Es schüttelt mich jetzt noch, wenn ich daran denke. Wir hielten einen geflüsterten Kriegsrat ab, keiner wagte, normal zu sprechen. Irgendwie hatten wir auf dem langen Weg den Mut, zum Pfarrer zu gehen, verloren. Wie sollten wir das erklären? Und jetzt weigerten wir uns, auch nur einen Schritt zwischen die Gräber zu tun. Einfach zu gruselig war es. Keine zehn Pferde hätten uns dazu gebracht, uns gar ein frisches Grab zu suchen."

Carla schauderte.

„Zu allem Überfluss kam nun auch noch Wind auf. Die Wolkendecke brach auf, der Wind riss die Wolken auseinander und trieb sie vor sich her. Grelles Mondlicht wechselte ab mit Schatten. Niemand sah uns drei, wie wir jetzt gegen den Wind ankämpften. Am Friedhof zogen wir vorbei, weiter in Richtung des Mittelbergs. Am Denkmal des dänischen Königs – da hielten wir an."

„Mein Gott, die Kuhle hinter dem Denkmal", murmelte Willa.

Ich sah, dass Ane keine Ahnung hatte, wovon sie sprach.

„In dem Jahr fielen vier Bomben", sagte ich. „Eine in den Wald an der Badestraße, eine in der Nähe des Krankenhauses, eine nicht weit vom Museum und eine direkt hinter dem Denkmal des dänischen Königs. Mein Gott, ich erinnere mich, dass Vater mit dir, Willa, die Bombensplitter im Wald eingesammelt hatte. Es war ja praktisch gegenüber! Auf dem Küchentisch habt ihr sie zusammengesetzt. Ein ekliges Ding, dass Mutter und mir angst und bange wurde. Aber wurden die Gruben nicht ziemlich schnell gefüllt?"

„Doch", sagte Carla. „Aber beim Denkmal waren sie noch nicht fertig. Unser Bruder hatte selbst in den Tagen zuvor geholfen. Und da begruben wir die kleine Jette. Unser Bruder fand auch in der Dunkelheit die Stelle, wo die Schaufeln der Männer im Gebüsch versteckt lagen. Er rutschte und schlitterte hinab in den Krater, der noch etwas mehr als mannstief war, und hob dort eine rechteckige Grube aus. Dann ließen wir das Kind zu ihm hinab."

„Und da liegt sie heute noch", berichtete Emmi. „Wir schaufelten so viel Erde drüber, wie wir konnten, ohne es zu auffällig zu machen. Am nächsten Tag und die Tage darauf half unser Bruder die Kuhle zu füllen, bis sie beinah wieder ebenerdig war. Eine Mulde sieht man natürlich immer noch, aber wer geht schon dorthin?"

„Am nächsten Tag hörten wir, dass Gisa abgezogen war. Jemand hatte sie gesehen, frühmorgens, am ersten Schiff, zur selben Zeit, als unser Bruder mit dem Ruderboot zu uns stieß. Den Kinderwagen hatte sie vollgestapelt – so hoch getürmt hatte sie Koffer und Taschen, dass denjenigen, die es sahen, es ein Wunder scheinen musste, dass die Kleine überhaupt noch atmen konnte. Aber natürlich lag keine Jette mehr im Wagen. Jedoch glaubte man, dass Gisa das Kind mitgenommen hatte. Und nur wir wussten es besser. Und als unser Bruder dann getötet wurde, da waren es nur noch wir zwei."

„Gisa war weg, zusammen mit ihrem feinen Offizier. Wenn die Mädchen davon sprachen, dann hörte man die Bewunderung, die in ihren Worten mitschwang. Auch ein bisschen Neid, natürlich, aber hauptsächlich doch Bewunderung. Und einig waren sie sich in ihrer Meinung, dass die Gisa das verdient hatte. Immerhin kam sie aus der Großstadt – da hatte man andere Ansprüche als hier unter uns einfachen Menschen. Das konnte man doch schon an ihrer Kleidung sehen, ihren Schuhen ... und auch wie sie die Kleine immer zurechtmachte, so niedlich ...“

„Und was hätten wir machen sollen? Sie des Mordes bezichtigen? An ihrem eigenen Kind? Und wie hätten wir erklären sollen, dass *wir* die kleine Leiche zurückgebracht hatten? Hatten wir denn nicht oft am Nachmittag auf das Kind aufgepasst? Bestimmt hatte Gisa erwähnt, dass wir sie am Abend einhüten sollten. Und alle wussten doch, dass Gisa nie mit ihr an den Strand ging. Vielleicht waren wir unvorsichtig gewesen, hatten das Kind nicht richtig beaufsichtigt ...“

„Und hätte man Gisa und ihren Offizier gefunden? In den Wirren des Krieges, mit den Bomben, die niederregneten, und den Menschen, die hierhin und dorthin gescheucht wurden. Wenn da jemand verschwinden wollte, das war doch nicht schwer. Unser Bruder hat uns das erklärt, der hatte das ja schließlich gesehen, der wusste, wie es aussah in den Zügen und an den Straßen. Bevor er losfuhr, nahm er uns das Versprechen ab, dass wir nie, niemals darüber sprechen würden. ‚Ich möchte euch nicht verlieren – wegen dieser schrecklichen Tat einer Mutter an ihrem eigenen Kind‘, sagte er.“

„Und dann, als wir die Nachricht bekamen, dass sie ihn getötet hatten, da an der Ostfront, da war es, als ob er das

Geheimnis mit seinem Tod besiegelt hatte. Und so haben wir es dann belassen."

Mit niemandem hatten die Schwestern darüber gesprochen, all die ganzen Jahre. Ruhig und zurückgezogen hatten sie gelebt. Bis man sie fast nicht mehr bemerkte.

„Auch der Patentante haben wir nichts gesagt. Die kam zur Frau Oberin, wollte wissen, was mit der Gisa geschehen war. Nur diesen komischen Zettel hatte sie der alten Dame hinterlassen. *Sorg dich nicht.*"

„Die Oberin meinte zu uns: ‚Ihr wart doch ihre Freundin, besucht die Frau, beruhigt sie‘, hat die Oberin zu uns gesagt. Und wir haben es getan, erst in ihrem Haus am Rebbelstieg, und auch später, als sie ins Altersheim kam. Eine richtige Dame war das. Klar im Kopf bis zum allerletzten Tag, nur sprechen konnte sie zum Schluss nicht mehr – nach dem Schlaganfall. Aber manchmal, wenn sie uns ansah, hatte ich den Verdacht, dass sie etwas ahnte. Sie hat die Kleine richtig gerngehabt, und sie hatte sich von Gisas Handeln nicht täuschen lassen. Der tat nur ihr Patenkind leid, Gisas Mutter. ‚Die hat das nicht verdient‘, sagte sie immer."

Es blieb nichts mehr zu sagen. Emmi und Carla verließen uns so still und leise, wie sie gekommen waren. Hinterher fiel mir ein, dass ich nicht einmal ihr Auto hatte starten hören, aber als ich rausschaute, war es weg.

Irgendwann räumte Ane das Geschirr zusammen und trug es in die Küche. Es dauerte lange, bis sie zurückkehrte.

Als auch Willa abgefahren war, blieb ich noch lange sitzen. Ich dachte an den Friedhof, wo Willa ein bisschen harken würde. Die Blumen würden das Wasser dankbar aufsaugen. Ich dachte an die grauen Grabsteine, an die aus schwarzem Marmor, die vereinzelten Engel, die Messingplatten, die in den Rasen eingelassen die Namen der Toten trugen. Lange nachdem man sie vergessen hatte, hielten sie dort Hof. Ernst und würdig mahnten sie uns unserer Vergänglichkeit.

Für die kleine Jette gab es keinen Grabstein, nirgendwo stand ihr Name in goldenen Lettern. Aber die Lüttköks hatten trotzdem den bestmöglichen Ruheplatz für sie gefunden.

Ich dachte, dass ich Ose bitten würde, mich einmal dort hinauszufahren.

Der Windsurfer war längst auf sein Brett gestiegen und hatte sein Segel gerichtet. Hin und her glitt er, steuerte sicher und gekonnt um die Schwimmer, die sich weiter hinausgewagt hatten. Die Halligen flimmerten wie Wolkeninseln am Horizont. Segelschiffe mit weißen und braunen Segeln zogen majestätisch vorüber, und das Ausflugsboot kehrte von Langeneß zurück. Auf dem Festland hinter den Halligen drehten sich die weißen Flügel der Windräder.

So oft hatte ich den Wechsel der Tide beobachtet, hatte mich gefreut für die Kinder, wenn ihre ausgehobenen Kanäle sich füllten und ihre Häfen überfluteten. Wenn die Windsurfer ihre bunten Segel auf den Wellen tanzen ließen und die Schwimmer mutig in die Fluten tauchten. Das Wasser war manchmal grün, manchmal tiefblau, manchmal grau, mal glatt gespannt, mal aufgewühlt mit weißen Schaumkronen.

Heute glitzerte es silbrig in der Sonne. Unschuldig, sanft, einladend streckte es sich aus. Niemand vermutete die Gier, die in seiner Tiefe lauerte. Ich wartete auf die Ebbe.

Es wurde einer dieser lauen Sommerabende, wie wir sie oft im August hatten. Es schien, als ob niemand sich dazu bringen konnte, den Strand zu verlassen. Nur zögernd sammelten die Familien mit Kleinkindern ihre Utensilien, ihre Badetücher, Aufblastiere, Sonnenzelte und Schaufeln ein. Schreiende, protestierende Kinder wurden aus dem Wasser gezerrt und tropfend den Sand hinaufgeschleppt. Es dauerte lange, bis der Strand sich leerte, auch die Hartnäckigsten ihrem Hunger nachgaben und zur Promenade strebten. Endlich begann auch das Wasser seinen Rückzug. Als das Watt bis zum ersten Priel freigespült war, schlüpfte ich die Treppe hinunter und aus der Tür. Unter meinen bloßen Füßen kitzelte der feine Sand. Er war immer noch warm nach dem herrlichen Tag. Ich schritt aufs Watt und folgte der Richtung, die Ane mehrere Stunden zuvor gewählt hatte – zur Südstrandbrücke.

Ein oder zweimal sanken meine Füße bis zu den Knöcheln ein, aber im Übrigen war das Watt überraschend fest. Nur selten trat ich auf eine Miesmuschel oder musste einem Krebs ausweichen. Ich war losgegangen, als die Sonne als tiefrote Scheibe hinter Amrum versunken war, und jetzt war der Mond aufgegangen. Er strahlte so hell hier in dieser Weite, es hätte immer noch Tag sein können. Ich war nicht die einzige Wattläuferin, aber die wenigen Menschen, die so spät noch unterwegs waren, machten weite Bogen umeinander. Wir waren Eindringlinge in diese nächtliche Welt und traten leise, wagten nicht, den Bann durch laute Worte oder Gesten zu brechen.

Als ich angekommen war, wo Emmi und Carla vor so vielen Jahren Zeugen eines furchtbaren Geschehens geworden waren, suchte ich mit den Augen den Horizont ab. Damals hatten keine Leuchtfeuer geblinkt. Kein Lichtstrahl war von den Halligen in die Dunkelheit gedrungen. Ich wandte mich um, und dort lag das Heim. Vereinzelt brannten Laternen im umliegenden Park. Mildes Licht schimmerte in zwei der großen Fenster im Erdgeschoss, wo wohl die Aufenthaltsräume oder Esszimmer lagen. Im Giebel wurde ein Fensterflügel aufgeworfen. Eine Gardine bauschte sich auf, und eine junge Frau beugte sich weit hinaus, ihre weißlichen Arme dehnten sich in die Nacht. Dann drehte sie sich um und rief etwas ins Zimmer hinein. Es wurde wieder still.

Die breite Terrasse lag leer, eingehüllt in die langen Schatten, die das Haus warf. Dort hatten sie gelegen – die kleinen Prinzen und Prinzessinnen. Eingehüllt in ihre Kokons warteten sie geduldig, dass sie sich entfalten dürften. Mit glänzenden Augen beobachteten sie die Welt. Die Willkür ihrer Untertanen war ihnen vertraut. Ihre zarten Hände warteten auf den Tag, da sie stark genug sein würden, ihre Zepter und Schwerter aufzunehmen.

Und bald nun werden sie sich erheben, die Stufen erklimmen und ihren Thron besteigen. Da werden sie richten. Sie werden das Unrecht fahnden und die Unschuldigen rächen.

Ich lief am Wassersaum entlang nach Hause.

Als die erste Rakete mit blutrotem Schwanz in den Himmel schoss, erschrak ich. Es folgten schnell aufeinander böllernde Schüsse. Leuchtkugeln und funkelnde Lichter ergossen sich wie Regenschauer über den Strand. Sternschnuppen fielen vom Himmel, Regenbogen zogen ihre Bahnen und tauchten ins Meer. Glitzernde Spiralen tanzten und zuckten über die Insel. Und während ich mich drehte und wendete und meine Arme dem Schauspiel entgegenstreckte, fiel mir ein, dass ein Feuerwerk den letzten Tag der 300-Jahresfeier beschließen sollte.

ANMERKUNGEN DER AUTORIN

Es ist unvermeidlich, dass, wenn man über seinen Heimatort schreibt, sich verschiedene Menschen in den Figuren wiederzuerkennen glauben. Eine gewisse Ähnlichkeit mit lebenden Personen oder auch ehemaligen, schon verstorbenen Föhrern wäre im vorliegenden Werk aber rein zufällig.

Ich habe versucht, geschichtliche und geografische Einzelheiten so akkurat wie möglich wiederzugeben. Dass mir dabei vielleicht Fehler unterlaufen sind, ist durchaus möglich – oft kaschiert die Erinnerung die Realität.

Manches ist auch frei erfunden: Zum Beispiel fiel im Zweiten Weltkrieg keine Bombe hinter das Denkmal des dänischen Königs – aber für die Handlung der Geschichte war dieses erfundene Ereignis unerlässlich. Und leider wurde das große Feuerwerk, das die 300-Jahr-Feier beschloss, von starkem Regen begleitet. Auch da habe ich literarische Freiheit walten lassen.

Jenseits der Südstrandbrücke ragen keine Buhnen mehr ins Watt. Ich habe eine Buhne dort erfunden, um das Auflaufen des Wassers nach der Ebbe besser beschreiben zu können.

Ich danke besonders meiner Tante, Frau Helga Nielsen, für die reichhaltigen Kindheitserinnerungen, die meine Geschichte geprägt haben, und Frau Karin Hansen für wertvolle Informationen und geschichtliche Hinweise.

PERSONENVERZEICHNIS

Ada: *eine Hamburgerin,*
$\rightarrow$ *Gisas Cousine*

Ane: *eine der Nichten von* $\rightarrow$ *Ruth &*
$\rightarrow$ *Willa Petersen*

Britta: *eines der Kinder* $\rightarrow$ *Fritzis*

Buhl: $\rightarrow$ *Momme &* $\rightarrow$ *Tilli*

Carla Lüttkök: $\rightarrow$ *Ruths Schulfreundin*

Elsa Söhnlein: *Mitglied des Krocketklubs*

Emmi Lüttkök: $\rightarrow$ *Ruths Schulfreundin*

Finn: *eines der Kinder* $\rightarrow$ *Fritzis*

Fred Zollmann: *Mitglied des Krocketklubs (mit*
$\rightarrow$ *Gertrude zusammen: „die Zöll-*
ner")

Fritzi: *eine der Nichten von* $\rightarrow$ *Ruth &*
$\rightarrow$ *Willa Petersen*

Gisela Perkins: *eine Deutsche in Australien*

Gertrude Zollmann: *Mitglied des Krocketklubs (zusam-*
men mit $\rightarrow$ *Fred: „die Zöllner")*

Gudrun: $\rightarrow$ *Ruths Hauswirtschaftsleiterin*

Hajo: $\rightarrow$ *Fritzis Mann*

Frau Heinke: *eine der alleinstehenden Damen*

Johanna: *eines der Kinder* $\rightarrow$ *Fritzis*

Kerrin: *eine der Nichten von* $\rightarrow$ *Ruth &*
$\rightarrow$ *Willa Petersen*

Herr Kotzke: *einer der Mieter* $\rightarrow$ *Willas*

Kuno : $\rightarrow$ *Oses Partner*

Leo: → *Kerrins Sohn*
Lüttkök: → *Carla &* → *Emmi*
Momme Buhl: *Mitglied des Krocketklubs*
Fräulein Mönkelmann: *eine der alleinstehenden Damen*
Ose: *eine der Nichten von* → *Ruth &*
→ *Willa Petersen*
Petersen: → *Ruth &* → *Willa*
Perkins: → *Gisela*
Frau Pols: *eine der Mieterinnen* → *Willas*
(im Hinterhaus)
Ruth Petersen: *eine der Tanten von* → *Ane,*
→ *Fritzi,* → *Kerrin &* → *Ose*
Frau Siegesdorf: *eine der alleinstehenden Damen*
Söhnlein: → *Elsa*
Tilli Buhl: *Mitglied des Krocketklubs*
Willa Petersen: *eine der Tanten von* → *Ane,*
→ *Fritzi,* → *Kerrin &* → *Ose*
Zollmann: → *Fred &* → *Gertrude*

INHALT